BECKER / BRAUNERT

Dialog Beruf 3

DEUTSCH ALS FREMDSPRACHE

Max Hueber Verlag

Dem Lehrwerk DIALOG BERUF 3 zum Geleit

Pumpen der Allweiler AG aus Radolfzell am Bodensee gibt es in aller Welt. Deshalb brauchten wir keine lange Bedenkzeit, als Dr. Jörg Braunert und Dr. Norbert Becker im Auftrag des Max Hueber Verlags bei uns anfragten, ob die Allweiler AG Radolfzell der Schauplatz eines weltweit vertriebenen Lehrwerks sein wolle. Wir waren bereit und sagten zu. Die Recherchen liefen an. Zusammen mit den Mitarbeitern unseres Hauses suchten die Autoren den geeigneten Geschäftsfall heraus, der als Handlungsfaden das Lehrwerk durchzieht. Der Leitgedanke war, dass der Lernweg ein vorstellbares und übertragbares Handlungsgefüge im Unternehmen erschließt. Die Benutzer des Lehrwerks sollten beispielhaft erleben, „wie das in Deutschland läuft".

So haben uns die Autoren ihr Konzept und den Kooperationsansatz mit der Allweiler AG dargestellt. Wir begrüßen es, dass die Deutschkenntnisse von Menschen aus aller Welt bei uns in Radolfzell am Bodensee ihren Ausgang nehmen. Alle Arbeitsbereiche unseres Unternehmens waren bei der Umsetzung dieses Vorhabens einbezogen. Nachdem wir das fertige Werk gesehen haben, fühlen wir uns in unserer damaligen Entscheidung bestätigt. Wir wünschen DIALOG BERUF 3 den erhofften Erfolg. Es passt zu unseren allgegenwärtigen Produkten, dass unser Firmenname einmal mehr weltweit „zur Sprache kommt".

Radolfzell, im Juni 1998

ALLWEILER Aktiengesellschaft
Der Vorstand

George M. Scheerle   Hans-Peter Schmidt

 Kassette, CD

| R 3. 2. 1. | Die letzten Ziffern bezeichnen |
| 2001 2000 99 98 | Zahl und Jahr des Druckes. |

Alle Drucke dieser Auflage können, da unverändert, nebeneinander benutzt werden.
1. Auflage
© 1998 Max Hueber Verlag, D-85737 Ismaning
Verlagsredaktion: Klaus Klott, Berlin/Andreas Tomaszewski, Ismaning
Zeichnungen: Monika Kasel, Düsseldorf
DTP: VerlagsService Dr. Helmut Neuberger & Karl Schaumann GmbH, Heimstetten
Druck und Bindung: cayfosa Industria Grafica, Barcelona
Printed in Germany
ISBN 3-19-001592-9

Vorwort

Dialog Beruf 3 baut auf Kenntnissen im Umfang des Zertifikats Deutsch als Fremdsprache auf. In diesem Lehrwerk erleben Sie wirklichkeitsgetreu den Eingang und die Abwicklung eines Produktionsauftrags der Allweiler AG Radolfzell. Sie sind nicht etwa als Zuschauer dabei, sondern Sie arbeiten geradezu bei Allweiler an dem Geschäftsfall „18 Pumpen für Michiko Engineering" mit. Der Kurs führt Sie zum Zertifikat Deutsch für den Beruf (ZDfB).

Die Lehrwerksreihe Dialog Beruf im Überblick:

Grundstufe 1	Dialog Beruf *Starter*	
Grundstufe 2	Dialog Beruf 1	
Grundstufe 3	Dialog Beruf 2	Zertifikat Deutsch als Fremdsprache (ZDaF)
Mittelstufe 1	Dialog Beruf 3	Zertifikat Deutsch für den Beruf (ZDfB)

Dialog Beruf 3 bietet:

Praxisnähe.
In zahllosen Gesprächen und Terminen an Ort und Stelle mit den Mitarbeiterinnen und Mitarbeitern wurden Inhalt und Ablauf sorgfältig recherchiert und abgestimmt. Außerdem liegt dem Lehrwerk eine groß angelegte Analyse des Sprachbedarfs in deutschen Unternehmen zugrunde.

Transparenz.
Alle Lektionen haben einen leicht erkennbaren Aufbau: Sie beginnen mit einer illustrierten Einstiegsseite, die den Inhalt der Lektion ins Bild setzt, und enden mit Übungen zur Vorbereitung auf das ZDfB und mit einem Personen- oder Firmenporträt. In Lektion 10 des Arbeitsbuches befindet sich eine Musterprüfung für das ZDfB. Jeder Block kann in einer abgeschlossenen Unterrichtseinheit von ca. 90 Minuten erarbeitet werden. Im Anhang von DIALOG BERUF 3 finden Sie eine Wiederholungsgrammatik, die auf die Anforderungen des ZDfB ausgerichtet ist, und ein Glossar.

Lernerorientierung.
Das Lehrwerk holt Sie auf Ihrem Erfahrungshintergrund ab und versetzt Sie in den Betrieb bei Allweiler. Dann wieder gehen Sie auf Abstand zum Geschäftsfall – ohne ihn freilich ganz aus den Augen zu verlieren – und widmen sich den übergreifenden sprachlichen Lernzielen, auch im Hinblick auf das ZDfB.

Vollständigkeit.
Das Kursbuch wird vom Arbeitsbuch begleitet. Dieses ist eng mit den Lektionen, Blöcken und Übungen des Kursbuchs verzahnt und eignet sich auch für die selbstständige Arbeit. Der Tonteil auf Kassetten oder CDs enthält vielfältige Hörtexte und Sprechübungen, die auch für das Training vor und nach dem Unterricht hilfreich sind.

Bei der Verwirklichung dieses Lehrwerks haben uns zahlreiche Firmen und Institutionen geholfen. Unser Dank gilt zuerst den Mitarbeiterinnen und Mitarbeitern der Allweiler AG, die uns bei der Recherche des Geschäftsfalles und bei seiner didaktischen Umsetzung fachkundig, einfühlsam und geduldig informiert, beraten und unterstützt haben. Für ihre großzügige Hilfe danken wir auch den folgenden Firmen und Institutionen: Amt für Wirtschaftsförderung der Stadt Radolfzell, Burgmann Dichtungswerke GmbH & Co Wolfratshausen, Deutsche Bank AG Singen, MSAS Cargo International GmbH Niederlassung Villingen-Schwenningen, Schiesser AG Radolfzell, Wolfsberg Management Training Center Ermatingen (Schweiz).

Wir wünschen Ihnen viel Erfolg und Freude bei der Arbeit mit DIALOG BERUF 3.

Dr. Norbert Becker, Dr. Jörg Braunert

Inhalt

Grammatik: Abfolge: *Zuerst ... Dann ... – Als Erstes ... Als Zweites ... – Bevor / Nachdem / Während / Wenn* ▨ *sonst (nicht) – damit (nicht)* ▨ *entsprechen / übereinstimmen mit – abweichen von*

Grammatik: Definition: *Unter ... versteht man ...* ▨ Erklärung / Präzisierung: *und zwar* ▨ Vergangenheit, Gegenwart, Zukunft ▨ *Folgendes, folgendermaßen* ▨ *angeblich, soll, es heißt*

Grammatik: Verwendungszweck: *zum / zur ...; für den / die ...* ▨ Klassifizierung: *gehören zu ...* ▨ Meinung: *es für richtig / falsch halten, ... zu ...* ▨ Handlungsalternative: *ich würde (nicht) ...; anstatt ... zu ..., würde ich lieber ...; ich würde lieber ..., als ... zu ...* ▨ Definition: *Unter ... versteht man ...* ▨ Benennung: *... wird als ... bezeichnet*

Grammatik: Reihenfolge: *Zuerst / Dann erfolgt ...; Zuerst / Dann wird ...; Nach dem / der erfolgt ...; Vor / dem / der erfolgt ...; Nachdem / Bevor ..., erfolgt ...* ▨ Erarbeitung „unbekannter" Wörter ▨ Wortfeld *probieren, anprobieren, ausprobieren, Probe fahren, Probe laufen lassen* ▨ *Je ..., desto / umso ...*

Grammatik Vergleichen: *im Vergleich zu ..., verglichen mit ...* Komparativ Verb-Nomen-Adjektiv-Ableitungen: *abfahren – Abfahrt – abfahrbereit* *sobald* *je ... desto, ... / je ... umso ...* Passiv mit Modalverb; *sein / haben* + *zu* + Infinitiv, Gerundivum: *der / die / das zu verladende ...*

Grammatik Wahrscheinlichkeit: Futur *(wird wohl)*; *dürfte* Sicherheit: Futur *(wird sicher)* Entwicklungen: *erhöhen, verbessern, ...* Begründung und Folgerung: *deshalb, aus diesem Grund*

LEKTION 1

- **Firma**
- **Produkt**
- **Mitarbeiter**
- **Standort**

Konstruktion

Fertigung

Marketing

Kundendienst

Verwaltung

Gießerei

Firmen-
parkplätze

Montage

Versand

Lager

Werkstor

Betriebsstoffe

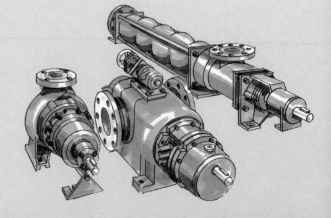

1. Unternehmensdaten

a) Sprechen Sie anhand der Daten über die Firma Stromeyer.

		Firma Stromeyer	Firma Allweiler
1	Gründung	1972	
2	Sitz	Salzburg	
3	Branche	Holzverarbeitung	
4	Produkt	Türen und Fenster	
5	Märkte	Region Salzburg	
6	Größe	Kleinbetrieb	
7	Mitarbeiter	14	
8	Jahresumsatz	28 Mio. Schilling	
9	Rechtsform	GmbH	
10	Beteiligungen	–	

Firma Stromeyer wurde 1972 gegründet. Sie hat ihren Sitz in ...
Sie gehört zur ...-Branche. Sie stellt ... her. ...

b) Tragen Sie die Daten aus dem folgenden Text in die Tabelle oben ein.

Heute gehört die Allweiler-Gruppe mit einem Umsatz von jährlich über 180 Millionen Mark zu den größten Pumpenherstellern der Welt. An diese Entwicklung dachte der Schlosser Gotthard Allweiler nicht, als er 1860 in der kleinen süddeutschen Stadt Singen seine Werkstatt zum Bau von Feuerwehrspritzen gründete. Er war damit der einzige Spezialist im Bodenseeraum für diesen in der damaligen Zeit wichtigen Bereich.

Die Entwicklung vom Handwerks- zum Industriebetrieb begann 1874, als Gotthard Allweiler die von ihm entwickelte Handflügelpumpe auf den Markt brachte. Sie machte den Namen Allweiler weltweit bekannt. Schon 1876 musste des Werk erweitert werden. Das Unternehmen zog ins benachbarte, direkt am Bodensee gelegene Radolfzell um. Schon bald wurden die Erzeugnisse aus Radolfzell nach Dänemark, Schweden, Norwegen, Russland, Österreich, Ungarn und in die Schweiz verkauft. 1892 wurden Allweiler-Entwicklungen auf der Weltausstellung in Chicago mit zwei ersten Preisen ausgezeichnet.

Die schnelle Entwicklung führte 1910 zur Umwandlung der Allweiler OHG in eine Aktiengesellschaft. Heute ist die Allweiler-Gruppe mit ca. 1 100 Beschäftigten ein mittelständisches Maschinenbau-Unternehmen von internationaler Bedeutung. Circa 50 Prozent des Umsatzes werden im Ausland erzielt.

Neben dem Radolfzeller Stammwerk, das auch für Forschung und Entwicklung und den Vertrieb zuständig ist, gehören zum Konzern Werke in Bottrop/Nordrhein-Westfalen und in Utrecht/Niederlande (eine hundertprozentige Tochter der Allweiler AG). Außerdem hält Allweiler Anteile an Pumpenfabriken in Ägypten und Südafrika.

2. Sprechübungen

Wann?	Wer?	Wie viele?		Gründungsjahr?	Firmengründer?
Was?	Welche?	Woran?	Wo?	Mitarbeiter?	Produkt?	Rechtsform?
Wie hoch?				Beteiligungen?	Sitz?	Exportanteil?

a) ○ *Wann wurde Allweiler gegründet?*
● *1860.*

b) ○ *Gründungsjahr?*
● *Allweiler wurde 1860 gegründet.*

3. Allweiler präsentiert sich.

a) Welche Stichpunkte passen zu den Gesichtspunkten 1–10?

1 Bedarfsanalyse 2 Beratung 3 Bodensee 4 CNC-Bearbeitung 5 computergestützte Steuerung 6 DIN ISO 9000 7 Einzelteilprüfung 8 Entwicklung 9 Facharbeiter 10 Fertigung 11 für jede Förderaufgabe 12 hoher Standard 13 Infrastruktur 14 Kreiselpumpen 15 Kundennähe 16 ~~Kurse~~ 17 Lehrlingswerkstätten 18 Messtechnik 19 Motivation 20 neue Lösungen 21 praxisorientiert 22 Prüfstand 23 Qualifikation 24 Radolfzell 25 Schiffstechnik 26 schnelle Hilfe 27 Spezialanfertigungen 28 Spezialmaschinen 29 Süddeutschland 30 Umwelttechnik 31 24-Stunden-Service 32 Vertriebsnetz 33 wissenschaftliche Institute 34 Zertifikat

1 Sortiment	
2 Einsatzgebiete	
3 Standort	
4 Unternehmen	
5 Fertigung	
6 Qualitätssicherung	
7 Forschung und Entwicklung	
8 Kundenorientierung	
9 Kundendienst	
10 Aus- und Fortbildung	*Kurse*

b) Hören Sie sich die Firmenpräsentation an. Kontrollieren Sie Ihre Zuordnungen. Ordnen Sie weitere Stichpunkte zu. Entnehmen Sie dem Text zusätzliche Stichpunkte.

4. Wann? – Wie hoch? – Wo? – Wozu? – Wie? – ...?

a) Stellen Sie sich gegenseitig Fragen über die Allweiler AG. Orientieren Sie sich an den Informationen, die Sie bisher zusammengetragen haben.

▷ *Wodurch gewährleistet Allweiler Kundennähe?*

▷ *Durch über 100 Vertretungen, Vertriebsgesellschaften und Verkaufsbüros.*

▷ *Wo benutzt Allweiler moderne Messtechnik?*

▷ *In der Qualitätssicherung.*

▷ *...?*

b) Stellen Sie sich gegenseitig Fragen über Ihre Firma oder eine Firma Ihrer Wahl. Orientieren Sie sich an den Gesichtspunkten, die Sie bisher erarbeitet haben.

5. Pumpen

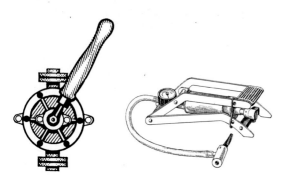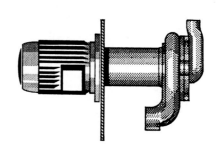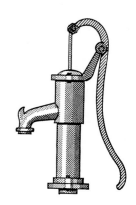

Überlegen Sie: Wo werden Pumpen benötigt? Wozu?

Man braucht Pumpen | in/im/in der ...
| für den/das/die ...

Pumpen werden im / in der ... | benötigt | , um ... zu ...
| eingesetzt | . Sie dienen | zum / zur ...
| dazu, ... zu ...

Pumpen werden im Auto benötigt,
um Kraftstoff zu pumpen.

Man braucht Pumpen für die Wasserversorgung.

6. Abnehmer – Einsatzgebiete

Welche Abnehmer, welche Einsatzgebiete 1–15 kommen in den folgenden Ausschnitten aus Geschäftsberichten der Allweiler AG vor?

1 Lebensmittel-Industrie
2 Schiffbau
3 Automobilbau
4 Landwirtschaft
5 Umweltschutz

6 Chemie-Industrie
7 Güterverkehr
8 Erdölgewinnung
9 Erdölverarbeitung
10 Bergbau

11 Tabak-Industrie
12 Energiewirtschaft
13 Textil-Industrie
14 Maschinen- und Anlagenbau
15 Luft- und Raumfahrt

A „Die Aufzugspumpen-Baureihe ist bei Allweiler die größte geschlossene und standardisierte Schraubenspindel-pumpen-Baureihe. Sie gelangen in den unterschiedlichsten Anlagen zur Anwendung: Triebwerke von hydraulischen Aufzügen (Personen-, Panorama-, Krankenhausaufzüge u.a.), von hydraulisch angetriebenen Maschinen und Einrichtungen".

B „Die wichtigsten Abnehmer waren im Berichtsjahr Groß-anlagenbauer, Erstausrüster und Betreiber aus der allge-meinen Industrietechnik, der Heiz-, Kühl-, Klimatechnik, der Baumaschinenindustrie, der Energietechnik sowie der Schiffbau."

C „Propellerpumpen arbeiten in einer Anlage für die Mischsäure-entsorgung (...) Ein weiterer neuer Einsatzbereich ist die Abfall-entsorgung in Großmästereien. Hier müssen große Mengen Gülle mit hoher Viskosität und großem Feststoffanteil transportiert und der Weiterverarbeitung zugeführt werden."

D „Auch 1995 konnten eine ganze Reihe ‚spektakulärer' Aufträge verzeichnet werden. Stellvertretend sollen hier nur Aufträge über eine große Anzahl von Pumpen für die zentralen Kühl-/Schmiermittelanlagen des neuen Motor-werks von Renault in Lille/Frankreich und die Pumpen für acht Großcontainerschiffe für eine namhafte Reede-rei im Nahen Osten genannt werden."

E Schraubenspindelpumpen aus dem Werk Utrecht werden „in Kleinserie oder als kundenspezifische, dem Einsatzgebiet optimal angepasste Sonderaus-führungen gefertigt. Als Haupteinsatzgebiete gelten die Schiffs- und Offshoretechnik, die chemische und petrochemische Industrie sowie die Kraftwerks- und die allgemeine Industrietechnik."

7. Produktbeschreibungen

a) Ordnen Sie die Pumpentypen 1–5
den Abbildungen A–H zu.

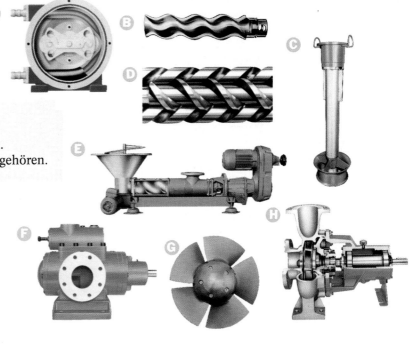

sicher:	... ist eine ...pumpe.
	... gehört zu einer ...pumpe.
wahrscheinlich:	... dürfte eine ...pumpe sein.
möglich:	... könnte zu einer ...pumpe gehören.

	Typ	Teil
1 Schraubenspindelpumpe	F	
2 Kreiselpumpe		
3 Propellerpumpe		G
4 Exzenterschneckenpumpe		
5 Schlauchpumpe		

b) Hören Sie sich die Produktbeschreibungen an, tragen Sie die Angaben in die Tabelle ein.

Baureihe	Pumpentyp	Einsatzgebiet	Verwendungszweck
VPT		Bergbau	
ASL/ASH			Abwasser reinigen, ...
SLF			
AE	Exzenterschneckenpumpen		

8. Sprechübung

○ *Ein Einsatzgebiet sind also Erdölraffinerien?*
● *Ja, sie werden auch in Erdölraffinerien eingesetzt.*

9. Die Schraubenspindelpumpe TRITEC

Bereiten Sie eine Produktbeschreibung anhand der Angaben vor.

- für nicht schmierende, korrosive und abrasive Förderflüssigkeiten
- bis 830 l/min (50 m³/h)
- bis 100 bar
- pulsationsfrei, daher keine Materialermüdung in den Rohrleitungen
- geräuscharm, daher verminderte Lärmbelästigung
- Mengenregulierung mittels Drehzahlregelung, daher keine Leistungsverluste
- hoher Wirkungsgrad, daher wirtschaftlicher Betrieb
- lange Lebensdauer, daher hohe Zuverlässigkeit
- kompakte Bauweise, daher geringer Platzbedarf
- austauschbare Einschubeinheit, daher geringe Montagekosten und kurze Stillstandzeiten

Einsatzgebiete:
sich eignen für
benötigen zu
einsetzen in

Ausstattung:
verfügen über
ausgestattet sein mit

Eigenschaft:
aufweisen
sich auszeichnen durch

Leistung:
sorgen für
ermöglichen
gewährleisten

*Die TRITEC wird zum Beispiel in Kraftwerken eingesetzt. Sie eignet sich für ... Sie ermöglicht
eine Leistung von ... und gewährleistet einen Druck bis ... Sie zeichnet sich durch ... aus. Daher ...*

10. Abteilungen – Tätigkeiten

Wie ist ein Betrieb organisiert? Sammeln und ordnen Sie.

MARKETING

FERTIGUNG

PERSONALABTEILUNG

...

Pressemitteilungen schreiben

Geräte montieren

Märkte analysieren

Fortbildung organisieren

Material bereitstellen

Teile fertigen

Waren versenden

Stellen ausschreiben

...

11. Mitarbeiter der Allweiler AG

a)   In der Poststelle

ALL INVESTMENT INC.
GPO BOX 22 44 66
BOMBAY / INDIA   (A)

Allweiler AG
D-78315 Radolfzell

**Anfrage: Lieferung von
5 Kreiselpumpen**

Sehr geehrte Damen und Herren,

SIEMENS AG
WERK AMBERG   (B)

Ihre Bestellung vom 12.4. d.J.

Sehr geehrte Damen und Herren,

die Auslieferung der von Ihnen
bestellten Komponenten verzögert
sich leider um etwa 14 Tage.
Materialengpässe haben dazu
geführt, dass

Wer bekommt die Post?

Frau Lingel verteilt die
Post.

Auftragsabwicklung Export,
Frau Spitznagel

Disposition, Herr Hiller

Fertigungsleiter, Herr Metzler

Einkauf, Frau Martin

Versand, Frau Menzel

Konstruktion, Herr Joggerst

b) Suchen Sie den richtigen Ansprechpartner für die Fälle A-F.

A Die Bank teilt mit: Das Akkreditiv des Kunden aus Mexiko ist eingetroffen.

B Die Spedition wartet darauf, dass der Termin zur Verladung der Ware wie vereinbart mitgeteilt wird.

C Anfrage des Fertigungsleiters: Wie viele Bauteile für den Auftrag nach Mexiko sind noch vorrätig?

D Der Kunde hat Sonderwünsche bezüglich Leistung und Ausstattung der Pumpe.

E Der Zulieferer kann die bestellten Motoren nicht zum vereinbarten Termin liefern.

F Die Disposition erkundigt sich nach den freien Fertigungskapazitäten.

c) Führen Sie die Gespräche mit den zuständigen Mitarbeitern.

12. Besprechung: Auftrag aus Mexiko

a) Die sechs Mitarbeiter koordinieren den Auftrag aus Mexiko. Welche Aussage (1–10) machen die Mitarbeiter in der Besprechung? Äußern Sie Vermutungen, wenn Sie nicht sicher sind.

A Einkauf, Frau Martin

B Konstruktion, Herr Joggerst

C Auftragsabwicklung, Frau Spitznagel

D Versand, Frau Menzel

E Fertigungsleitung, Herr Metzler

F Disposition, Herr Hiller

1 *Wir haben einen dringenden Auftrag.*

2 *Die Maschinen sind aber ausgelastet.*

3 *Sonderwünsche des Kunden? Dazu brauchen wir Entwicklungszeit.*

4 *Welche Teile sind am Lager? Welche müssen wir fertigen?*

5 *Einige Komponenten müssen wir sofort bestellen.*

6 *Wir verhandeln noch über die Zahlungsweise.*

7 *Die Zeit für die Montage ist zu kurz.*

8 *Die Schiffsverbindungen sind gut.*

9 *Für die Disposition brauchen wir schnell alle Informationen.*

10 *Die Sonderanfertigungen sind nicht kompliziert.*

b) Hören Sie sich die Besprechung an. Sagen Sie in den Sprechpausen, wer gesprochen hat.

Sicher:	Das	ist Herr / Frau ... vom / von der ...
Wahrscheinlich:	dürfte	Herr / Frau ... vom / von der ... sein.
Vielleicht:	könnte	

13. Unternehmensporträt

Arbeiten Sie in Gruppen. Entwerfen Sie ein Unternehmensporträt: Vortrag, Artikel oder Wandzeitung.

Allweiler AG

oder

Ihr Unternehmen

oder

ein Unternehmen Ihrer Wahl

Stichpunkte:

Gründung ▨ Sitz ▨ Branche ▨ Produkte ▨ Märkte ▨ Größe ▨ Mitarbeiter ▨ Abteilungen ▨ Umsatz ▨ Rechtsform ▨ Niederlassungen ▨ Beteiligungen ▨

14. Radolfzell – Sitz der Firma Allweiler

Was wissen Sie? Was sehen Sie? Was lesen Sie?
Was glauben Sie? Sprechen Sie über die Stadt.

Gründung im Jahre 826		
Einwohner		
1900		4 160
1950		9 800
1997		28 100
Fläche in Hektar		5 857
davon Wald		1 900
Landwirtschaft		2 365
Bildung		
Kindergärten		6
Grund- und Hauptschulen		10
Realschulen		1
Gymnasien		2
Berufsschulen		1
Betriebe		
Verarbeitendes Gewerbe		215
Dienstleistung	ca.	1 400
Arbeitsplätze	ca.	13 000

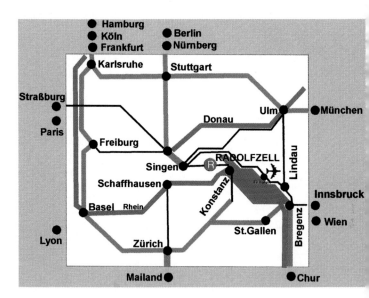

Die Stadt	ist ...	Lage	hoch	gering
	hat ...	Lebensqualität	niedrig	groß
	ist von ...	Infrastruktur	gut	...
	besitzt ...	Verkehr	schlecht	
	weist .... auf.	Erholung	günstig	
	ermöglicht ...	Wirtschaftsstruktur	ungünstig	
	bietet ...	...möglichkeiten	schön	
	...	...		

15. Interview mit der Wirtschaftsförderung Radolfzell

a) Welche Gesichtspunkte sind Ihrer Meinung nach Pluspunkte für einen Wirtschaftsstandort, welche sind Minuspunkte?

+	–	+–
hohe Lebensqualität	Grenzlage	

Auslandsinvestitionen ▓▓ Diversifikation ▓▓ Exportorientierung ▓▓ Grenzlage ▓▓ Großbetriebe ▓▓
hohe Arbeitslosigkeit ▓▓ staatliche Förderprogramme ▓▓ Kleinbetriebe ▓▓ hohe Lebensqualität ▓▓
mittelständische Unternehmen ▓▓ Monostruktur ▓▓ Naturschutz ▓▓ Tradition ▓▓ Vollbeschäftigung ▓▓
Verkehrswege ▓▓

b) Hören Sie das Interview mit Frau Laule. Wie bewertet sie die Gesichtspunkte?

c)

Welche Branchen kommen vor?		Firmen, Produkte, Einzelheiten
1	Baugewerbe	
2	Bekleidung	
3	Chemie-Industrie	
4	Elektro-Industrie	
5	Energiewirtschaft	
6	Handel	
7	Lebensmittel-Industrie	*Maggi, Singen; wichtiger Arbeitgeber*
8	Leder-Industrie	
9	Maschinenbau	
10	Metall-Industrie	
11	Textil-Industrie	
12	Tourismus	
13	Umwelttechnik	

16. Erinnern Sie sich noch?

a) Zu welcher Branche gehört die Allweiler AG?
b) Aus welchen Branchen stammen einige der Großkunden von Allweiler im Geschäftsjahr 1995?
c) Zu welcher Branche gehört der Absender des Schreibens C in Übung 11?
d) Zu welcher Branche gehört die Firma Stromeyer?
e) In welcher Branche wird die VPT-Baureihe unter anderem eingesetzt?
f) Welche Branche beschäftigt in Radolfzell 2 000 Menschen?
g) Die TRITEC wird auch in Kraftwerken eingesetzt. Zu welcher Branche gehören Kraftwerke?

Erinnern Sie sich nicht mehr? Dann suchen Sie die Antworten in der Lektion.

17. Sprechübung

○ *Die Allweiler AG stellt Pumpen her.*
● *Dann gehört sie zum Maschinenbau.*

Benutzen Sie Ihre Antworten aus Übung 16.

18. Vergleich

a) Was wissen Sie über Radolfzell?
Was wissen Sie über Ihre Heimatstadt?

Größe
Lage
Wirtschaftsstruktur
Branchen
Unternehmen
Infrastruktur
Arbeitsmarkt

...

b) Erstellen Sie einen Bericht,
der sich an der nebenstehenden
Struktur orientiert.

Wir haben uns mit Radolfzell und ... beschäftigt.
Folgende Gesichtspunkte ...

charakterisieren Radolfzell: ... | *zeichnen ... aus: ...*

Wir sind der Meinung, dass man die beiden Standorte ...

... nicht ... | *... gut ...*

... miteinander vergleichen kann.
Während Radolfzell ..., ist ...
Radolfzell hat ... . dagegen ...
Beide Standorte weisen ... auf (, aber ...)

19. Ein Praktikum vorbereiten

Nehmen Sie an, Sie möchten eine praktische Fortbildung in einem deutschsprachigen Unternehmen machen.
Überlegen Sie und tragen Sie vor:

- Was für ein Unternehmen wäre für Sie interessant?
- In welchen Abteilungen würden Sie gern mitarbeiten?
- Welche Tätigkeiten möchten Sie dort kennen lernen?
- Wie lange soll die Mitarbeit dauern?
- Welche Möglichkeiten gibt es, um einen Praktikumsplatz zu bekommen?
- Welche Schritte müssten Sie unternehmen?

20. Ein Praktikumsplatz bei Allweiler

Überfliegen Sie diese und die folgende Seite. Beantworten Sie nach etwa drei Minuten folgende Fragen:

a) Wer bemüht sich um ein Praktikum?
b) Welche vorbereitenden Schritte wurden dazu unternommen?
c) Wo möchte der Bewerber mitarbeiten?
d) Sind die Bemühungen erfolgreich gewesen?

21. Herr Sekakane und sein Arbeitgeber

a) Stellen Sie sich gegenseitig Fragen zu Herrn Sekakane und seinem Arbeitgeber: Woher kommt er? Was ist er? Was macht er? Wo arbeitet er? Welche Ausbildung hat er? Wann wurde Rapid Allweiler gegründet? ...

Persönliche Daten
Name: Alfred N. Sekakane
Alter: 28 Jahre
Wohnort: Isando / Transvaal, Südafrika
Familienstand: verheiratet, 1 Kind

Ausbildung und Beruf
1988–1991   Polytechnikum in Johannesburg;
             Maschinenbau-Techniker
1991–1993   Reparatur von Elektrogeräten in
             einem Kleinbetrieb in Johannesburg
1993–1995   Kundendienst-Mitarbeiter bei
             Rapid Allweiler, Isando
1995   Versetzung in die Entwicklungs-
             abteilung

Sprachen: Englisch, Afrikaans, Deutsch

Firmenname: Rapid Allweiler (Pty) Ltd.
Gründung: 1965
Sitz: Isando / Transvaal
Branche: Gerätebau
Produkte: Propeller-, Kreisel- und
               Schraubenspindelpumpen
Markt: Südafrika
Größe: ca. 70 Beschäftigte,
               6 000 m² Betriebsfläche
Anteilseigner: Familie Hindry (56 %),
               Allweiler AG (35 %) u.a.

b) Tragen Sie die Angaben über Herrn Sekakane und seinen Arbeitgeber vor.

Herr Sekakane ist 28 Jahre alt. Er kommt aus ... Er ist ... und hat ... Rapid Allweiler wurde 1965 ... Sitz des Unternehmens ist ...

22. Bewerbungsschreiben

a) Welche Angaben aus Übung 21 erwähnt Herr Sekakane in seinem Schreiben?

```
Alfred N. Sekakane
Rapid Allweiler Pump & Eng. CO (Pty) Ltd
P. O. Box 73
Isando / Transvaal 1600, Südafrika



Allweiler AG
Herrn Haselberger, Leiter der Personalabteilung
Allweilerstr. 1

D-78315 Radolfzell
Germany

                                        24. 02. 1997


Praktikum bei Allweiler vom 01.05.97 - 31.10.97

Sehr geehrter Herr Haselberger,

wie Sie wissen, diskutieren Ihre und unsere Geschäftsführung über
Fortbildungsmöglichkeiten für Nachwuchskräfte von Rapid Allweiler in
Radolfzell. Auch mir wurde diese wertvolle Chance angeboten. Deshalb
wende ich mich mit meiner Bewerbung an Sie.

Mein Ziel ist es, bei Ihnen die Methoden der Fertigungssteuerung
und Auftragsabwicklung kennen zu lernen. Entwicklung, Vertrieb und
Kundenbetreuung sollen auch bei uns in Zukunft enger zusammen-
arbeiten. Ihre Erfahrungen sind dabei wichtig für uns.

Nach meinem Examen als Maschinenbau-Techniker an der Polytechnischen
Hochschule von Johannesburg 1991 habe ich zunächst im Kundendienst
gearbeitet, von 1993 bis 1995 auch bei Rapid Allweiler. Seit 1995 bin
ich dort in der Entwicklungsabteilung tätig.

Nähere Einzelheiten über mich und meinen beruflichen Werdegang können
Sie anliegenden Unterlagen entnehmen. Ich hoffe sehr, dass Sie meine
Bewerbung berücksichtigen können, und freue mich auf Ihre Antwort.

Mit freundlichen Grüßen
```

A. N. Sekakane

Alfred N. Sekakane

b) Wie begründet Herr Sekakane seine Bewerbung?

c) Was interessiert ihn?

d) Wer ist Herr Haselberger?

e) Was erwarten Herr Sekakane und Rapid Allweiler von der Fortbildung?

f) Was hätten Sie in der Bewerbung außerdem noch erwähnt?

23. Einweisung ins Praktikum

a) Fragen zum Einweisungsgespräch mit Frau Kaiser:

1 Wo ist Herr Sekakane, mit wem spricht er?

2 Was ist für den ersten Tag vorgesehen?

3 Was sind Ihrer Meinung nach die Schwerpunkte des Fortbildungsprogramms?

4 Welchen Änderungsvorschlag macht Herr Sekakane?

5 Welche Abteilungen soll Herr Sekakane laut Plan nicht besuchen?

b) Tragen Sie die Programmpunkte in den nebenstehenden Plan ein.

Programm für Herrn Alfred Sekakane 01.05. – 01.11. 97

Do, 01.05.97	Ankunft
Fr, 02.05.97	8.30 Uhr Begrüßung in der Personalabteilung, Einweisung (Herr Haselberger, Frau Kaiser)
05.05. – 16.05.	_____
19.05. – 13.06.	_____
16.06. – 11.07.	_____
14.07. – 14.08	_____
18.08. – 12.09.	_____
15.09. – 30.09.	_____
01.10. – 16.10.	_____
17.10. – 31.10.	*Urlaub*
Sa, 01.11.97	*Abreise*

Zu Ihrer Hilfe:

Auftragslogistik ▨ Buchhaltung ▨ Controlling ▨ Einkauf ▨ Fertigung ▨ Finanzabteilung ▨ Forschung und Entwicklung ▨ Gießerei ▨ Instandhaltung ▨ Konstruktion ▨ Kundendienst ▨ Lager ▨ Marketing / Werbung ▨ Montage ▨ Personalabteilung ▨ Qualitätssicherung ▨ Rechnungswesen ▨ Versand ▨ Vertrieb ▨

Menschen bei Allweiler: **Kurt Knoblauch, Vorarbeiter in der Spindelfertigung**

Kurt Knoblauch erzählt:

Meine Kindheit habe ich in Friedrichshafen am Bodensee verbracht. 1939, als ich drei Jahre alt war, begann der 2. Weltkrieg. Meine ersten Schuljahre waren dann von Fliegeralarm und Evakuierungen begleitet. Friedrichshafen war das Ziel von vielen schweren Bombenangriffen, weil es dort kriegswichtige Unternehmen gab. MTU stellte

Panzermotoren und -getriebe her, Dornier Kampfflugzeuge und Raketen. Am Kriegsende war Friedrichshafen eine der am meisten zerstörten Städte Deutschlands. Das Haus meiner Eltern blieb zufällig stehen, aber die Nachbarhäuser ringsherum lagen in Trümmern. Unserem Haus gegenüber war eine Mühle. Sie wurde bald wieder aufgebaut, und ich lernte Müller. Schon mit 15, also noch während der Lehre, war ich praktisch für den gesamten Betrieb zuständig. Trotzdem gab es am Ende meiner Ausbildung keine Arbeit mehr für mich. In Radolfzell arbeitete einer meiner Brüder. Also versuchte ich dort mein Glück, fand Arbeit und wurde im Radolfzeller Fußballclub aktiv. Als ich meine Arbeitsstelle verlor, besorgten mir Vereinsmitglieder die Stelle bei Allweiler. Das Fußballspielen habe ich nach 45 Jahren aufgeben müssen. Die Kniegelenke machen nicht mehr mit. Aber bei Allweiler bin ich immer noch. Die Arbeit in der Spin-
delfertigung macht mir noch genau so viel Spaß wie früher, als wir die Spindeln mit viel Gefühl von Hand an der Drehbank bearbeiten mussten. Ich kann wirklich sagen: Allweiler ist mein Leben.

Kurt Knoblauch begann seine Laufbahn bei Allweiler in der Gießerei. Nach drei Monaten wurde er in die Bohrerei versetzt. Danach kam er in die Spindelfertigung. Hier werden die Spindeln, also die Förder-Elemente der Schraubenspindel-Pumpen, bearbeitet: Zuerst gesägt, dann gedreht, gefräst und geschliffen. Dann wird das Profil geschnitten. Das Profilschneiden wurde bald Kurt Knoblauchs Spezialität. Die Schneidstähle mussten von Hand mit viel Fingerspitzengefühl gleichmäßig an das Werkstück herangeführt werden. Er war so geschickt und schnell, dass er dem Akkord oft bis zu vier Wochen voraus war. Das heißt, er hatte die festgelegte Stückzahl vier Wochen früher als vorgesehen fertig. Er wurde für das Schleifen der Bearbeitungswerkzeuge, der Schneidstähle, zuständig und zum Schichtführer befördert. Heute ist er schon seit vielen Jahren Vorarbeiter und Stellvertreter des Meisters. In dieser Funktion ist er für die Kontrolle des gesamten Bearbeitungsablaufs zuständig.

Anfang der achtziger Jahre zog auch in seinen Bereich die Elektronik ein. In intensiven Schulungen musste er sich mit der CNC-Technik vertraut machen. „Die Umstellung hat manche schlaflose Nacht gekostet", sagt er. Aber er trauert den alten Zeiten nicht nach. Die neue Technik hat die Arbeit erleichtert und die Qualität verbessert. Und Qualität, sagt er, ist die Zukunft der Firma und damit der Arbeitsplätze. Aber trotz der modernen Technik braucht man zur Herstellung eines Qualitätsprodukts das geschulte Auge, das Gefühl und die Erfahrung des Fachmanns: „Die kann kein Computer ersetzen."

Herr Knoblauch, wir treffen Sie in Ihrem Urlaub zu Hause an. Machen Sie immer Urlaub in Radolfzell?
Ja, jedenfalls den Sommerurlaub. Im Sommer ist es hier so schön, da wäre es ja verrückt, große Reisen zu machen. Wenn das Wetter schön ist, bin ich den ganzen Tag am See. Abends fahre ich dann noch ein paar Kilometer mit dem Fahrrad.
Dieser Sommer ist ja ziemlich verregnet.
Ja, schon. Die Wassertemperatur im See liegt noch bei 18, 19 Grad, viel zu kalt für die Jahreszeit. Aber das stört mich nicht. Ich bin eine Wasserratte und steige bei jedem Wetter in den See.
War es der See, der Sie in Radolfzell festgehalten hat?
Auch, aber nicht nur. Hier habe ich meine Frau Helga kennen gelernt und 1956 geheiratet. Hier sind unsere drei Söhne aufgewachsen. Hier ist mein Fußballclub - und natürlich meine Firma. Es ist schön, in dieser kleinen, ruhigen und gemütlichen Stadt zu leben.

LEKTION 2

Der Weg zum Auftrag

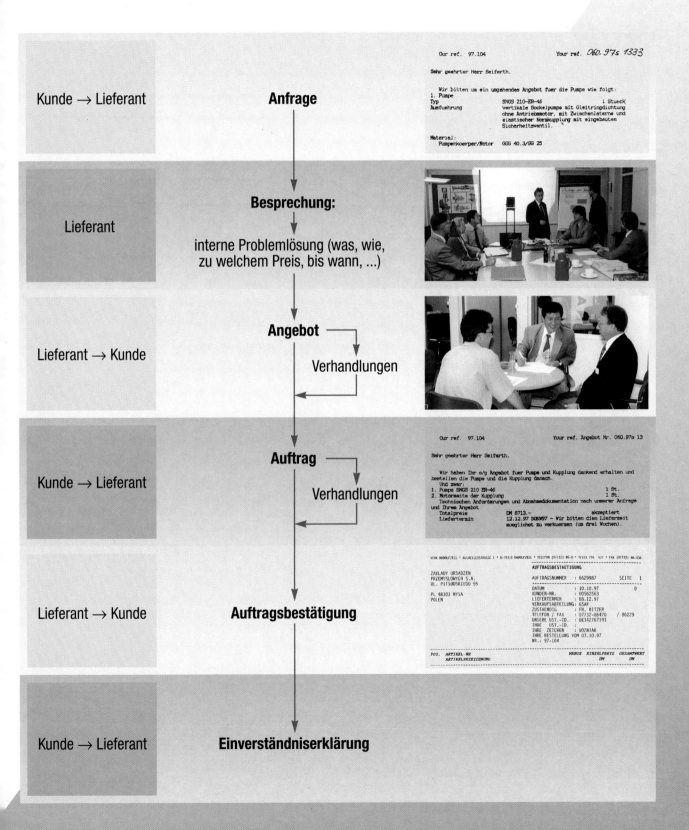

Kunde → Lieferant	**Anfrage**	Our ref. 97.104 Your ref. 060.97s 1333 Sehr geehrter Herr Seiferth, Wir bitten um ein umgehendes Angebot fuer die Pumpe wie folgt: 1. Pumpe Typ SNGS 210-ER-46 1 Stueck Ausfuehrung vertikale Sockelpumpe mit Gleitringdichtung ohne Antriebsmotor, mit Zwischenlaterne und elastischer Normkupplung mit eingebautem Sicherheitsventil. Material: Pumperkoerper/Rotor GGG 40.3/GG 25
Lieferant	**Besprechung:** interne Problemlösung (was, wie, zu welchem Preis, bis wann, ...)	
Lieferant → Kunde	**Angebot** Verhandlungen	
Kunde → Lieferant	**Auftrag** Verhandlungen	Our ref. 97.104 Your ref. Angebot Nr. 060.97s 13 Sehr geehrter Herr Seiferth, Wir haben Ihr o/g Angebot fuer Pumpe und Kupplung dankend erhalten und bestellen die Pumpe und die Kupplung danach. Und zwar: 1. Pumpe SNGS 210 ER-46 1 St. 2. Motorseite der Kupplung 1 St. Technischen Anforderungen und Abnahmedokumentation nach unserer Anfrage und Ihrem Angebot. Totalpreis DM 8713.- akzeptiert Liefertermin 12.12.97 50KW97 - Wir bitten dien Lieferzeit moeglichst zu verkuerzen (um drei Wochen).
Lieferant → Kunde	**Auftragsbestätigung**	VERK RADOLFZELL * ALLWEILERSTRASSE 1 * D-78315 RADOLFZELL * TELEFON (07732) 86-0 * TELEX 793 437 * FAX (07732) 86-436 ZAKLADY URSADZEN PRZEMYSLOWYCH S.A. UL. PITSUDSKIEGO 55 PL 48303 NYSA POLEN AUFTRAGSBESTAETIGUNG AUFTRAGSNUMMER : 6629987 SEITE 1 DATUM : 10.10.97 0 KUNDEN-NR. : 00562563 LIEFERTERMIN : 08.12.97 VERKAUFSABTEILUNG: GSAF ZUSTAENDIG : FR. BITZER TELEFON / FAX : 07732-86470 / 86229 UNSERE UST.-ID. : DE142767191 IHRE UST.-ID. : IHRE ZEICHEN : WOZNIAK IHRE BESTELLUNG VOM 03.10.97 NR.: 97-104 POS. ARTIKEL-NR MENGE EINZELPREIS GESAMTWERT ARTIKELBEZEICHNUNG DM DM
Kunde → Lieferant	**Einverständniserklärung**	

1. Eingangspost

a) Sie können auf einen Blick feststellen, um welche Art von Eingangspost es sich handelt.

☐ Absage

☐ Anfrage

☐ Angebot

☐ Bericht

☑ Bewerbung

☐ Einladung

☐ Hotelprospekt

☐ Rechnung

☐ Reklamation

☐ Rundschreiben

☐ Urlaubsgruß

☐ Werbetext

1 namhaften Reiseveranstalter und bin vorwiegend für Clubreisen verantwortlich.

2 haben wir unsere Entscheidung getroffen. Wir bedauern Ihnen mitteilen zu müssen, d

10 *Das Wetter könnte besser sein, aber wir machen viele interessa*

3 Stück / Ware   DM / Stück   DM gesamt
    2 Pal. „Praxi-Copy"   DM 1.070,--   DM 2.140,--

4 die von Ihnen gelieferte BÜROLA X 23 nicht zu unserer Zufriedenheit arbeitet

5 Bitte senden sie uns ausführliche Produktinformationen. Für Ihre

11 Individuelle Firmentarife ab ... Übernachtungen * (außerhalb der

6 Versammlungsort: Werkskantine. Um vollzähliges Erscheinen wird

7 **Das attraktive Bahnangebot für Häufigfahrer halbiert den**

12 Hiermit bieten wir Ihnen an: Überwachungskamera XR 324 mit

8 Am zweiten Messetag kamen 47 Interessenten an den Stand. Dabei ergaben

9 An alle Abteilungen: Wichtige Mitarbeiterinformation!

> Text ... ist ein/eine ....
> Bei Text ... handelt es sich um einen/ein/eine ...
> Bei Text ... liegt ein/eine ... vor.

b) Woran kann man auf einen Blick erkennen, um welche Textsorte es sich handelt? Suchen Sie zu zweit Merkmale.

An den Zahlen und an der Gestaltung als Tabelle kann man erkennen, dass es sich bei Text 3 um eine Rechnung handelt.

2. Postverteilung

In welches Fach würden Sie die eingegangene Post von Übung 1 legen?

Das Angebot ist für den Einkauf bestimmt.

Das Angebot gehört in das Fach „Einkauf".

Das Angebot würde ich in das Fach „Einkauf" stecken.

Der/Das/Die ... ist für Frau .../Herrn ... bestimmt.

3. Wer ist zuständig?

a) Welche Abteilung ist in den Gesprächen A bis H
zuständig?

b) **Sprechübung**

○ *Allweiler AG, Zentrale, guten Tag.*
● *Ich hätte eine Reklamation. Wer ist dafür zuständig?*
○ *Moment, ich verbinde Sie mit dem Kundendienst.*

4. Am Telefon: *wählen, abnehmen, verbinden, durchstellen, Rückruf, Durchwahl, ...*

wohin?	zum	Empfang	zu	Herrn Müller	ins	Lager	in die	Werkstatt
wo?	im, beim		bei		im		in der	
woher?	vom		von		vom		von der	

Schreiben Sie ein paar Sätze wie in den Beispielen.

a) *Ich sollte einen Anrufer mit dem Empfang verbinden. Aber im Empfang hat niemand abgenommen.*

b) *Eine Anruferin wollte Herrn Müller etwas sagen. Ich habe sie zu Herrn Müller durchgestellt.*

c) *Eine Kundin hat um einen Rückruf des Lagers gebeten. Ich habe ihr die Durchwahl des Lagers gegeben. Sie muss die 258 wählen.*

d) *Jemand wollte mal mit der Werkstatt sprechen. Ich habe ihn mit jemand von der Werkstatt verbunden.*

5. Rollenspiel

Kundendienst
Reklamationen
Durchwahl 321

a) In Zweiergruppen: Schreiben Sie Telefonszenen wie im Beispiel und spielen
Sie sie mit verteilten Rollen.

▷ *Das gelieferte Teil ist defekt.*

▶ *Für Reklamationen ist der Kundendienst zuständig.*

▷ *Können Sie mir bitte die Nummer des Kundendienstes geben?*

▶ *Den Kundendienst erreichen sie unter der Durchwahl 321. Soll ich
Sie verbinden?*

▷ *Nein, danke. Ich werde mich mit dem Kundendienst in Verbindung
setzen.*

Personalabteilung
Bewerbungen
Durchwahl 209

Zentrale
Posteingang
Durchwahl 0

b) Spielen sie weiter.

▷ Meldung
▶ Für ... ist ... zuständig.
▷ Nummer?
▶ erreichen unter Durchwahl ...
▷ sich mit ... in Verbindung setzen

Qualitätssicherung
Materialprüfungen
Durchwahl 586

6. Termine absagen

Ein wichtiger Umstand macht es nötig, dass Sie einen vereinbarten Termin absagen.

	Beispiel 1	Beispiel 2	Ihr Beispiel
Anrede	Frau Dombrowski	Herr Krombach	
Planung	Besprechung um 10.00 Uhr	gemeinsame Durchsicht der Liefertermine	
neuer Umstand	dringender Arztbesuch	Mithilfe bei der Bearbeitung einer Reklamation	
Absage	Leider muss ich ... absagen / kann ich nicht ...		
Bedauern, Bitte um Verständnis	Es tut mir Leid, dass ... / Bitte haben Sie Verständnis (dafür, dass ...). Bitte entschuldigen Sie, dass ...		
Vorschlag	morgen um ... Uhr / neuen Termin vereinbaren / die Sache auf ... verschieben / ...		

a)   Sagen Sie den Termin (fern)mündlich und schriftlich ab.

> *Frau Dombrowski, wir wollten uns doch um 10.00 Uhr treffen.*
> *Aber leider ist mir ein dringender Arzttermin dazwischengekommen.*
> *Ich kann also nicht. Tut mir wirklich Leid. Geht es vielleicht um 9.00?*

von: Buhl, Spindelfertigung
an: Frau H. Dombrowski
Frau Dombrowski, unsere
für 10.00 Uhr geplante
Besprechung muss ich
wegen eines dringenden
Arzttermins leider absagen.
Bitte haben Sie Verständnis
dafür. Vorschlag für einen
neuen Termin: morgen
9.00 Uhr.

b)   Wie unterscheiden sich die schriftliche und die telefonische Absage sprachlich?

c)   Wie würde man in Ihrem Land einen vereinbarten Termin absagen bzw. verschieben?

 ## 7. Herr Braun braucht Herrn Sekakane.

a)   Fragen zum Telefonat zwischen Herrn Braun und Herrn Sekakane.

1   Was macht Herr Sekakane bei Allweiler?

2   Wo erreicht Herr Braun Herrn Sekakane?

3   Zu welcher Zeit telefonieren Herr Braun und Herr Sekakane miteinander?

4   Wo wollen sie sich treffen?

5   Was macht Herr Sekakane gerade bei Frau Kaiser?

6   Wofür ist Herr Bruch zuständig?

7   Wo ist Herr Bruch im Augenblick?

8   Worüber möchte Herr Braun mit Herrn Sekakane sprechen?

9   Um wie viel Uhr wollen sie sich treffen?

10   Wie unterstützt Herr Braun Herrn Sekakane bei der Absage seines Termins mit Herrn Bruch?

b)   Schreiben Sie eine Notiz: Herr Sekakane entschuldigt sich für seine Terminabsage bei Herrn Bruch.

8. Herr Braun informiert Herrn Sekakane über die Anfrage aus Japan.

Anbei erhalten Sie die Anfrage der Firma Michiko Engineering Ltd. vom 7.5. d.J. Aus Vorgesprächen weiß ich, dass wir sehr gute Chancen haben. Wahrscheinlich möchte der Kunde mit uns auf der ACHEMA im Juni in Frankfurt über unser Angebot sprechen. Der Kunde braucht Schraubenspindelpumpen für ein Ölkraftwerk, das er nach Pakistan liefert. Er hat noch mindestens zwei weitere Angebote eingeholt. Wenn wir den Zuschlag bekommen und den Kunden zufriedenstellen, dürfen wir mit bedeutenden Folgeaufträgen rechnen, denn Michiko hat gerade den Zuschlag für zwei kleinere und ein größeres Kraftwerk in Thailand und Malaysia erhalten. Gehen Sie bitte davon aus, dass die Ölqualität in Pakistan unterschiedlich ist. Es ist mit schwefelhaltigem und stark verschmutztem Öl zu rechnen. Es wäre gut, wenn ich Ihr Angebot am 16.5. hätte, damit ich es am 19. oder 20.5. persönlich abgeben kann.

Finden Sie Ihre Antwort im Gespräch zwischen Herrn Braun und Herrn Sekakane oder in dem Begleitschreiben von Herrn Taru?

	A im Gespräch		B im Begleit- schreiben		C Ihre Ver- mutung	
	Ja	Nein	Ja	Nein	Ja	Nein
a) Ist der Verkaufsrepräsentant von Allweiler in Japan Japaner?	☐	☐	☐	☐	☐	☐
b) Ist Herr Taru optimistischer als Herr Braun in der Frage, ob Allweiler den Auftrag erhält?	☐	☐	☐	☐	☐	☐
c) Hat Allweiler zehn Tage Zeit für die Abgabe des Angebots?	☐	☐	☐	☐	☐	☐
d) Sollen die Allweiler-Pumpen in einem pakistanischen Kraftwerk zum Einsatz kommen?	☐	☐	☐	☐	☐	☐
e) Bekommt Herr Sekakane genug Freiraum für Eigeninitiative?	☐	☐	☐	☐	☐	☐
f) Hängt der Auftrag auch vom Preis ab, zu dem Allweiler anbieten wird?	☐	☐	☐	☐	☐	☐

9. Planspiel: Sie organisieren die Besprechung.

a) Erläutern Sie einem „zuständigen Mitarbeiter", worum es bei der Besprechung geht. Fragen Sie seine Termine ab und tragen Sie sie in den Plan ein.

········· = kann,
‒ ‒ ‒ ‒ = kann zur Not,
⎯⎯⎯ = kann nicht

Herr	11. Juni um ... Uhr										12. Juni um ... Uhr									
	8	9	10	11	12	13	14	15	16	17	8	9	10	11	12	13	14	15	16	17
Braun																				
Blank																				
Engelmann																				
Aps																				
Leiber																				

b) Ein Mitarbeiter von Allweiler hat den Besprechungsraum 21 belegt. Bitten Sie ihn darum, Ihnen den Raum zu überlassen. Begründen Sie Ihre Bitte mit der Wichtigkeit der Besprechung.

c) Teilen Sie allen Beteiligten Zeit, Ort, Gegenstand und Ziel der Besprechung mit.

Belegungsplan für Besprechungsraum 21

	11. Juni	12. Juni
8-12	Frau März: Kundengespräch	Herr Stellwagen: Stillarbeit
14-17	Herr Bäuerle: Besprechung	Frau Jeremie: Fortbildung

10. Was schlagen Sie vor?

Bei der Anfrage aus Japan scheint es auf den Preis anzukommen. Was könnte man dem Kunden anbieten, um ihm entgegenzukommen und seinen Auftrag zu erhalten?

Zu Ihrer Hilfe:

Vorschlag	Argument dafür = Begründung	Argument dagegen = Einwand
• einen hohen Rabatt auf den Listenpreis geben	• Das erleichtert dem Kunden die Entscheidung für Allweiler.	• Das ist international nicht üblich.
• Ersatzteile kostenlos mitliefern	• Allweiler kann das verkraften.	• Dann verdient Allweiler nicht mehr genug an dem Auftrag.
• den Kunden bei der Montage unterstützen	• Das erspart dem Kunden Folgekosten.	• Das wäre das falsche Signal an den Kunden.
• die Versandkosten nach Pakistan übernehmen	• Alle bisherigen Angebote sind am Preis gescheitert.	• Das erwartet der Kunde gar nicht.
• Betriebspersonal des Kunden bei Allweiler schulen	• Damit kann man eine langfristige Kundenbindung schaffen.	• Das wäre ein Präzedenzfall für eventuelle Folgeaufträge.
• ...	• Nur so kann man eine sachgerechte Installation garantieren.	• ...
• ...	• ...	• ...

▷ | Ich schlage vor, ... zu ..., | denn ...   ▷ | Ich meine aber, | dass ...
Ich würde vorschlagen, ... zu ..., | weil ... | Ich bitte zu beachten,
           | ... nämlich ... | Ich muss einwenden,
           | | Ja, ... aber ...

Diskutieren Sie zu zweit: Vorschläge machen und begründen, Einwände nennen.

Ich würde vorschlagen, den Kunden bei der Montage zu unterstützen. Das macht es dem Kunden nämlich leichter.

Ich meine aber, dass der Kunde daran gar nicht interessiert ist.

11. Herr Braun macht Vorschläge.

Welchen Vorschlag macht Herr Braun und wie begründet er ihn?

Welche Möglichkeit lehnt er ab und wie begründet er seine Ablehnung?

		Begründung
Vorschlag		
abgelehnte Möglichkeit		*Das wird ein Präzedenzfall für eventuelle Folgeaufträge.*

12. Sprechübungen

a) ○ Was halten Sie davon, einen Rabatt zu geben? **b)** ○ Wir könnten doch einen Rabatt geben.
   ● Ich würde keinen Rabatt geben.   ● Ich halte nichts davon, einen Rabatt zu geben.

13. Hinweis, Vorschlag, Warnung, Begründung, Einwand

A Wenn wir kein Top-Angebot vorlegen, kriegen wir wieder keinen Auftrag.

B Die Unterstützung bei der Montage verstärkt die Kundenbindung.

C In Frankfurt findet im Juni die ACHEMA statt.

D Die Montage ganz dem Kunden zu überlassen ist ein großes Risiko.

E Man könnte einen Allweiler-Monteur nach Pakistan schicken.

F Was soll denn der Kunde mit Ersatzteilen machen, die er nicht bestellt hat?

G Unseren Reparaturauftrag in Kuala Lumpur könnte man noch miterledigen.

H Geschultes Betriebspersonal vermeidet Fehler und Pannen.

I Warum laden wir nicht einen Techniker des Kunden zu uns ein?

J Ein Rabatt bringt nicht viel.

1 Hinweis
2 Vorschlag
3 Warnung
4 Begründung
5 Einwand

14. Der Kundendienst hat das Wort.

a) Handelt es sich bei den markierten Text-
   teilen um: A Informationen, B Hinweise,
   C Vorschläge, D Warnungen, E Begründungen, F Einwände?

   Herr Engelmann erklärte:
   1. Er habe schon mehrfach mit unsauberem Öl
   zu tun gehabt. 2. Seiner Meinung nach müsse
   man das sehr ernst nehmen, auch wenn der
   Punkt in der Anfrage nicht angesprochen worden sei. 3. Schmutz bedeute immer einen er-
   höhten Verschleiß. 4. Bereits nach kurzer

Betriebszeit könne eine Pumpe festlaufen oder an Leistung verlieren. 5. Das sei ein ernstes Auftragsrisiko, weil
die Kunden in solchen Fällen fast immer Gewährleistungsansprüche stellen würden. 6. Auch unbegründete
Gewährleistungsansprüche würden das Verhältnis zum Kunden belasten. 7. Sie würden natürlich auch Folgeaufträge in Frage stellen. 8. Auf jeden Fall müsse ein Allweiler-Monteur den Kunden vor Ort bei der
Inbetriebnahme unterstützen.

b) Übernehmen Sie die Rolle von Herrn Engelmann.   *Ich habe schon ... Meiner Meinung nach ...*

15. Was tun?

Arbeiten Sie zu dritt. Sammeln Sie Vorschläge, Begründungen und Einwände zu folgender Situation:
Ein Liefertermin ist schwer zu halten. Was könnte man tun?

Vorschlag	Argument dafür = Begründung	Argument dagegen = Einwand
dem Kunden einen späteren Liefertermin vorschlagen	Der Kunde hat bestimmt Verständnis.	Dann verlieren wir das Vertrauen des Kunden.
einfach später liefern	Der Kunde merkt es vielleicht nicht.	Das macht einen schlechten Eindruck.
...	...	...

16. Was in welcher Reihenfolge?

a) Überlegen Sie zu zweit oder zu dritt, in welchen Arbeitsschritten Sie die Aufgabe lösen würden, eine Besprechung zu organisieren. Zu Ihrer Hilfe:

Tätigkeiten	Reihenfolge
A die Besprechungsergebnisse schriftlich festhalten	
B für Kaffee und kalte Getränke sorgen	• Zuerst / Als Erstes / Als ersten Schritt würde ich ...
C allen Teilnehmern die Besprechungsunterlagen zustellen	Ich würde damit beginnen / anfangen, ... zu ...
D ein Schild „Bitte nicht stören!" an die Tür hängen	
E die Funktionsfähigkeit des Overheadprojektors überprüfen	
F einen passenden Besprechungstermin finden	• Dann / Als Nächstes / Danach / Als nächsten Schritt würde ich ...
G einen Besprechungsraum reservieren	
H die Tagesordnung erstellen und verschicken	
I überprüfen, ob das Protokoll der letzten Besprechung allen vorliegt	• Schließlich / Zuletzt / Als Letztes / Als letzten Schritt würde ich ...
J den Besprechungstermin mitteilen	
K jemand mit der Gesprächsleitung beauftragen	

b) Vergleichen Sie die Reihenfolge Ihrer Arbeitsschritte mit der Besprechungsvorbereitung von Herrn Sekakane in Übung 8. Dazu sollten Sie den Text noch einmal hören.

Herr Sekakane hat als Erstes einen passenden Besprechungstermin gesucht. Das geht aus dem Hörtext in Übung 8 hervor. Da heißt es: „Deshalb frage ich Sie gleich: Wann haben Sie Zeit für das Gespräch?"

17. Besprechung: Die Anfrage aus Japan

a) Welche organisatorischen Arbeits-schritte von Herrn Sekakane erwähnt Herr Braun in seiner Einleitung?

b) 1 Um wie viel Uhr beginnt die Besprechung?

2 Welche Rolle hat Frau Spitznagel?

3 Wofür wird Herr Sekakane gelobt?

4 Aus welcher Stadt kommt Herr Sekakane?

5 Was bedeutet der Begriff „Feineinrichtung"?

6 Wo liegt Wolfratshausen?

7 Welcher Besprechungsteilnehmer zeigt Sinn für Spaß und Humor?

8 Welche Meinung hat Herr Aps von der Anfrage?

c) Fragen zu Redewendungen in der Besprechung: Was wollen die Leute damit sagen?

■ 1. Herr Braun: „Da winkt ein großer Auftrag." ■ 2. Herr Braun: „Aller guten Dinge sind drei."
■ 3. Herr Braun: „Das ist ja Jacke wie Hose." ■ 4. Herr Braun: „Der Kunde versteht das als Präzedenz-
fall." ■ 5. Zwischenrufer: „Aber dafür können wir doch nichts!" ■ 6. Herr Aps: „Damit sind wir auf der
sicheren Seite." ■

 18. Besprechungsprotokoll: Was ist zu tun?

	Stichwort	Tätigkeit	Beschreibung
a)	Probelauf	einen Probelauf auf dem Prüffeld vornehmen	Auf dem Prüffeld soll ein Probelauf vorgenommen werden
b)			In die Pumpen sollen spezielle Gleit-ringdichtungen eingebaut werden.
c)		eine Druckprüfung und eine Körperschallmessung durchführen	
d)		Zertifikate über die Messergebnisse ausstellen	
e)		... ...	... ...

19. Eine Aufgabe in Teilschritten lösen

Bringen Sie die Arbeitsschritte der Aufgaben 1, 2 oder 3 in die richtige Reihenfolge, tragen Sie Ihren Arbeitsplan vor und diskutieren Sie darüber.

Aufgabenstellung 1	Aufgabenstellung 2	Aufgabenstellung 3
Herstellung eines Geräts	**einen Text abfassen**	
A eine Funktionskontrolle auf dem Prüffeld durchführen	A den Text ausdrucken	
B die Abholung durch die Spedition überwachen	B die letzten Korrekturen ein-arbeiten	
C Teile und Komponenten bearbeiten	C den Text eingeben	
D den Lagerbestand überprüfen	D den Entwurf überarbeiten	
E fehlerhafte Teile nacharbeiten	E ein Anschreiben machen	
F die Spedition für den Transport verständigen	F die Gliederung überlegen	
G die Begleitpapiere in die Fracht-kiste legen	G eine ausreichende Anzahl Kopien herstellen	
H die fehlenden Teile bestellen oder herstellen	H den Text mit dem Anschreiben verschicken	
I die Ist-Maße mit den Soll-Maßen vergleichen	I den Text aufsetzen	
J das Gerät verpacken	J den Text überarbeiten	
	K den Text von einem Kollegen durchsehen lassen	
	L die automatische Rechtschreib-kontrolle durchschicken	

Vergleichen Sie den Text des Interviews mit den unten stehenden Aussagen. Stimmen die Aussagen mit dem überein, was Herr Norum sagt oder nicht? Kreuzen Sie „ja" oder „nein" an. Lesen Sie zuerst die Ausagen 1 bis 10 und dann erst das Interview.

	ja	nein
1 Allweiler hat die Zahl seiner Mitarbeiter in den letzten Jahren leicht verringern müssen.	☐	☐
2 Die deutschen Unternehmer halten sich bei Investitionen generell zurück.	☐	☐
3 In Thailand und Tschechien investieren die deutschen Unternehmer recht viel.	☐	☐
4 Bei Allweiler sind größere Auslandsinvestitionen in der Planung.	☐	☐
5 Vor 20 bis 30 Jahren hatte Allweiler noch ernste Absatzprobleme.	☐	☐
6 Auf den asiatischen Märkten gibt es nicht nur billige, sondern auch recht gute Anbieter.	☐	☐
7 In China kann man nur mit Lizenzen und Joint Ventures auf dem Markt bleiben.	☐	☐
8 Die Pumpen lokaler Hersteller haben oft nur die halbe Lebenszeit einer Allweiler-Pumpe.	☐	☐
9 Manche lokalen Wettbewerber bieten zum halben Allweiler-Preis an.	☐	☐
10 Für viele asiatische Kunden ist der Preis einer Pumpe wichtiger als ihre Lebensdauer.	☐	☐

(Pro richtiger Lösung 2 Punkte, maximal 20 Punkte)   Punktzahl ___/20 Punkte

Gespräch mit dem Leiter des Vertriebs Übersee und Fernost der Allweiler AG Radolfzell, Herrn Roy Norum

Herr Norum, die Auftragslage bei Allweiler ist gut. Die Zahl der Beschäftigten ist stabil ...

N: Mit einer leichten Tendenz nach oben ...

Also mehr als stabil. Befindet sich Allweiler auf der Sonnenseite einer insgesamt doch recht düsteren Konjunktur?

N: Moment, wir dürfen, glaube ich, Ursache und Wirkung nicht verwechseln. Die Konjunktur liegt ja nicht generell am Boden. Das kann man sicher nicht sagen. In Deutschland sind die wirtschaftlichen Rahmenbedingungen nicht gut genug, und das wirkt sich negativ auf die Bereitschaft der Unternehmen aus, hier zu investieren. Es wird investiert, aber nicht hier. Und deutsche Unternehmen schaffen Arbeitsplätze, aber in Tschechien oder in Thailand und nicht bei uns.

Sind Sie auch schon auf dem Sprung über die Grenzen? Oder bleiben Sie im Lande und nähren sich redlich?

N: Wir sind schon ein weltweit operierendes Unternehmen. Aber dass wir unser Standbein in Deutschland und in Holland haben, das bleibt auch so. Aber unser Spielbein – wenn ich das mal so sportlich ausdrücken darf –, das haben wir auf dem Weltmarkt. Gut die Hälfte unserer Produktion geht in den Export und das mit steigender Tendenz.

Heißt das, dass die ausländischen Kunden Ihnen die Pumpen nur so aus der Hand reißen?

N: Das war einmal, lange ist's her. Es gab eine Zeit, in den 60er und 70er Jahren und teilweise auch noch in den 80ern, da kamen die Bestellungen schneller rein, als wir produzieren konnten. Aber heute müssen wir um jeden Auftrag kämpfen, buchstäblich um jeden. Sehen sie, ich bin ja für Fernost verantwortlich. Also, da gibt es eine ganze Reihe von Unternehmen, die sehr ordentliche Pumpen herstellen, sicher nicht auf unserem Qua-

litätsniveau, aber eben auch viel billiger. Und wenn ein Kunde vor der Frage steht: „Soll ich für den halben Preis eine Pumpe kaufen, die auch nur die halbe Zeit hält? Oder soll ich bei Allweiler zum doppelten Preis die doppelte Haltbarkeit und meinetwegen auch die doppelte Qualität kaufen?" Was würden Sie diesem Kunden raten?

Bei Allweiler die doppelte Lebensdauer zum halben Preis kaufen. Aber sagen Sie, ist der Unterschied wirklich so groß?

N: Ja. Oder noch schlimmer: Nicht immer. Sie kriegen tatsächlich Angebote zum halben Allweiler-Preis. Aber die Pumpe hält vielleicht etwas länger als nur halb so lang. Aber selbst wenn das nicht der Fall wäre – der Kunde hat das Geld nicht. Wenn der seine momentanen Investitionskosten halbieren kann, dann tut er das, ohne viel zu fragen, was morgen ist.

Zeitvorgabe 10 Minuten

Training Zertifikat Deutsch für den Beruf: Wortschatz

Welches Wort passt in die Lücke: A, B oder C? Kreuzen Sie das passende Wort an.

	A		B		C	
1	A	Platz	B	Niederlassung	C	Sitz
2	A	Werk	B	Fabrik	C	Unternehmen
3	A	zuständig	B	richtig	C	passend
4	A	Geschäft	B	Firmen	C	Niederlassungen
5	A	Modell	B	Sortiment	C	Projekt
6	A	entwickelt	B	verkauft	C	bietet
7	A	beteiligt	B	teilgenommen	C	Anteil
8	A	verarbeitet	B	beschäftigt	C	gehört
9	A	Qualifikation	B	Mitarbeit	C	Wirtschaftlichkeit
10	A	Kollegen	B	Beamten	C	Mitarbeiter
11	A	Stichpunkt	B	Merkmal	C	Meinung
12	A	gewährleistet	B	sorgt	C	aufweist
13	A	Normal-	B	Serien-	C	Luxus-
14	A	zeigen	B	ermöglichen	C	verfügen über
15	A	Lieferung	B	Angebot	C	Hilfe

Zur Wiederholung der Grammatik: Seite 127–159

(Pro richtiger Lösung 0,5 Punkte, maximal 7,5 Punkte)   Punktzahl ___/7,5 Punkte

Im Süden Deutschlands befindet sich der ___1___ der 1860 gegründeten Firma Allweiler. Das ___2___ Radolfzell ist heute außer für die Produktion und den Vertrieb der hier gefertigten Schraubenspindel- und Kreiselpumpen auch für die Koordination und Verwaltung der Allweiler-Gruppe ___3___. Auf einer Gesamtfläche von circa 56 000 qm wird hier und in den Zweigwerken mit modernster Technik geforscht, entwickelt und gefertigt. Die ___4___ in Bottrop und Utrecht/Niederlande ergänzen mit ihren Erzeugnissen das ___5___ an Pumpen, das dem Kunden Lösungen aus einer Hand für alle anwendungstechnischen Probleme ___6___. Außerdem ist Allweiler an verschiedenen Joint Ventures in Asien und Afrika ___7___.

Weltweit ___8___ die Firmengruppe etwa 1 100 qualifizierte Facharbeiter, Ingenieure, Techniker, Berater und Verwaltungsfachleute. Seit jeher legt das Unternehmen großen Wert auf die gute fachliche und menschliche ___9___ und konsequente Aus- und Weiterbildung der ___10___.

Ein herausragendes ___11___ der Produkte ist ihr hoher Qualitätsstandard, der ihre Zuverlässigkeit im täglichen Betrieb ___12___. Funktion und Leistung von allen Sonderanfertigungen und von fast allen ___13___ Modellen werden nach der Montage geprüft. Qualitätstechnik, Fertigungsprüfung und Produktprüfung bilden ein System permanenter Kontrolle. Das Vertriebs- und Kundendienstnetz und der 24-Stunden-Service auf allen fünf Kontinenten ___14___ eine intensive Beratung beim Kauf und schnelle ___15___ nach der Installation der Pumpen.

Zeitvorgabe 10 Minuten

Training Zertifikat Deutsch für den Beruf: Telefonate

Aufgabe 1: Hören Sie das Telefonat auf dem Anrufbeantworter und ergänzen Sie den Notizzettel.

Interviewtermin o.k. für _____ ①
Zeit: _____ ②
nicht vergessen: _____ ③
Rückruf wann möglich? _____ ④
Rückruf unter welcher Nummer möglich? _____ ⑤

Aufgabe 2: Hören Sie den Ausschnitt aus dem Telefonat und ergänzen Sie den Notizzettel.

Tag, an dem das Gespräch stattfindet: _____ ⑥
Uhrzeit: _____ ⑦
Dauer: _____ ⑧
Treffpunkt: _____ ⑨
Das Gespräch findet in Zimmer _____ ⑩ statt.

(Pro richtiger Lösung 2 Punkte, maximal 20 Punkte)   Punktzahl ___/20 Punkte

Menschen bei Allweiler: **Edwin Braun, Produktmanager**

Edwin Braun erzählt:

Ich bin in dieser Region geboren und aufgewachsen. 1968 habe ich bei Allweiler meine Lehre begonnen. Ich bin also schon 29 Jahre dabei, allerdings mit Unterbrechungen. 1974 und 1977 ging ich in das Allweiler-Verkaufsbüro in England. Das war eine wichtige Zeit. Ich lernte natürlich Englisch. Aber was noch wichtiger war, ich lernte eine andere Mentalität kennen und ich betrachtete unser Unternehmen von außen, aus der Perspektive des Kunden. Nach meiner Rückkehr machte ich auf dem zweiten Bildungsweg eine Ausbildung als Industriefachwirt.

Ich bin also gelernter Kaufmann. Die technische Seite musste ich mir in der Praxis aneignen. Der Kunde, der bei Allweiler anfragt, braucht nicht nur eine Pumpe. Die könnte er vielleicht auch woanders bekommen. Er sucht einen Partner für eine Problemlösung. Ich muss mich in seine Mentalität hineindenken. Das ist jedes Mal ein Abenteuer. Das ist oft anstrengend, aber immer interessant. Da wiederholt sich eigentlich nichts. Auch nicht nach 29 Jahren.

Wenn die Anfrage des Kunden hereinkommt, dann ist zunächst einmal Edwin Braun „dran". Er überlegt die Angebotsstrategie. Der Kunde muss das Engagement spüren, auch wenn die meisten Anfragen nicht zum Auftrag führen. Edwin Braun weiß aus unzähligen Kundenkontakten, dass die wenigsten Kunden einfach eine Pumpe kaufen wollen. Sie suchen bei Allweiler Zuverlässigkeit, Qualität, Kundendienst, Beratung und Unterstützung rund um das Produkt. Oder besser gesagt: Das *ist* das Produkt. Dieser immaterielle Auftragsteil liegt heute schon bei gut 30 % und wächst rasch. Allweiler ist auf dem Weg zu einem technischen Dienstleistungsunternehmen.

Herr Braun, was macht ein Verkaufsleiter, wenn er keine Pumpen verkauft?

Ich wohne mit meiner Familie in Allensbach. Wenn man so viel unterwegs ist wie ich, braucht man einen Fixpunkt. Ich singe im Allensbacher Männerchor. Ich arbeite in der Kommunalpolitik mit, bei der freien Wählergemeinschaft. Und außerdem bin ich Vorsitzender der Gemeinschaft der Allensbacher Vereine, also einer Dachorganisation für alle Vereine. Wandern macht mir sehr viel Spaß. Neulich nach der ACHEMA war ich mit ein paar Kunden im Schwarzwald. Das schafft über das Geschäftliche hinaus auch menschliche Bindungen. Man lernt sich von einer ganz anderen Seite kennen und schätzen.

LEKTION 3

Messebeteiligung

Hallenübersicht
Plan 1

N
W O
S

Eingang Galleria

Torhaus (Service Center)

DECHEMA-Haus (Hörsäle)

Messeturm

Congress Center
A-J

S 9.2
O P R
9.1
Presse 9.T
9.0

6.3

6.2

7.0

Via Mobile 6.1

5.1

8.0

6.0

5.0

T 10.2

W

10.1

Festhalle

Forum

2.0

10.0

4.2

F1

1.2

4.1 L M N

3.1

1.1

4.C K

4.0

3.0

Eingang City

ACHEMA 97

Nettoausstellungsfläche
ca. 150.000 m²

?	Forschung und Innovation
i	Literatur, Information, Lern- und Lehrmittel
	Labor- und Analysetechnik
	Anlagenbau
	Mechanische Verfahren
	Thermische Verfahren
	Pumpen, Kompressoren und Armaturen
	Verpackungs- und Lagertechnik
	Sicherheitstechnik und Arbeitsschutz
	Mess-, Regel- und Prozessleittechnik
	Werkstofftechnik, Materialprüfung
	Querschnitt Umweltschutz
	Querschnitt Biotechnologie
	Sonderschau Sustainable Development
	Tagungsbüro City Tagungsbüro Galleria
	Vortragssäle (Buchstaben vgl. Zeitpläne)
W	Abfahrt Ausflüge, Werksbesichtigung Nordseite Halle 1

31

1. Messebeteiligung: Was wollen Sie? Was brauchen Sie?

a) Welche Messeziele werden durch die Gesichtspunkte rechts unterstützt?

Ziele

A Unterstützung der Öffentlichkeitsarbeit
B Überblick über Entwicklungen auf den internationalen Märkten
C Ideen für Forschung und Entwicklung
D Kundenpflege
E Entspannung, Erlebnisse, Unterbrechung der täglichen Routine
F Präsentation neuer Produkte
G Kontakte zu anderen Branchen
H ...

Messe-Einrichtungen, -Angebote, -Daten

1 Aussteller aus vielen Ländern
2 Vorträge, Workshops, Kongresse, Diskussionen
3 Publikationen, Informationsdienste
4 Messekatalog
5 Pressekonferenzen
6 breite Beteiligung Ihrer Branche
7 besucherfreundliche Service-Einrichtungen
8 hohe Besucherzahlen
9 Exkursionen, Besichtigungen, Kultur
10 ...

b) Hören Sie sich den folgenden Textausschnitt an. Welche Messeziele nennt Allweiler?

c) Welche Ziele und Erwartungen hätte Ihre Firma, wenn sie sich an einer Messe beteiligen würde? Welche Einrichtungen und Angebote erwarten Sie vom Messeveranstalter?

Wir hätten das Ziel, ... zu ... Dazu würden wir ... erwarten.

2. Einrichtungen, Angebote, Daten zur ACHEMA 1997

Notieren Sie, welche Einrichtungen, Angebote und Daten in den Texten A–I enthalten sind.

Einrichtungen	Angebote	Daten
...	Besichtigung Opel AG	hohe Besucherzahl

Welche Ziele/Erwartungen werden damit erfüllt oder nicht erfüllt?

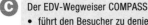

A

Aussteller		davon Ausland	
1988	3 013		940
1991	3 271		954
1994	3 467		1 031

Besucher: ca. 250 000
Herkunftsländer: 31

Umwelttechnik	ca. 1 000 Aussteller
Pumpen, Kompressoren, Armaturen	ca. 700 Aussteller
Labor- und Analysentechnik	ca. 650 Aussteller
Biotechnik	ca. 600 Aussteller
Pharmazeutische Technik	ca. 200 Aussteller

DECHEMA
Deutsche Gesellschaft für Chemisches Apparatewesen, Chemische Technik und Biotechnologie e.V.

PRESSE-INFORMATION
Press release · Information de presse

Theodor-Heuss-Allee 25
D-60486 Frankfurt am Main
Telefon (069) 7564-0
Telefax (069) 7564-201
E-Mail: presse@dechema.de
http://dechema.de

Februar 1997

ACHEMA – Kongress als Trendindikator und Ideenbörse

In dem fünftägigen Kongressprogramm mit 700 Vorträgen, Workshops und Sonderveranstaltungen werden neben technischen Neuentwicklungen auch wissenschaftliche Ergebnisse vorgestellt. Zahlreiche Innovationen der vergangenen Jahrzehnte haben mit einer ACHEMA-Idee begonnen. Die Trends und Perspektiven für die Technik von morgen werden hier zur Diskussion gestellt.

C

Der EDV-Wegweiser COMPASS
- führt den Besucher zu denjenigen Ständen, auf denen er die gesuchten Erzeugnisse findet,
- ermittelt den jeweils kürzesten Weg durch das Ausstellungsgelände,
- druckt eine Liste mit Namen, Halle und Stand der gesuchten Aussteller, sortiert nach dem optimalen Weg,
- verhilft dem Besucher so zu einem Zeitgewinn für seine Gespräche auf den Ständen.

D

Werksbesichtigungen

Montag, 9. 6. 1997

1 **Asbach GmbH & Co,** Rüdesheim am Rhein, Weinbrandproduktion
12.30–16.45 Uhr / DM 40,-

2 **C. A. Kupferberg & Cie,** Mainz, Firmenmuseum, Traubensaal, Gang durch die Kellergewölbe, Sektprobe
12.45–17.45 Uhr / DM 55,-

3 **Adam Opel AG,** Rüsselsheim, Rohkarosseriebau, Presswerk und Endmontage

Informationsangebote für die Presse

Presse vor Beginn der ACHEMA 97

Alle namentlich angemeldeten Journalisten erhalten vorab:

• Aktuelle Presseinformationen

• Trendberichte zu ausgewählten Fachgebieten der ACHEMA

• Voice of ACHEMA – World Catalogue of International Chemical Equipment auf CD-Rom

Diskussionsveranstaltung

 VCI Forum Zukunft zu Sustainable Development

Dienstag, 10. 6. 1997   10.00 Uhr
Hörsaal des DECHEMA-Hauses

Der Verband der Chemischen Industrie e.V. (VCI) lädt alle interessierten ACHEMA-Besucher zu einer Diskussion mit hochrangigen Experten in seinem Forum Zukunft ein. Anhand konkreter Beispiele soll erörtert werden, wie Chemie und Gesellschaft heutigen Anforderungen gerecht werden können, ohne die Chancen künftiger Generationen zu gefährden.

F

Viele Impulse durch Querverbindungen der Branchen

Die Interdisziplinarität der ACHEMA mit den verschiedenen ineinandergreifenden Branchen zeigt sich auch in den Ausstellungsgruppen. Die Abbildung stellt die aktuell belegte Ausstellungsfläche nach Ausstellungsgruppen dar.

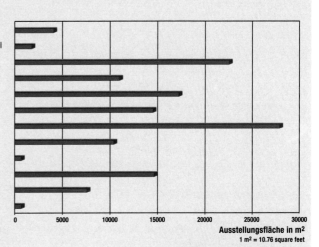

ACHEMA 97 – Belegte Ausstellungsfläche
Stand: Januar 1997

Ausstellungsfläche gesamt: 150.000 m²

Ausstellungsfläche in m²
1 m² = 10.76 square feet

H ### Festveranstaltung

Mittwoch, 11. 6. 1997, 19.45 Uhr

Das erst kürzlich in Niederhausen bei Wiesbaden eröffnete Musicalhaus präsentiert den berühmten Broadway-Schlager „SUNSET BOULEVARD" von Andrew Lloyd Webber (auf Deutsch).

I

3. Wir beteiligen uns an der ACHEMA.

Allweiler stellt auf der ACHEMA aus. Begründen Sie diese Entscheidung.

a) Notieren Sie Argumente. Orientieren Sie sich an Übung 1 und 2.

b) Hören Sie sich den Vortrag an.
• Welche Argumente kommen vor?
• Vergleichen Sie den Vortrag mit der Textstruktur in c).

c) Tragen Sie Ihre Entscheidung vor:

A Plan: Wir beabsichtigen, uns an der ACHEMA zu beteiligen.

B Ziele: Unsere Ziele dabei sind: Erstens: ... Zweitens: ... Drittens: ...

C Mittel: Um diese Ziele zu erreichen, erwarten wir erstens ..., zweitens ...

D Entscheidung: Wir halten die Beteiligung an der ACHEMA für gut/sinnvoll/... | weil ...
                    Unserer Meinung nach ist die Beteiligung an der ACHEMA nützlich/... |
                    Für eine Beteiligung an der ACHEMA spricht | erstens | der/das/die ...
                                                               | zweitens | die Tatsache, dass ...
                                                               | ...

                    Die ACHEMA zeichnet sich (besonders) | durch ... aus. | Deshalb ...
                                                         | dadurch aus, dass ... |

4. Einige Punkte aus der Messe-Checkliste

a) Sie sind für die Messe-Vorbereitung verantwortlich. Fragen Sie die anderen Mitarbeiter im Messestab: Was ist erledigt? Was ist noch zu tun? (Heute ist der 4. April 1997.)

▷ | Haben Sie schon ... ?
| Wurde(n) | der/das/die ... schon ...?
| Ist/Sind |

▷ | Ja, das haben wir schon | gemacht.
| | erledigt.

| Nein, das | haben wir noch nicht ...
| | müssen wir noch ...
| | muss noch ... werden.

b) Ergänzen Sie die fehlenden Daten in der Checkliste anhand der Texte in Übung 5.

O Anmeldung	_____
O Hotelzimmer reservieren	bis spätestens 8/95
O Eintragungen im Messekatalog	2/96
O Vorbereitung Exponate	ab _____
O Festlegung Messeschwerpunkte	1/97
O Standplan zur Genehmigung durch ACHEMA einreichen	bis spätestens 28.02.97
O Standpersonal / Standdienst einteilen	_____
O Verschickung der Einladungen	4/97
O Bestellung elektronischer Katalog, Ausstellerkarten, Tageskarten-Gutscheine	bis spätestens 15.04.97
O Vorlage Messekonzept und -organisation beim Vorstand	16.04.97
O Verladen und Abtransport Stand	27.05.97
O Versendung der Exponate	31.05.97
O Standaufbau	28.05. – 07.06. 97
O Eröffnung	09.06.97

5. Messe-Vorbereitung: Wer, was, wann, ...?

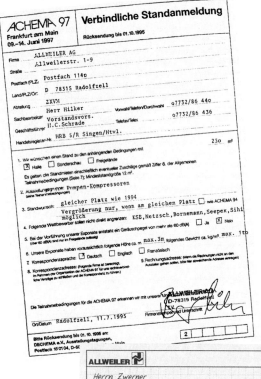

ACHEMA 97
Frankfurt am Main
09.–14. Juni 1997

Verbindliche Standanmeldung
Rücksendung bis 01.10.1995

Firma ALLWEILER AG
Allweilerstr. 1-9
Straße
Postfach (PLZ): Postfach 1140
Land/PLZ/Ort: D 78315 Radolfzell
Abteilung ZXVM
Sachbearbeiter Herr Hilker   Vorwahl/Telefon/Durchwahl 07732/86 440
Geschäftsführer H.C.Schrade   Telefax/Telex 07732/86 436
Handelsregister-Nr. HRB S/R Singen/Htwl.

230 m²

1. Wir wünschen einen Stand zu den anhängenden Bedingungen mit
☒ Halle ☐ Sonderschau ☐ Freigelände
Es gelten die Standmieten einschließlich eventueller Zuschläge gemäß Ziffer 6. der Allgemeinen Teilnahmebedingungen (Seite 7); Mindeststandgröße 12 m².

2. Ausstellungsgegenst.: Pumpen-Kompressoren

3. Standwunsch: gleicher Platz wie 1994 ☐ wie ACHEMA 94
Vergrößerung nur, wenn am gleichen Platz möglich

4. Folgende Wettbewerber sollen nicht direkt angrenzen: KSB,Netzsch,Bornemann,Seepex,Sihi ☐ Ja ☒ Nein

5. Bei der Vorführung unserer Exponate entsteht ein Geräuschpegel von mehr als 60 dB(A) max.3P, folgendes Gewicht ca. kg/m² max.1to

6. Unsere Exponate haben voraussichtlich folgende Höhe ca. m

7. Korrespondenzsprache: ☒ Deutsch ☐ Englisch ☐ Französisch

Die Teilnahmebedingungen für die ACHEMA 97 erkennen wir an

ALLWEILER AG
D-78315 Radolfzell
Firmenstempel und Unterschrift

Ort/Datum Radolfzell, 11.7.1995

Bitte Rücksendung bis 01.10.1995 an:
DECHEMA e.V., Ausstellungstagungen,
Postfach 15 01 04, D-60...

ALLWEILER

Herrn Zwerner

Wie am 4.3. besprochen, soll eine Mitarbeiterin vom Büro
Frankfurt die Eingabe aller Messeberichte auf der Achema
übernehmen. Haben Sie Frankfurt schon informiert? Ist die
Aktualisierung der Software wie besprochen erfolgt, sodass
alle Berichte jederzeit in Radolfzell abrufbar sind? Geben
Sie mir bitte umgehend Bescheid. Ich brauche auch den
Namen der eingeteilten Mitarbeiterin so schnell wie möglich.

Baum/ZXV
10.3.97

ALLWEILER	TELEFAX	Fax ( )
		Firma ____
Von/from/de: Verkaufsbüro ____		An/to/a:
Name/name/nom: ____		Name/name/nom: ____
Abt./Dept./Service: ____ Tel.: ____		Abt./Dept./Service: ____
Fax ____		Datum: ____ Seitenanzahl: ____
Betreff/Reference/Objet:		

Für die ACHEMA 1997 haben wir die gleiche
Standzuteilung erhalten wie 1994 (= 192 qm).

Um mit der Planung beginnen zu können,
bitten wir Sie, uns die vorgesehenen Exponate Ihres Geschäftsbereichs sofort zu
nennen. Eine prompte Rückantwort ist auch
deshalb erforderlich, weil wir auf der dies-
jährigen ACHEMA erstmals mit unserem neuen
Messestand auftreten werden. Das müssen wir
bei unserer Planung berücksichtigen. Bitte
begrenzen Sie die Anzahl der Exponate,
sodass der Stand großzügig gestaltet werden
kann.

MFG

i.V.   i.A.

Anlage: Exponateliste 1994

Fragen zur Messevorbereitung:

a) Wer genehmigt den Standplan?
b) Wann muss die Standanmeldung spätestens erfolgt sein?
c) Wann hat der Messestab die Anmeldung vorgenommen?
d) Wo liegt der Stand?
e) Wann beschäftigt sich der Vorstand mit der Messe?
f) Wie viel Standfläche wurde bei der Messegesellschaft beantragt?
g) Wie groß ist die genehmigte Fläche?
h) Was ist noch im November von den Geschäftsbereichen zu erledigen?
i) Warum soll eine sofortige Beantwortung der Anfrage erfolgen?
j) Wie viel Zeit steht für die Zusammenstellung der Exponate zur Verfügung?
k) Wie soll die Übermittlung der Messeberichte geschehen?
l) Wer ist dafür zuständig?
m) Was ist hinsichtlich der Übermittlung zu erledigen?
n) Welche vorbereitenden Maßnahmen sind schon 1995 zu ergreifen?
o) Wie lange dauert die Vorbereitung insgesamt?
p) Wann wird der Messestand verladen?

6. Sprechübungen

a) Vorher:

○ *Sind die Hotelzimmer schon reserviert worden?*
● *Nein, das erfolgt bis spätestens August 1995.*

b) Nachher:

○ *Wann erfolgt die Reservierung der Hotelzimmer?*
● *Die sind schon reserviert worden.*

7. Planung

a) Wie bereitet Allweiler die Messe vor?
   Arbeiten Sie in Gruppen.

...	muss ... gemacht werden.	
	erfolgt ...	bis spätestens
	muss als Erstes, Zweites, ... erfolgen.	bis zum
	hat ... zu geschehen.	am
	ist ... zu erledigen.	sofort
		...

Der zerlegbare und wieder verwendbare
Messestand wird verladen.

b) Ihre Firma hat kurzfristig beschlossen, sich an einer Messe zu beteiligen. Für die Vorbereitungen steht nur ein Monat zur Verfügung. Sie müssen sich also auf wenige wichtige Maßnahmen zur Organisation und zum Marketing beschränken.

- Legen Sie „Ihre" Messe und „Ihr" Produkt fest.
- Bilden Sie einen Messestab.
- Legen Sie die Zuständigkeiten fest.
- Was muss gemacht werden?
- Was muss als Erstes, Zweites, ... erfolgen?
- ...?

Erstellen Sie eine Checkliste.

Tragen Sie Ihre Planung vor.

Maßnahme	Termin
1. *Anmeldung*	
2.	
3.	
...	

8. Messeschwerpunkte – Kundeninteresse

Wir lösen alle

Förderprobleme, denn wir haben das richtige Pumpenprogramm und die Erfahrung

Persönliche Einladung zur ACHEMA '94

ALLWEILER

Messeschwerpunkte:

(A) Hervorgehoben wird unsere Kompetenz bei Dichtungssystemen, Werkstoffen, Festigkeit, schwingungsfreiem Lauf, Hydraulik.

(B) Wir weisen auf unsere besonderen Service-Angebote und den After-Sales-Service hin.

(C) Der Geschäftsbereich Schraubenspindelpumpen stellt in Texten und Demonstrationen die TRITEC in den Mittelpunkt. Am laufenden Modell werden Einsatzgebiete im Bereich Chemie-/Verfahrenstechnik, Problemlösungen, Vorteile demonstriert.

Slogans:

(D) • weltweite Präsenz **(E)** • Aufbruch zu neuen Ideen

(F) • Lassen Sie sich von uns beraten – profitieren Sie von unserem anwendungsspezifischen Know-how.

(G) • Am Anfang steht ein Problem – Allweiler hat die Lösung.

a) Wann haben die Kunden und Interessenten die obige Einladung bekommen?
b) Bis wann mussten die Geschäftsbereiche Ihre Messeschwerpunkte melden?
c) Welches Kundeninteresse greifen die Messeschwerpunkte und Slogans auf?

　　■ 1 Beratung schon bei der Planung ■ 2 gute Verarbeitung ■ 3 hohe Dichtigkeit ■ 4 kundenspezifische Sonderanfertigungen ■ 5 alle Pumpen aus einer Hand ■ 6 Schulung des Bedienungspersonals ■ 7 weniger Verschleiß ■ 8 zuverlässiger Kundendienst ■ 9 neue Techniken zur Energieeinsparung ■ ...

d) Erinnern Sie sich noch an die TRITEC (Lektion 1)? Welche Merkmale betont Allweiler dort?

9. Das Messeteam

a) Welcher Ansprechpartner am Messestand kommt für welches Gespräch in Frage?

Ansprechpartner auf der ACHEMA:	Besucher:	Interesse:
Scheerle, Vorstandsvorsitzender	Mr. Corkhill, England, Off-Shore	Service
Aenis, Geschäftsbereichsleiter Chemiepumpen	Frau Münzer, PharmaTec, Magdeburg	Gesamtprogramm
Karkosz, Verkaufsleiter Exzenterschneckenpumpen	Fa. Grob Anlagenbau	TRITEC
Heinkel, Verkaufsleiter Kreiselpumpen	Herr Kurosawa, Michiko, Osaka	Neuentwicklungen
Braun, Verkauf Export Schraubenspindelpumpen	Henninger Brauerei, Frankfurt	Gespräch über Angebot
Zwerner, Leitung Vertrieb Deutschland	Frau Knapp, Einkauf Heizungsbau	...
Fracassi, Leitung Vertrieb Europa	Dr. Jensen, Schiffbau, Nord-Europa	
Norum, Off-Shore/Marine und Vertrieb Übersee/Fernost	...	(siehe Übung 8 c)
Lämmermann, Leitung Vertriebsbüro Frankfurt		

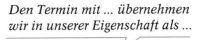
b) Übernehmen Sie eine Rolle. Verteilen Sie die Gespräche.

Das Gespräch mit Frau Knapp führe ich in meiner Funktion als Verkaufsleiter Kreiselpumpen.

Den Termin mit ... übernehmen wir in unserer Eigenschaft als ...

... Herr Scheerle und Herr Aenis in ihrer Funktion als ...

Frau ... empfangen Sie in Ihrer Eigenschaft als ...

... ihr in eurer Funktion als ... und als ...

... Herr Aenis in seiner Funktion als ...

... du in deiner Eigenschaft als...

10. Messegespräche

a) Zu welchem Gespräch passt die Notiz rechts? Machen Sie zu den anderen drei Gesprächen auch Gesprächsnotizen: Kundeninteresse – Messeschwerpunkt – Ansprechpartner. Orientieren Sie sich an den Angaben in Übung 8 und 9.

b) Zu welchem Gespräch gehört der Messebericht?

Kundeninteresse:
zuverlässiger Kundendienst

Messeschwerpunkt:
Service-Angebote und After-Sales-Service

Ansprechpartner:
Herr Norum

c) Gespräch 1:

1 Worum bittet die Besucherin am Anfang?
2 In welcher Branche ist sie tätig?
3 Was bietet ihr die Empfangsdame dann an?

d) Gespräch 4:

Wie formuliert der Allweiler-Mitarbeiter diese Aussagen?

1 Die Drehzahl kann reguliert werden.
2 Die Fördermenge kann nach Bedarf eingestellt werden.
3 Man kann die Einschubeinheit austauschen.
4 Die TRITEC kann unter schwierigsten Bedingungen eingesetzt werden.

Man kann ...
... kann ... werden } → ... ist ...bar

11. Am Messestand

a) Führen Sie zu zweit ein Messegespräch.
Kunde: Warum wenden Sie sich an Allweiler? Woran sind Sie interessiert?
Berater: Nennen Sie Lösungen und/oder Gesprächspartner.

b) Schreiben Sie einen Bericht. Orientieren Sie sich am Bericht von Übung 10 b).

12. Ein wichtiger Kunde

Herr Kurosawa von der Michiko Engineering Corp. möchte auf der ACHEMA über das Angebot von Allweiler sprechen.

Würden Sie einen der Abläufe A–C empfehlen?
Oder würden Sie einen anderen Ablauf empfehlen?

A
- Begrüßung (Geschäftsleitung, Mitarbeiter)
- Standbesichtigung
- Sektempfang, Überreichung von Gastgeschenken
- Mittagessen im Restaurant „Rôtisserie"
- Fach- und Beratungsgespräche (Herr Braun, Herr Engelmann); alternativ: Sektkellerei „Kupferberg" (Besichtigung und Sektprobe)
- Transfer ins Hotel
- 19.45 Uhr: Musical „Sunset Boulevard", anschließend Diner im Interconti, Verabschiedung

B
- Herr Braun/Herr Engelmann halten sich ab 9.30 Uhr bereit.
- Fach- und Beratungsgespräche
- Standbesichtigung anbieten
- Einladung zum Mittagessen, evtl. Bewirtung während des Gesprächs
- Chef schaut während des Gesprächs kurz herein, evtl. Teilnahme am Mittagessen.

C
- Begrüßung (Geschäftsleitung, Geschäftsbereichsleiter)
- kurze Standbesichtigung
- Fach- und Beratungsgespräche
- Einladung zum Mittagessen, evtl. Imbiss am Stand
- Gemeinsame Abendaktivität anbieten (je nach Wunsch und Interesse)

13. Herr Kurosawa ist da.

a) Wie verläuft der Besuch? Notieren Sie.

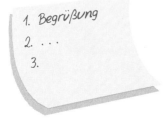

1. Begrüßung
2. . . .
3.

Welchem Verlauf in Übung 12 entspricht das Gespräch in etwa?

b) Während des Gesprächs über das Angebot machen Herr Braun und Herr Engelmann acht Empfehlungen. Wie viele hören Sie? Welche?

Wir	empfehlen	(Ihnen) ...
	raten	

Sie / Wir sollten ...

Prüfen	Sie (bitte) ...
Machen	
...	

Formulieren Sie die Empfehlungen, die Sie gehört haben.

c) Sprechübung

● *Die Angebote vergleichen?*
● *Ja, ich empfehle Ihnen, die Angebote zu vergleichen.*

d) Herr Kurosawa findet die Preise zu hoch. Wie argumentieren Herr Braun und Herr Engelmann zu diesem Punkt?

14. Höflichkeitsformeln

a) Welche Anlässe A–O passen zu welchen Ausdrücken 1–22? Ordnen Sie zu.

1 (Sehr) angenehm.
2 Leider kann ich von Ihrem Angebot keinen Gebrauch machen, weil ...
3 Ich bin sehr beeindruckt.
4 Darf ich Sie bitten, mir zu folgen?
5 Ich muß mich leider entschuldigen.
6 ... bitte, wenn das keine Umstände macht.
7 Hätten Sie etwas dagegen, ... zu ... / wenn ... ?
8 Herzlich willkommen!
9 (Ganz) meinerseits.
10 Ich darf mich jetzt entschuldigen.
11 Ich bitte darum.
12 Ich freue mich, Sie kennen zu lernen.
13 Darf ich Sie bitten, (hier) Platz zu nehmen?
14 Wäre es Ihnen recht, wenn ...?
15 Ich möchte Ihnen Herrn / Frau ... vorstellen.
16 Darf ich Ihnen ... vorstellen?
17 Es wäre mir ein großes Vergnügen, aber ...
18 Mit dem größten Vergnügen.
19 Vielen Dank für Ihr Interesse.
20 Wir sind Ihnen dankbar, dass Sie sich die Zeit genommen haben.
21 Wir würden uns freuen, wenn wir Sie zu ... begrüßen dürften.
22 Freut mich.

A Empfang
B Begleitung anbieten
C gegenseitiges Bekanntmachen
D für das Gespräch / den Termin danken
E eine Einladung aussprechen
F die Einladung annehmen
G die Einladung ablehnen
H einen Vorschlag machen
I den Vorschlag annehmen
J für das Interesse danken
K Platz anbieten
L etwas zum Essen / Trinken anbieten
M das Bewirtungsangebot annehmen
N die Besichtigung kommentieren
O das Gespräch / den Termin beenden

b) Hören Sie den Empfang von Herrn Kurosawa und das Gespräch zwischen ihm und den Allweiler-Mitarbeitern noch einmal. Überprüfen und ergänzen Sie Ihre Zuordnungen.

c) Sprechen Sie andere an. Reagieren Sie höflich.

▷ *Was darf ich Ihnen anbieten?*　▷ *Tee, wenn das keine Umstände macht.*

▷ *Haben Sie unseren Stand gesehen?*　▷ *Ich bin sehr beeindruckt.*

▷ *Ich möchte mit Frau ... sprechen.*　▷ *Darf ich Sie bitten, ...*

▷ ...

15. Perspektiven

Der Vorstandsvorsitzende der Allweiler AG hat beim Abendessen mit Herrn Kurosawa einen gemeinsamen Besuch am Stand der Burgmann Dichtungswerke GmbH & Co auf der ACHEMA vereinbart. Herr Kurosawa möchte sich dort über die Vorteile der Burgmann-Dichtungen gegenüber anderen Produkten informieren.

- Planen Sie den Ablauf des Besuchs auf dem Burgmann-Stand.
- Empfangen Sie Herrn Kurosawa.
- Stellen Sie das Unternehmen kurz vor. (Siehe das Unternehmensporträt Seite 42)
- Empfehlen und begründen Sie den Einbau der Burgmann-Dichtungen.

Zeitvorgabe
10 Minuten

Training Zertifikat Deutsch für den Beruf: Grammatik

Welches Wort passt in die Lücken 1–15: A, B oder C? Kreuzen Sie das passende Wort an.

1	A	befindet sich	B	sich befindet	C	befindet
2	A	gefertigt	B	fertigenden	C	gefertigten
3	A	moderne	B	am modernsten	C	modernster
4	A	forscht, entwickelt	B	geforscht, entwickelt	C	forschen, entwickeln
5	A	von ihrem	B	mit ihrem	C	mit ihren
6	A	dem Kunden	B	dem Kunde	C	der Kunden
7	A	an	B	bei	C	in
8	A	Von seiner Gründung	B	Seit seiner Gründung	C	Seit ihrer Gründung
9	A	Wert auf	B	Interesse an	C	Meinung zu
10	A	die	B	den	C	der
11	A	hohe	B	hoher	C	höhere
12	A	den	B	der	C	dessen
13	A	sind	B	müssen	C	werden
14	A	bildet	B	bilden	C	haben gebildet
15	A	nach der	B	nachdem	C	nach dem

(Pro richtiger Lösung 0,5 Punkte, maximal 7,5 Punkte)   Punktzahl: _____/7,5 Punkte

Im Süden Deutschlands   **1**   der Sitz der 1860 gegründeten Firma Allweiler. Das Werk Radolfzell ist heute außer für die Produktion und den Vertrieb der hier   **2**   Schraubenspindel- und Kreiselpumpen auch für die Koordination und Verwaltung der Allweiler-Gruppe zuständig. Auf einer Gesamtfläche von circa 56 000 Quadratmetern wird hier und in den Zweigwerken mit   **3**   Technik   **4**   und gefertigt. Die Niederlassungen in Bottrop und Utrecht/Niederlande ergänzen   **5**   Erzeugnissen das Sortiment an Pumpen, das   **6**   Lösungen aus einer Hand für alle anwendungstechnischen Probleme bietet. Außerdem ist Allweiler   **7**   verschiedenen Joint Ventures in Asien und Afrika beteiligt.

Weltweit beschäftigt die Firmengruppe etwa 1 100 qualifizierte Facharbeiter, Ingenieure, Techniker, Berater und Verwaltungsfachleute.   **8**   legt das Unternehmen großen   **9**   die gute fachliche Qualifikation und die konsequente Aus- und Weiterbildung   **10**   Mitarbeiter.

Ein herausragendes Merkmal der Produkte ist ihr   **11**   Qualitätsstandard,   **12**   ihre Zuverlässigkeit im täglichen Betrieb gewährleistet. Funktion und Leistung von allen Sonderanfertigungen und von fast allen Serienmodellen   **13**   nach der Montage geprüft. Qualitätstechnik, Fertigungsprüfung und Produktprüfung   **14**   ein System permanenter Kontrolle. Das Vertriebs- und Kundendienstnetz und der 24-Stunden-Service in allen fünf Kontinenten ermöglichen eine intensive Beratung beim Kauf und schnelle Hilfe   **15**   Installation der Pumpen.

> Zur Wiederholung
> der Grammatik:
> Seite 127–159

Zeitvorgabe 10 Minuten | Training Zertifikat Deutsch für den Beruf: Telefongespräch |

Lesen Sie zuerst die Aufgaben. Markieren Sie dann die richtige Antwort (A, B oder C). Hören Sie sich das Telefongespräch zwei Mal an.

1. Frau Kaiser ...
A verbindet Herrn Blank mit Herrn Sekakane.
B gibt Herrn Sekakane die Nachricht weiter.
C kann Herrn Sekakane nicht über den Anruf informieren.

2. Herr Sekakane ...
A ist gerade da.
B ist gerade in einer anderen Abteilung.
C arbeitet zur Zeit in der Auftragsabwicklung.

3. Herr Blank möchte Herrn Sekakane ...
A heute Morgen für etwa 30 Minuten sprechen.
B ab heute in der Auftragsabwicklung beschäftigen.
C morgen früh seinen Praktikumsplan zeigen.

4. In der Auftragsabwicklung soll Herr Sekakane ...
A einen dringenden Auftrag bearbeiten.
B seinen Praktikumsplan bekommen.
C nur ein paar Unterlagen abholen.

5. Frau Kaiser sorgt dafür, dass Herr Sekakane ...
A noch heute zurückruft.
B sich morgen bei Herrn Blank meldet.
C Ende nächster Woche in die Verwaltung kommt.

(Pro richtiger Lösung 2 Punkte, maximal 10 Punkte)

Punktzahl _____/10 Punkte

 Zeitvorgabe 30 Minuten | Training Zertifikat Deutsch für den Beruf: Korrespondenz

```
                Klaus Clausen OHG
                Lerchenweg 13
                65510 Idstein


Firma Zenker & Zocher
Berger Weg 45

60389 Frankfurt/Main

                              20.09.1998

Anfrage

Sehr geehrte Damen und Herren,

für unsere Firmenräume verlangt unsere Versicherung
den Einbau von Alarm- und Sicherungsanlagen. Ich bitte
Sie um ein Angebot für die notwendigen Installationen.
Für Ihre Bemühungen danke ich Ihnen im Voraus.
```

Geschäftsführer Zocher hat dazu notiert:

- Gespräch bei Clausen
- Teilnehmer: ich, Kundendienstmitarbeiter
- Terminvorschlag: 15.10.98, 14 Uhr
- Kataloge zur Vorbereitung zusenden
- Bitte um nähere Angaben
- Arbeitsbeginn nicht vor 1/99

Verfassen Sie ein Antwortschreiben mit Hilfe passender Textbausteine. Das Schreiben soll alle Inhaltspunkte der Notiz oben enthalten.

1 Als Termin schlage ich Ihnen den ... um ... vor.
2 vielen Dank für Ihre Anfrage vom ...
3 Wir bedauern, Ihnen mitteilen zu müssen, dass ...
4 Für einen ersten Überblick über unser Sortiment senden wir Ihnen einige Kataloge.
5 Dazu müssten wir ein ausführliches Beratungsgespräch in Ihrem Hause führen.
6 Unser Herr ... vom Kundendienst wird mich dabei begleiten.
7 Anlagen: ...
8 Bei Auftragserteilung könnten wir die Arbeiten im ... ausführen.

9 Leider haben wir das von Ihnen gewünschte Modell nicht mehr am Lager.
10 Wir danken Ihnen für Ihr Interesse und verbleiben ...
11 Gern arbeiten wir ein Angebot über die notwendigen Installationen aus.
12 aufgrund Ihres Angebots bestellen wir ...
13 Schriftliche oder telefonische Angaben über Größe, Lage, Ausstattung Ihrer Geschäftsräume würden uns bei der Vorbereitung helfen.
14 Die uns zugesandten Unterlagen erhalten Sie mit separater Post zurück.

(Maximal 15 Punkte)

Punktzahl _____/15 Punkte

Partner von Allweiler: Burgmann Dichtungswerke GmbH & Co

1884
Feodor Burgmann, mit 27 Jahren jüngster von fünf Brüdern, lässt am 2. Oktober 1884 seine Firma „Feodor Burgmann Handelsgeschäft in technischen Artikeln" ins Handelsregister in Dresden eintragen. Mit seiner ersten maschinell geflochtenen Stopfbuchspackung erstaunt er die Techniker jener Zeit und legt den Grundstein für spätere wirtschaftliche Erfolge.

1904
Einweihung des neuen Werkes in Dresden-Leuben. Das Unternehmen beginnt mit der Herstellung von Hochdruckdichtungsplatten. Burgmann-Erzeugnisse werden zu einem Begriff in der deutschen Industrie.

1916
Feodor Burgmann stirbt. Robert Burgmann übernimmt die Firmenleitung. Es herrscht Krieg in Europa. Rohstoffe werden knapp. Die nachfolgenden Krisen stellen das Unternehmen auf eine harte Bewährungsprobe.

1924
Es geht wieder aufwärts. In Saarbrücken geht ein weiteres Zweigwerk in Betrieb.

1939
Der Beginn des 2. Weltkrieges stoppt diese Entwicklung. Mit Kriegsende im Mai '45 endet die Ära Dresden endgültig.

1947
Eintragung ins Registergericht München am 23. Mai: „Feodor Burgmann jr.", Seeleiten/Starnberger See. Beginn der Packungsfabrikation.

1951
Verlegung des Betriebs nach Wolfratshausen.

1962
Mit der Entwicklung und dem Bau von Gleitringdichtungen wird eine bedeutende Wende in der Unternehmensentwicklung eingeleitet.

1965
Kompensatoren werden ins Programm aufgenommen. In den Folgejahren verändert sich Burgmann mehr und mehr vom Textil zum Metall verarbeitenden und vom national zum international tätigen Unternehmen.

1977
Gründung erster Tochterfirmen in USA und Brasilien.

1981
Einweihung des neu erbauten Werks in Eurasburg

1996
Gründung von drei weiteren Tochterunternehmen bzw. Joint Ventures. Burgmann hat jetzt 31 Auslandsgesellschaften.

Der Hauptsitz der Unternehmensgruppe – Werk I – ist Wolfratshausen mit dem nahegelegenen Werk II in Eurasburg. Mit 18 Werksbüros in Deutschland, 31 Tochtergesellschaften, Joint Ventures und rund 2 150 Mitarbeitern auf allen Kontinenten gehört Burgmann zu den führenden Dichtungsherstellern.

Als einer der ersten Dichtungshersteller in Europa baute Burgmann eine selbstständige Qualitätssicherung auf. Sie wird von vielen internationalen Organisationen anerkannt und hat zum weltweiten Erfolg beigetragen. Bereits seit 1990 ist Burgmann nach ISO 9001 zertifiziert.

Besondere Bedeutung hat das weltweite Vertriebs- und Kundendienstnetz. Bereits in den siebziger Jahren begann Burgmann, eigenständige Betriebsstätten und Servicestellen in Brasilien, USA, Frankreich, Südafrika und Australien aufzubauen.

Die Produktfelder der Burgmann-Gruppe

GLEITRINGDICHTUNGEN

Hier ist Burgmann weltweit die Nummer zwei. Sie werden in Pumpen, Mischern und Kompressoren eingesetzt.

DICHTUNGSVERSORGUNGSSYSTEME

Sie sorgen dafür, dass Gleitringdichtungen sicher funktionieren, länger leben und keine schädlichen Stoffe in die Umwelt abgeben.

MAGNETKUPPLUNGEN

Der hermetisch dichte Permanent-Antrieb für Pumpen, Rührer, Verdichter, Lüfter u.a.

STATISCHE DICHTUNGEN

Burgmann bietet jede Art von Flach- und Profildichtungen aus modernsten Werkstoffen.

STOPFBUCHS-PACKUNGEN

Sie sind – richtig eingesetzt – äußerst sichere und zuverlässige Wellendichtungen.

Feodor Burgmann Dichtungswerke GmbH & Co — Burgmann Beteiligungs-GmbH

Verkaufsorganisation Burgmann Deutschland:
Zweigniederlassungen
Kundendienst-Zentren

Feodor Burgmann Dichtungswerke GmbH & Co	Burgmann Beteiligungs-GmbH	
Burgmann Niederlande	KE-Burgmann Dänemark	
Burgmann Österreich/Salzburg	Burgmann Italien	KE-Burgmann Finnland
Burgmann Österreich/Judenburg	Burgmann Australien	KE-Burgmann Italien
Burgmann Schweden	Burgmann Brasilien	KE-Burgmann Singapur
Burgmann Schweiz	Burgmann Belgien	KE-Burgmann Spanien
Burgmann Norwegen	Burgmann Frankreich	Keld Ellentoft Indien
Burgmann Türkei	Burgmann USA	KE-Burgmann Fasern Indien
Burgmann Indien (Joint Venture 51 %)	Burgmann Großbritannien	BUREX Automotive
Burgmann Malaysia (Joint Venture 60 %)	Burgmann Südafrika	
Burgmann China/Shanghai (Joint Venture 51 %)	Burgmann Indonesien (Joint Venture 70 %)	Arnot Burgmann
Burgmann China/Dalian (Joint Venture 51 %)	Burgmann Korea	
Burgmann Mexiko	Burgmann Mittelost/Vereinigte Arabische Emirate	

LEKTION 4

Auftragseingang – Projektplanung

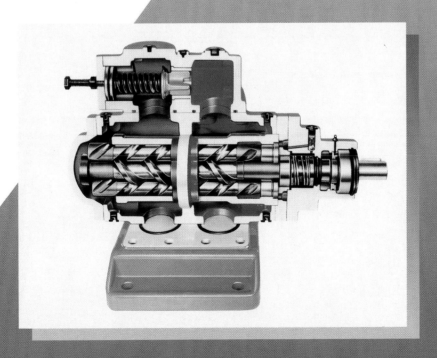

1. Was tun, wenn ...?

▨ Was tun Sie, wenn ...? ▨ Was haben Sie getan, als einmal plötzlich ...? ▨ Was würden Sie tun, wenn ...? ▨

Als das Licht plötzlich ausging, sind wir alle sehr erschrock...

*Gestern kam Herr Butzkamp mit einer Fan-Kr...
von Bayern München. Da mussten wir alle lac...*

Wenn Frau Hettesheimer noch einmal zu spät kommt, dann ...

*Wenn der Auftrag heute käme, würde
ich sofort Herrn Braun verständigen.*

▷ *Und was machst du, wenn der Computer abstürzt?*
▷ *Dann rufe ich ganz einfach Herrn Sekakane.*

▷ *Was würden Sie machen, wenn die Lieferung heute auch nicht käme?*
▷ *Ich würde Herrn Millius bitten, etwas zu unternehmen.*

2. Auf ein Ereignis reagieren

Machen Sie zu dritt ein kleines Brainstorming: Welche betrieblichen Ereignisse gibt es?
Wie kann man darauf reagieren?

Ereignis (= Was ist passiert?)	Reaktion (= Was kann man da tun?)	Äußerung (= Was sagt man da?)
Ein Unfall ist passiert. Im Lager brennt es. Der Auftrag ist da. Die Lieferung/ Eine Anfrage kommt. Ein Wasserschaden hat sich ereignet. Ein Zwischenfall ist eingetreten. Der Locher ist weg. Eine Nachricht trifft ein. Jemand fehlt. Der Techniker ist da! Jemand hat Geburtstag. ...	für Verbreitung sorgen (= die Information weitergeben)	Wissen Sie schon, dass ...? Ich wollte Ihnen sagen/mitteilen, dass ... Leute, es gibt etwas Neues: ...! Wisst ihr schon das Neueste? ...
	bewerten (= seine Meinung/ Einstellung dazu ausdrücken)	Ich finde es prima, dass ... Ich habe mich darüber gewundert, dass ... Ist es nicht schrecklich, dass ...? Ich mache mir Sorgen, weil ...
	Konsequenzen ziehen (= reagieren, selbst etwas tun)	Ich werde sofort ... Da muss ich unbedingt ... Am besten ... Auf keinen Fall dürfen wir jetzt ...
	Konsequenzen veranlassen (einen anderen etwas tun lassen)	Ich beauftrage Herrn Millius damit, ... zu ... Herr Millius, bitte ... Ich lasse ... Ich habe Frau Dörner gebeten, ... zu ....

3. Der Auftrag ist da!

a) Welche der Äußerungen von Übung 2 kommen sinngemäß im Gespräch zwischen Frau Spitznagel, Herrn Greifenberg und Herrn Sekakane vor? Notieren Sie Äußerungen, die zur Übersicht von Übung 2 passen.

b) Fragen zum Telefongespräch zwischen Frau Spitznagel, Herrn Greifenberg und Herrn Sekakane.

1 Woran erkennt man, dass Frau Spitznagel aufgeregt ist?
2 Woran erkennt man, dass Herr Greifenberg die Angelegenheit zunächst nicht so ernst nimmt?
3 Woran erkennt man, dass sich Frau Spitznagel für den Auftrag persönlich verantwortlich fühlt?
4 Wie kommt es, dass sich Frau Spitznagel für den Auftrag so stark engagiert?
5 Wie entwickelt sich Herrn Greifenbergs Interesse an dem Auftrag während des Gesprächs?
6 Warum sagt Frau Spitznagel Herrn Sekakane Bescheid?
7 Handelt Frau Spitznagel ergebnisorientiert?

 **4. Sprechübungen**

Frau Spitznagel erklärt uns, wie sie das Ergebnisprotokoll der Besprechung über die Anfrage aus Japan schreibt:

1 Ich setze mich an den Schreibtisch.
2 Ich lese meine Notizen durch.
3 Ich schalte den Computer ein.
4 Ich gebe den Text ein.
5 Ich mache einen Ausdruck.
6 Ich lese Korrektur.
7 Ich korrigiere die Fehler.
8 Ich drucke den Text aus.
9 Ich mache fünf Kopien davon.
10 Ich verschicke das Protokoll.

Wahrscheinlich würden Sie das auch so machen.

a) ○ *Also: Als Erstes setzen Sie sich an den Schreibtisch.*
● *Richtig. Und nachdem ich mich an den Schreibtisch gesetzt habe, lese ich meine Notizen durch.*
○ *Gut. Sie lesen Ihre Notizen durch.*
● *Richtig: Und ...*

b) ○ *Also: Als Letztes verschicken Sie das Protokoll.*
● *Richtig. Aber bevor ich das Protokoll verschicke, mache ich fünf Kopien davon.*
○ *Gut. Sie machen fünf Kopien davon.*
● *Richtig. Aber ...*

5. Was jetzt? Was vorher? Was danach?

a) Ein eiliger Auftrag ist gekommen. Was tun Sie in einem solchen Fall?

b) Was würden Sie anstelle von Frau Spitznagel tun?
Was hätten Sie anstelle von Frau Spitznagel getan?

▨ versuchen Herrn Braun in der Schweiz zu erreichen ▨ die restliche Post lesen ▨ die Geschäftsleitung informieren ▨ die Sache liegen lassen ▨ den Auftrag ins Fach von Herrn Braun legen ▨ Herrn Brauns Sekretariat verständigen ▨ Herrn Sekakane um Rat bitten ▨ ...

c) Machen Sie zu zweit Rollenspiele.

▷ Was würdest du anstelle von Frau Spitznagel tun?
▷ | Ich würde ...
   | Ich glaube, man müsste ...

▷ | Ich würde | vorher/danach ...
   | Ich glaube, man müsste | außerdem ...

▷ Was hättest du anstelle von Frau Spitznagel getan?
▷ | Ich hätte ...
   | Ich glaube, man hätte ... müssen.

▷ | Ich hätte | vorher/danach | ...
   | Ich glaube, man hätte | außerdem | ... müssen.

6. Alles klar? Standard oder nicht?

a) Prüfen Sie in Arbeitsgruppen die beiden Aufträge. Sind alle Angaben klar? Fehlen Angaben?

> • 500 000 Blatt Papier, DIN A 4 (210 x 297 mm), weiß
> • 150 000 Blatt Papier DIN A 4 gekappt (210 x 282 mm), gelb, 120g/m²
> Liefertermin: bis spätestens 22. Juli 1997

> Rauchmelder RM 342, inkl. Installation und Service
> Bitte geben Sie uns in der Auftragsbestätigung den frühest möglichen Liefertermin bekannt.

b) Vergleichen Sie die Standardleistungen der Firmen Nehrlinger und Permacor mit den obigen Aufträgen. Welche Auftragsteile erfordern Sonderanfertigungen oder Fremdleistungen? Berichten Sie zusammenhängend.

Nehrlinger KG: Papiersorten lieferbar		
Maße	Gewicht	Farbe
DIN A 4	80 g/m²	weiß
DIN A 5	100 g/m²	gelb
DIN A 3	120 g/m²	blau
DIN A 0		

Permacor AG: jederzeit lieferbar	
Leistungsumfang	Gerät
Beratung	Bewegungsmelder BM 4
Lieferung	Rauchmelder RM 342
Installation und Service durch regionale Partner	Gasmelder GM 03
	Störungsmelder SM 170

7. Auftragsanalyse

Herr Blank hat den Auftrag von Michiko Engineering analysiert und die Einzelposten aufgeschrieben.

a) Für welche Teilleistungen sind bei Firma Allweiler die Abteilungen Produktion, Qualitätssicherung, Einkauf, Versand und Kundendienst zuständig?

> *Auftrag Michiko Engineering*
>
> *je 6 Schraubenspindelpumpen SMH 1300 ER 46E8.7-W12, SNH 1700 ER 46E8.7-W22, SNH 2200 ER 46E8.7-W22*
> *18 Gleitringdichtungen Fa. Burgmann*
> *Beschichtung Spindelsatz*
>
> *Probelauf im Prüffeld (Kunde!)*
> *Druckprüfung 20 bar + Zertifikat*
> *Körperschallmessung + Zertifikat*
> *Verschiffung ab Hamburg*
> *Inbetriebnahme vor Ort (Pakistan!)*
> *Schulung Kundentechniker (!)*

b) Welche Empfehlungen von Herrn Engelmann in Lektion 2, Übungen 14 und 17 hat Herr Kurosawa in seinen Auftrag aufgenommen? Welche nicht? Was ist ganz neu hinzugekommen?

c) In welcher Reihenfolge würden Sie die Teilleistungen in Angriff nehmen?

Vor der Körperschallmessung kommt die Druckprüfung.

Ich würde zuerst die Körperschallmessung und dann die Druckprüfung vornehmen.

Die Gleitringdichtungen werden erst bestellt, nachdem die Pumpen produziert sind.

Bevor die Pumpen montiert werden können, müssen die Gleitringdichtungen da sein.

8. Herr Blank plant die Auftragsabwicklung.

a) Überprüfen Sie anhand des Gesprächs zwischen Herrn Blank und Herrn Sekakane die Reihenfolge der Teilschritte, die Sie in Übung 7c) angenommen haben.

b) Welche zusätzlichen Produktionsschritte nennt Herr Blank in welcher Reihenfolge? Orientieren Sie sich am Ablaufdiagramm von Übung 6.

9. Aufträge abwickeln

Bilden Sie Arbeitsgruppen mit vier Personen und planen Sie den nebenstehenden Auftrag mit einem möglichst frühen Liefertermin. Die Auftragsabwicklung umfasst folgende Arbeitsschritte:

Auftrag:
200 000 Blatt Briefpapier mit Firmen-aufdruck (Muster anbei)
Papier DIN A 4 satiniert, lichtgrau, 80 g/m^2 (Muster anbei)
Lieferart: 800 Pakete à 250 Blatt
Lieferung frei Lager

Eigenleistung	Dauer
Angebote für Papier einholen	2 Tage
Papier bestellen	1 Tag
Drucken	2 Tage
Verpacken	1 Tag
Versenden	1 Tag

Fremdleistung	Dauer
Zeichnen	2 Tage
Film herstellen	2 Tage
Papier liefern	5 Tage
Spedition	1 Tag

Was muss nacheinander erfolgen?

Was kann gleichzeitig erfolgen?

Dauer in Tagen ⟶

Arbeitsschritt	1	2	3	4	5	6	7	8	9	10	11	12	13	14	15
Angebote für Papier einholen															
Papier bestellen															
Drucken															
Verpacken															
Versenden															
Zeichnen															
Film herstellen															
Papier liefern															
Spedition															

Die Arbeitsgruppen tragen ihre Planungen vor und vergleichen sie.

10. Hhm!! Hhm? Hhm ...

a) Frau Knapp nimmt eine Nachricht zur Kenntnis. Versuchen Sie aus dem Gesichtsausdruck zu erraten, wie Frau Knapp die Nachricht aufnimmt.

☐ ironisch, spöttisch
☐ ungläubig, skeptisch, verwundert
☐ enttäuscht, resigniert

⊡ ärgerlich
☐ ruhig, gelassen

☐ nachdenklich
☐ froh, erleichtert

Auf Bild D scheint mir Frau Knapp ärgerlich zu sein.

Ich habe den Eindruck, dass Frau Knapp auf Bild D ärgerlich ist.

Ich finde, auf Bild D macht Frau Knapp ein ärgerliches Gesicht.

Meiner Meinung nach hat Frau Knapp a Bild D einen ärgerlichen Gesichtsausdru

b) Überprüfen Sie Ihre Vermutungen anhand der Kurzdialoge A bis G.

▨ ironisch ▨ resigniert ▨ froh ▨
erleichtert ▨ nachdenklich ▨ ~~spöttisch~~ ▨
▨ verwundert ▨ skeptisch ▨ ärgerlich ▨
▨ ruhig ~~enttäuscht~~ ▨ gelassen ▨
ungläubig ▨

▨ die Enttäuschung ▨ der Ärger ▨ ~~der Spott~~ ▨ die
Gelassenheit ▨ die Erleichterung ▨ der Unglaube ▨
die Resignation ▨ die Ruhe ▨ die Nachdenklichkeit ▨
▨ die Freude ▨ die Verwunderung ▨ die Skepsis ▨
die Ironie ▨

Frau Knapp in Dialog ...	wirkt ... Das erkennt man daran, dass Ihre Stimme ... klingt.	Ihr/Ihre ... kommt auch / aber nicht inhaltlich zum Ausdruck.	auch	aber nicht
A	*spöttisch*	*Spott*	✓	
B				
C				
D				
E				
F				
G	*enttäuscht*			✓

In Dialog A wirkt Frau Knapp spöttisch. Das erkennt man daran, dass Ihre Stimme spöttisch klingt. Ihr Spott kommt auch inhaltlich zum Ausdruck. Sie sagt: „..."

In Dialog G wirkt Frau Knapp enttäuscht. Das erkennt man daran, dass Ihre Stimme enttäuscht klingt. Ihre Enttäuschung kommt aber nicht inhaltlich zum Ausdruck. Sie sagt: „..."

11. Hätten Sie das gedacht?

a) Welche der Äußerungen A bis N bringen die Stimmungen 1 bis 7 zum Ausdruck?

A Ich bin beunruhigt darüber, dass ...

B Ist es wirklich so, dass ...?

C Wir wissen nun, dass ...

D Es ist gut, dass ...

E Es ist mir klar, dass ...

F Es ist nicht in Ordnung, dass ...

G Schön, dass ...

H Es gefällt mir überhaupt nicht, dass ...

I Soll ich mich etwa dafür bedanken, dass...?

J Nun stehen wir also vor dem Problem, dass ...

K Wir müssen zur Kenntnis nehmen, dass ...

L Ich ärgere mich darüber, dass ...

M Ich kann mir kaum vorstellen, dass ...

N Es hat uns gerade noch gefehlt, dass ...

1 ruhig, sachlich, verständnisvoll

2 froh, erleichtert

3 spöttisch, ironisch

4 verwundert, zweifelnd, skeptisch

5 nachdenklich, besorgt, beunruhigt

6 enttäuscht, resigniert

7 verärgert, wütend

b) Kommentieren sie folgende Aussagen.

1 Für die Disposition bei Firma Allweiler ist Herr Hiller zuständig.

2 Vor dem Probelauf in Anwesenheit des Kunden ist ein interner Probelauf nötig.

3 Die Herstellung eines Gehäuses für eine SMH 1300 dauert 5 Wochen.

4 Unter der Stückliste versteht man eine Aufstellung aller Teile, die für einen Auftrag benötigt werden.

5 Eine SNH 2200 wiegt fast eine halbe Tonne.

6 Das Angebot hat Herr Blank selbst geschrieben.

7 Der Auftrag aus Japan ist per E-Mail hereingekommen.

8 Das Gehäuse einer SMH 1300 besteht in der Regel aus Spheroguss.

9 Oft verzichtet der Kunde aus Termingründen auf seine Anwesenheit beim Probelauf.

10 Eine Gleitringdichtung von Firma Burgmann kostet um die 1500,– Mark.

Ich kann mir kaum vorstellen, dass eine Gleitringdichtung von Firma Burgmann 1 500,– Mark kostet.

Nun stehen wir also vor dem Problem, dass die Herstellung eines Gehäuses für eine SMH 1300 fünf Wochen dauert.

12. Sprechübungen

a) ○ *Diese Pumpe wiegt eine halbe Tonne.*
● *Was? So schwer ist die?*

b) ○ *Diese Pumpe wiegt eine halbe Tonne.*
● *Gibt es wirklich so schwere Pumpen?*

13. Rollenspiele: Ihr Kommentar, Ihre Einstellung

Spieler 1 macht eine Mitteilung (Beispiele finden Sie in Übung 11b) und drückt mit der Stimme (vgl. Übung 10) und/oder in Worten (vgl. Übung 11b) seine Einstellung dazu aus. Spieler 2 kommentiert die Einstellung seines Partners.

▷ *Ich hätte nicht gedacht, dass der Kunde aus Termingründen nicht zum Probelauf kommt.*

▷ *Ihre Verwunderung verstehe ich gut.*

▷ *Soll ich mich etwa dafür bedanken, dass der Liefertermin verschoben ist?*

▷ *Für deine Ironie habe ich kein Verständnis.*

14. Planung ist alles.

Das Büro wird renoviert, aber es soll möglichst bald wieder zur Verfügung stehen. Bis dahin muss Folgendes erledigt werden:

▓▓▓ den Teppichboden legen ▓▓▓ die Plantafel und die Bilder aufhängen ▓▓▓ den Kabelkanal für Telefon und Computer installieren ▓▓▓ die Büromöbel im Raum aufstellen ▓▓▓ einen Stellplan für die Büroeinrichtung zeichnen ▓▓▓ tapezieren ▓▓▓ die Deckenlampen aufhängen ▓▓▓ die Fensterrahmen innen und außen streichen ▓▓▓ den Aktenschrank und das Sideboard einräumen ▓▓▓ die Fenster putzen ▓▓▓ zwei zusätzliche Steckdosen anbringen ▓▓▓ die Heizkörper lackieren ▓▓▓ die Besucherecke einrichten ▓▓▓ den Schreibtisch einräumen ▓▓▓

Am Montag soll es losgehen. Planen Sie die notwendigen Arbeitsschritte zu dritt. Überlegen Sie, was parallel erledigt werden kann. Wann steht der Raum wieder zur Verfügung? Berichten Sie. Diskutieren und kritisieren Sie die vorgetragenen Arbeitspläne.

Zu Ihrer Hilfe:

Zuerst	würde ich ...
Dann	wird/werden ...
	könnte man ...

Wenn	die Fenster geputzt sind,	würde ich ...
Nachdem		wird/werden ...
Bevor		

 ## 15. Teilschritte zur Erledigung des Japan-Auftrags

Hören Sie sich noch einmal das Gespräch zwischen Herrn Blank und Herrn Sekakane aus Übung 8 an. Welche der nachfolgenden Aufgaben kommen in dem Gespräch vor?

		Kommt der Teilschritt vor?			Kommt die Dauer / der Termin vor?	
		ja	nein		ja	nein
1	Eingang des Akkreditivs	☐	☐		☐	☐
2	Herstellung der Pumpengehäuse in der Schweißerei	☑	☐	5 Wochen	☐	☑
3	Herstellung der Spindeln	☐	☐	5–6 Wochen	☐	☐
4	Beschichtung der Spindeln	☐	☐	3 Tage	☐	☐
5	Beschaffung der Gleitringdichtungen	☐	☐	3 Wochen	☐	☐
6	Anfertigung der Konstruktionszeichnungen	☐	☐	1 Woche	☐	☐
7	Durchführung der Montage	☐	☐	5 Tage	☐	☐
8	Druckprüfung	☐	☐	während des Probelaufs	☐	☐
9	Körperschallmessung	☐	☐		☐	☐
10	interner Probelauf auf dem Prüffeld	☐	☐	2 Tage	☐	☐
11	Probelauf in Anwesenheit des Kunden	☐	☐	2 Tage	☐	☐
12	Baumaßprüfung durch den Kunden	☐	☐	1 Tag	☐	☐
13	Endkontrolle im Beisein des Kunden	☐	☐	2 Tage	☐	☐
14	Lackierung der Pumpengehäuse	☐	☐	1 Tag	☐	☐
15	Verpackung	☐	☐	1 Tag	☐	☐
16	Versand	☐	☐	1 Tag	☐	☐

16. Wie ist die Reihenfolge?

■ auf ihre Funktionsfähigkeit prüfen ■ auspacken ■ ~~im Bestellkatalog aussuchen~~ ■ in die Pumpe ein-
bauen ■ ~~beim Lieferanten bestellen~~ ■ ~~liefern~~ ■ in die Stückliste eintragen ■

Die Teile werden im Bestellkatalog ausgesucht.

Dann werden sie beim Lieferanten bestellt.

Dann werden sie geliefert.

Dann ...

> *Die im Bestellkatalog ausgesuchten Teile werden beim Lieferanten bestellt.*
>
> *Die beim Lieferanten bestellten Teile werden geliefert.*
>
> *Die ...*

17. Sprechübungen

a) ○ *Dann werden die Pumpen gefertigt.*
   ● *Und wenn die Pumpen gefertigt sind?*

b) ○ *Dann werden die Pumpen gefertigt.*
   ● *Und was passiert dann mit den gefertigten Pumpen?*

18. Planen Sie den Japan-Auftrag.

Erarbeiten Sie Ihre Planung zu dritt
und tragen Sie Ihre Planung vor.
Suchen Sie in der Diskussion die
beste Lösung und den frühesten
Liefertermin, der nicht später als
der 12. September sein darf.

Beginn 7. Juli

28. KW 7.–11.7.	*Beschaffung der Gleitringdichtungen* *Eingang des Akkreditivs*

29. KW 14.–18.7.	

Zeitvorgabe 10 Minuten   **Training Zertifikat Deutsch für den Beruf: Korrekturlesen**

In der folgenden Notiz ist pro Zeile maximal ein Wort falsch geschrieben. Schreiben Sie das Wort richtig wie im Beispiel. Wenn alles richtig ist, machen Sie ein Häkchen (✓).

Interne Notiz zur Entscheidung, von Z.X.V. Frau Stadler
an: Herrn Baum, Messereferat
Betr.: Unterbringung währende der ACHEMA
Nach dem jetzigen Stand brauchen wir 32 Einzelnzimmer. Unser bishe-
riges Hotel Riviera hat seine Preise um DM 60,- pro Nacht erhöhert.
Außerdem findet augenblicklich in dem Hotel ein Umbau Statt, sodass
mit Belästigungen zu rechnen ist. Als alternative kommt das Hotel
Carlton in Offenbach (DM 140,-, von F.fm Hauptbanhof ca. 12 Minuten
Fahrt Zeit mit der S-Bahn) in Frage. Außerdem wäre das Hotel Rosen-
hof in Mainz (DM 110,-, 45 Minuten Fahrt mit die S-Bahn) möglich.
Ich bitte um Ihre Entscheidung bis spätestens 3. April. Natürlich könnten wir uns auch auf die erwähnt Hotels verteilen.

Beispiel

0. Notiz
0. ✓
1. _____
2. _____
3. _____
4. _____
5. _____
6. _____
7. _____
8. _____
9. _____
10. _____

(Pro richtiger Lösung ½ Punkt, maximal 5 Punkte)

Punktzahl: ____/5 Punkte

Zeitvorgabe 15 Minuten   **Training Zertifikat Deutsch für den Beruf: Ein Radiointerview**

Lesen Sie zuerst die Aussagen 1 bis 10. Hören Sie dann das ganze Interview. Danach hören Sie das Interview in 5 Abschnitten noch einmal. In der Pause nach jedem Abschnitt sollen Sie „ja" ankreuzen, wenn der gehörte Abschnitt und die Aussage inhaltlich übereinstimmen bzw. „nein", wenn sie nicht übereinstimmen.

1 Viele Aussteller betrachten die Messe vor allem als Kommunikationsmöglichkeit untereinander und mit den Besuchern. ☐ ja ☐ nein

2 Ein erfolgreiches Messekonzept muss Teil einer Gesamtstrategie sein. ☐ ja ☐ nein

3 Es ist nicht so wichtig, wie der Stand aussieht. ☐ ja ☐ nein

4 Der Stand soll so gestaltet sein, dass er alle Fragen des Besuchers selbst beantwortet. ☐ ja ☐ nein

☐ ja ☐ nein

5 Man trifft in den letzten Jahren immer mehr Entscheider und folglich entsprechend weniger Fachleute am Messestand.

6 An den Verkaufszahlen kann man den Messeerfolg am sichersten ablesen. ☐ ja ☐ nein

7 Von 1991 bis 1994 entwickelten sich die Messen in Deutschland sehr positiv. ☐ ja ☐ nein

8 Von 1995 bis heute entwickelten sich die Messen in Deutschland sehr positiv. ☐ ja ☐ nein

9 Das Produkt ist für den Messebesucher weniger wichtig als das Unternehmen, das er dort kennen lernen kann.

☐ ja ☐ nein

10 Die Aussteller sollen ihre Produkte sprechen lassen und nicht so viel Selbstdarstellung betreiben.

(Pro richtiger Lösung 1 Punkt, maximal 10 Punkte)

Punktzahl: ____/10 Punkte

Training Zertifikat Deutsch für den Beruf: Leseverstehen

Lesen sie zuerst die Aufgaben 1 bis 5 und dann den Text. Markieren Sie die richtige Aussage A, B oder C.

1. Zeile 1–3

A Die Security bekommt immer mehr Konkurrenz.

B Die Security steht weltweit ohne Konkurrenz da.

C Die Konkurrenz für die Security nimmt weltweit ab.

> Zur Wiederholung
> der Grammatik:
> Seite 127–159

2. Zeile 4–6

A Die Zahl der Aussteller hat sich 1996 im Vergleich zu 1994 um 20 % erhöht.

B Die Ausstellungsfläche 1996 hat sich im Vergleich zu 1994 insgesamt um 20 % erhöht.

C Fast alle Aussteller der Security 94, die auch 96 teilnehmen, haben ihre Messestände um 20 % vergrößert.

3. Zeile 6

A Die Security entwickelt sich gegen den allgemeinen Trend im Messegeschäft.

B Die Security liegt mit ihrer Entwicklung im allgemeinen Trend.

C Die Security profitiert vom allgemeinen Trend im Messegeschäft.

4. Zeile 7–9

A Die Security findet normalerweise in Essen statt. 1994 war sie aber in einer anderen Stadt.

B Die Security findet meist in Essen oder in einer anderen Stadt des Ruhrgebiets statt.

C Die Security hat bisher immer in Essen stattgefunden.

5. Zeile 10–14

A Zur Security 96 haben sich Aussteller aus sechs bisher nicht vertretenen Ländern angemeldet.

B Zur Security 96 haben sich Aussteller aus zwei bisher nicht vertretenen Ländern angemeldet.

C Zur Security 96 haben sich die Aussteller aus allen bisher vertretenen Ländern wieder angemeldet.

(Pro richtiger Lösung 2 Punkte, maximal 10 Punkte)

Punktzahl: ____/10 Punkte

SECURITY 96 bleibt auf Wachstumskurs.

1 Trotz der Zunahme an Ausstellungen für Sicherheit im In- und Ausland bleibt die „Security", die Weltmesse für Sicherheit vom 8. bis 11. Oktober 1996 in Essen, weiter auf Wachstumskurs.

Deutlich erkennbar: Nahezu jeder Aussteller, der bis jetzt gebucht hat, hat seine Ausstellungsfläche gegenüber 1994 um 20 Prozent vergrößert, um den Messebesuchern einen umfassenden Überblick über sein Leistungs-

5 angebot zu geben. Damit setzt sich die „Security 96" deutlich vom allgemeinen Trend ab.

Rund 700 Aussteller aus 25 Ländern auf einer Ausstellungsfläche von 50 000 qm – mit diesen positiven Daten ging die Nummer Eins der Branche, die Internationale Sicherheits-Fachmesse „Security", 1994 in der Ruhr-metropole an den Start. Über 34 000 Besucher aus 62 Ländern informierten sich.

Als „Weltmarkt der Sicherheit" hat die Essener Messe seit ihrer Premiere 1974 ein stetiges Wachstum erfah-

10 ren. Unbestritten ist ihr führender Rang als das internationale, kompetente Informations- und Kaufentschei-dungsforum, wie die Gemeinschafts-Beteiligungen aus Großbritannien, Südafrika, Israel und den USA auch 1996 belegen werden. Erstmals sind Aussteller aus Italien und Hongkong auf der „Security 96" in Essen ver-treten.

Menschen bei Allweiler: Rosemarie Spitznagel, Auftragslogistik

Rosemarie Spitznagel erzählt:

Ich bin ein Kind vom Land. Aufgewachsen bin ich als Jüngste unter drei Brüdern und zwei Schwestern auf einem Bauernhof in Hattingen. Das ist ein kleines Dorf bei Engen, nicht weit von Radolfzell. Mein Vater war ein technisch begabter und fortschrittlicher Mann. Schon als kleines Mädchen mit sechs Jahren lernte ich Traktor fahren. Und bei allen Arbeiten in der Landwirtschaft mussten wir Kinder voll mithelfen. Auch bei den Reparaturen an den Maschinen waren wir Mädchen interessiert dabei.

Da unsere Mutter sehr weltoffen und viel gereist war, befürwortete sie sehr, dass ich für zwei Jahre nach Amerika ging. Nach meiner Rückkehr arbeitete ich im Büro. Nebenbei holte ich die Mittlere Reife in der Abend-Realschule nach. Das ermöglichte mir die Ausbildung an der Dolmetscher-Schule in Würzburg für Englisch und Spanisch. Später erweiterte ich meine Kenntnisse noch um Französisch durch Kurse und Aufenthalte in Frankreich.

Rosemarie Spitznagel arbeitet seit 11 Jahren bei Allweiler in der Export-Abteilung für die Länder USA, Kanada, England, Irland, Schweiz, Österreich und die GUS-Staaten. Ihre Aufgabe ist es, den Kundenauftrag per Computer in einen internen Produktionsauftrag umzuarbeiten. Da geht es also um die technische Klärung, wie die Pumpe gebaut werden soll. Genauso wichtig ist aber die Überwachung der Termine mit der täglichen Frage: Sind wir im Plan oder muss ich Alarm geben? Ein wichtiges Arbeitsgerät ist der Computer. Über den Bildschirm kann sie jederzeit mit anderen Betriebsteilen kommunizieren.

Frau Spitznagel, was hat Sie elf Jahre bei Allweiler gehalten?
Ich habe einen äußerst interessanten Aufgabenbereich. Was mir hier so gut gefällt, das ist der Kontakt mit den Kunden aus aller Welt. Ich betrachte mich als Bindeglied zwischen den Kunden draußen und der Produktion hier im Werk.
Und was machen Sie, wenn Sie nicht arbeiten?
Ich habe eine Menge Hobbys: Reisen, Sport, Musik, Theater. Und ich habe einen großen Obst- und Gemüsegarten. Sie sehen, ich bin ein Kind vom Land. Und ich fühle mich als Glückskind.

LEKTION 5

Zahlungsabwicklung

die Bank des Exporteurs

Deutsche Bank

FILIALE SINGEN
POSTFACH 040
D- 78 200 SINGEN
TELEX: 70 8207
SWIFT: DEUTDE6 F002
TELEFON: 07731 3200 APP. 157, HERR KARL
13.07.07   00 30 0000

ALLWEILER AG
HAUPTVERWALTUNG RADOLFZELL
POSTFACH 1340

78 301 RADOLFZELL

SEHR GEEHRTE DAMEN UND HERREN,

das Akkreditiv

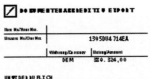

DOKUMENTENAKKREDITIV EXPORT

139 5DU4 714EA

DEM   80.324,00

UNWIDERRUFLICH
GUELTIG BIS: 15.10.07
VORLAGE DER DOKUMENTEN IM/BEI UNS

die Bank des Importeurs

Beginn der Fertigung

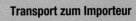

Transport zum Importeur

e Versandpapiere

der Versand

1. Erst die Ware? Erst das Geld?

a) Welche Abwicklung würden Sie als Exporteur vorziehen? A oder B? Bei welchem Verfahren gehen Sie als Importeur das geringste Risiko ein?

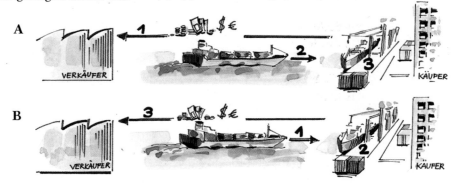

b) Beschreiben Sie die Abwicklungsverfahren A und B. Welches Risiko geht der Kunde / der Lieferant ein? Was nimmt der Kunde / der Lieferant in Kauf? Was würde der Kunde / der Lieferant vorziehen? Was hofft der Kunde / der Lieferant? Benutzen Sie die Elemente 1 bis 11.

1 kein Geld bekommen   2 vor Lieferung bezahlen   3 die bestellte Ware bekommen   4 nach Bezahlung liefern   5 nach Bezahlung versenden   6 keine Ware bekommen   7 vor Ankunft der Ware bezahlen   8 sein Geld bekommen   9 vor Bezahlung liefern   10 vor Bezahlung versenden   11 nach Empfang der Ware bezahlen

| Der Käufer
Der Verkäufer | geht im Fall A/B das Risiko ein,
nimmt im Fall A/B in Kauf,
würde im Fall A/B vorziehen,
kann im Fall A/B nur hoffen, | ... zu ... | *Der Käufer geht im Fall A*
das Risiko ein, keine Ware
zu bekommen. |

c) Hören Sie sich die beiden Gespräche an. Wo wird über Fall A, wo über B gesprochen?

Gespräch 1   Fall _____   Vorkasse / Zahlung bei Lieferung   (Zutreffendes
Gespräch 2   Fall _____   Vorkasse / Zahlung bei Lieferung   bitte
unterstreichen)

2. In der Exportabteilung

a) Um welche Zahlungsweise geht es in den beiden Gesprächen?

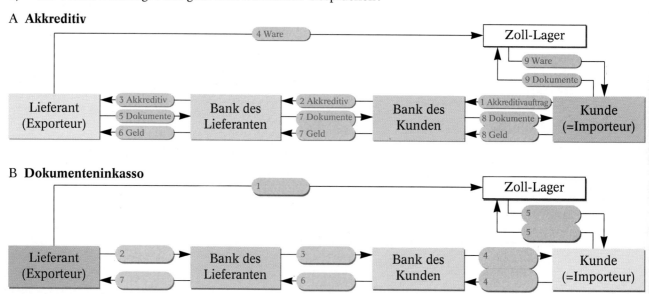

b) Tragen sie die drei Wörter in das Diagramm *Dokumenteninkasso* ein:

▬A Dokumente ▬ B Geld ▬ C Ware ▬

c) Tragen Sie den Ablauf der Zahlungsweisen A und B vor.

Zuerst ...	Als Erstes ...	Bevor ..., ...
Dann ...	Als Zweites ...	Nachdem ..., ...
Zugleich ...	...	Während ..., ...
Danach ...	Als Nächstes ...	Wenn ..., ...
Zum Schluss ...	Als Letztes ...	

d) Wie wird die jeweilige Zahlungsweise im Gespräch begründet? Welche Risiken gibt es? Was nimmt Ihrer Meinung nach der Exporteur in Kauf? Was nimmt der Importeur in Kauf?

3. Sprechübung

○ *Vielleicht bekommen Sie die Ware nicht.*
● *Das Risiko gehen wir ein.*

das Risiko eingehen
in Kauf nehmen
würden ... vorziehen
nur hoffen können

4. Welche Zahlungsweise würden Sie empfehlen?

a) Bilden Sie Arbeitsgruppen. Beraten Sie mindestens einen Fall.

Ⓐ Eine Firma Brown Brothers aus Texas hat 500 Pumpen zum Stückpreis von 2 000 Mark bestellt. Der Besteller braucht die gesamte Lieferung innerhalb von spätestens vier Wochen für einen Montageauftrag in Westafrika. Es hat vorher keine Geschäftsbeziehungen mit Brown Brothers gegeben. Sie haben eine Exportkreditversicherung um Auskunft über die Bonität des Unternehmens gebeten. Es konnten aber keine Informationen ermittelt werden.

Ⓑ Der Einkauf von General Motors fragt an, ob Sie kurzfristig 5 000 Standardschalter für ein europäisches Montagewerk liefern können. Ein langjähriger Zulieferer des Automobilherstellers ist ausgefallen. General Motors gehörte bisher nicht zu Ihren Kunden. Ihre Firma ist lieferfähig und hat großes Interesse an dem Auftrag.

Ⓒ Eine französische Brauerei hat schon seit vielen Jahren Allweiler-Exzenterschnecken-Pumpen im Einsatz. In regelmäßigen Abständen bestellt die Firma Ersatzteile für die Pumpen. Das Volumen des jetzigen Auftrags beträgt etwa 30 000 Mark.

Wir können das Risiko eingehen, ... zu ..., denn ...
Wir sind bereit, in Kauf zu nehmen, dass ...
Wir würden zwar vorziehen, ... zu ..., aber ...
...

b) Schreiben Sie eine Empfehlung an die Abteilungsleitung.

5. Drei Abläufe

a) Welcher Ablauf ist Ihrer Meinung nach richtig? Begründen Sie Ihre Entscheidung.

A Anfrage des Kunden

Angebot

Auftragseingang

Disposition, Überprüfung der Lagerbestände

ggf. Auftrag an Fertigung, bei Sonderanfertigungen evtl. an Konstruktionsbüro, Bestellung von Einkaufsteilen

Montage

Endabnahme

Versand

Eintreffen des Akkreditivs

B Anfrage des Kunden

Angebot

Auftragseingang

Eintreffen des Akkreditivs

Disposition, Überprüfung der Lagerbestände

ggf. Auftrag an Fertigung, bei Sonderanfertigungen evtl. an Konstruktionsbüro, Bestellung von Einkaufsteilen

Montage

Endabnahme

Versand

C Anfrage des Kunden

Eintreffen des Akkreditivs

Angebot

Auftragseingang

Disposition, Überprüfung der Lagerbestände

ggf. Auftrag an Fertigung, bei Sonderanfertigungen evtl. an Konstruktionsbüro, Bestellung von Einkaufsteilen

Montage

Endabnahme

Versand

Vor dem Versand muss eine Endabnahme stattfinden, damit keine fehlerhafte Ware geliefert wird.

Die Lagerbestände müssen überprüft werden, sonst fehlen Teile bei der Montage.

Wenn kein Auftrag eingegangen ist, braucht auch kein_ ... zu ...

Das Akkreditiv muss ..., sonst ...

sonst
damit nicht / kein_

sonst nicht / kein_
damit

...

b) Tragen Sie den Ablauf vor, den Sie für richtig halten.

6. Die Vereinbarung zwischen Allweiler und Michiko

a) Erinnern Sie sich noch an Dialog 2 von Übung 2?

1 Wonach fragt Herr Blank?
2 Was vermutet Herr Sekakane?
3 Was sagt Frau Spitznagel dazu?

b) Tragen Sie die Nummern aus dem Diagramm A von Übung 2 a) in den folgenden Text ein.

Michiko und Allweiler haben Zahlung per Akkreditiv vereinbart. Firma Michiko arbeitet mit der Deutschen Bank in Osaka zusammen. Firma Michiko erteilt ihrer Bank einen Akkreditivauftrag. ○ Die Deutsche Bank in Osaka übermittelt der Filiale in Singen, der Hausbank von Allweiler, das Akkreditiv. ○ Die Bank in Singen übergibt Allweiler das Akkreditiv. ○ Jetzt wissen die Firma und ihre Bank, dass die Bank des Importeurs die Zahlung garantiert. Allweiler kann mit der Abwicklung des Auftrags beginnen. Allweiler liefert dem Empfänger die fertige Ware und händigt der Deutschen Bank in Singen die Versandpapiere aus. 4 Die Internationale Abteilung der Bank prüft, ob die Papiere mit dem Akkreditiv übereinstimmen. Wenn alles in Ordnung ist, überweist sie Allweiler den Rechnungsbetrag. ○ Sie schickt der Bank des Importeurs die Versandpapiere und belastet sie. ○ Auch die Deutsche Bank in Osaka prüft die Dokumente und händigt sie dem Käufer aus, sodass er über die Pumpen verfügen kann, und belastet das Konto von Michiko. ○ Michiko legt dem Zoll-Lager die Dokumente vor. ○ Das Zoll-Lager übergibt Michiko die Pumpen.

c) Bestätigt der Text Ihre Entscheidung in Übung 5? Oder müssen Sie Ihre Entscheidung korrigieren?

d) Wie stellt der Text den Ablauf dar? Tragen Sie die Schritte in eine Tabelle ein.

	Wer?		Wem?	Was?
1	Firma Michiko	erteilt	ihrer Bank	einen Akkreditivauftrag
2	Die Deutsche Bank	...		
3	...	übergibt	Allweiler	
4				
5		händigt ... aus		
6				
...				

7. Frau Spitznagel stellt Nachforschungen an.

a) Fragen zum Fax:

1 Was fehlt noch?

2 Wer ist Burgmann?

3 Was soll Herr Taru machen?

4 Haben Frau Spitznagel und Herr Taru ein kollegiales Verhältnis?

5 Entspricht der Stil der Nachricht einem formellen Geschäftsbrief? Oder weicht er davon ab?

b) Hören Sie sich den Anruf an.

1 Mit wem spricht Frau Spitznagel?

2 Telefoniert sie in der Sache Michiko zum ersten Mal?

3 Wie unterscheiden sich Fax und Anruf voneinander?

4 Was ist richtig? Ordnen Sie zu.

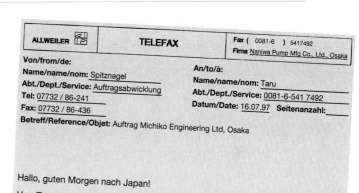

```
ALLWEILER          TELEFAX        Fax ( 0081-6 ) 5417492
                                  Firma Naniwa Pump Mfg Co., Ltd., Osaka
Von/from/de:
Name/name/nom: Spitznagel          An/to/à:
Abt./Dept./Service: Auftragsabwicklung   Name/name/nom: Taru
Tel: 07732 / 86-241                Abt./Dept./Service: 0081-6-541 7492
Fax: 07732 / 86-436                Datum/Date: 16.07.97  Seitenanzahl:
Betreff/Reference/Objet: Auftrag Michiko Engineering Ltd, Osaka
```

Hallo, guten Morgen nach Japan!

Herr Taru, wir haben ein Problem mit dem Michiko-Auftrag. Keine Angst, wir sind gut im Zeitplan. Burgmann macht auch keine Schwierigkeiten. So weit ist also alles in Ordnung. Allerdings liegt das Akkreditiv noch nicht vor. Es müsste längst da sein. Keine Katastrophe, wir sehen keine Probleme mit dem Kunden. Trotzdem: Könnten Sie sich mit Michiko in Verbindung setzen und fragen, wo es hakt? Wie gesagt, im Fall Michiko ist das eine reine Formalität, und der Auftrag ist ja auch schon in der Fertigung. Aber ganz ohne geht's natürlich auch nicht, Sie wissen ja. Wir haben übrigens schon direkt mit Michiko (Herrn Ono) Kontakt aufgenommen. Aber fragen Sie doch auch nochmal nach. Wären Sie so nett? Vielen Dank und noch einen schönen Tag.

Tschüss

Ihre

R. Spitznagel

A Der Inhalt der Fax-Nachricht	entspricht	1 dem Ablauf B.	
B Der Inhalt des Anrufs		2 den Tatsachen.	

A Der Inhalt der Fax-Nachricht	weicht	1 vom Ablauf B	ab.
B Der Inhalt des Anrufs		2 von den Tatsachen	

8. Übereinstimmung – Unterschied, Entsprechung – Abweichung

Vergleichen Sie die Elemente auf Seite 58 und 59.

Ablauf A		Anruf
Ablauf B	entsprechen	Fax
Ablauf C	übereinstimmen mit	Text *Akkreditiv*
Text *Akkreditiv*	abweichen von	Ablauf C
Fax	sich unterscheiden von	Ablauf B
Anruf		Ablauf A

Die Tatsachen
entsprechen / weichen von ... ab:
einem Plan, einer Regel, einer Vereinbarung, einem Ablauf, ...

Text / Ablauf / Modell / ... A
**stimmt mit ... überein /
unterscheidet sich von:**
Text / Ablauf / Modell / ... B

9. Nachfragen

a) In welcher Situation kommen die folgenden Formulierungen vor?

b) Welche Formulierungen werden eher mündlich, welche eher schriftlich benutzt?

A Wir warten immer noch auf ...
Wo bleibt denn eigentlich ... ?
Sie haben doch versprochen, ...
Wann kommt denn endlich ... ?
Der / Das / Die müsste längst da sein.

B Das ist schon längst raus.
Das haben wir abgeschickt.
Das muss unterwegs sein.
Das verstehe ich nicht.
Da ist was schief gegangen, tut mir Leid.

C Wir bitten dringend um Nachricht bezüglich ...
Der / Das / Die | versprochene ... | ist noch nicht eingetroffen.
             | zugesagte ... | liegt uns immer noch nicht vor.
Wir machen Sie darauf aufmerksam, dass ...

D Wir geben Ihnen Kenntnis davon, dass ...
Wir beziehen uns auf Ihre Nachfrage vom ... Bedauerlicherweise ...
Der / Das / Die ... ist ordnungsgemäß erledigt / verschickt worden.
Der / Das / Die ... kann leider erst ... erfolgen.
Zu unserem Bedauern ...

c) Hören Sie: Wo geht es um das Akkreditiv, um elektronische Komponenten, um Probleme in der Montage, um „eine Lieferung"? Wo handelt es sich um eine schriftliche Mitteilung?

	Vorgang	Reaktion des Gesprächspartners
1		*Ich sehe mal nach.*
2		
3	*elektronische Drucküberwacher*	
4		
5		

d) Berichten Sie über einen Vorfall, in dem die obigen Formulierungen eine Rolle spielen. Sie können auch einen erfinden, etwa so:

Ich habe einmal ein ... bestellt. Ich brauchte es dringend für ... Aber nach 6 Wochen war es immer noch nicht da. Da habe ich angerufen und gefragt: „Wo bleibt denn eigentlich mein ... ?" Zwei Tage später habe ich einen Brief bekommen, in dem stand: „Auf Ihre Nachfrage teilen wir Ihnen mit, dass ..."

10. Eine mündliche und eine schriftliche Mitteilung

Rosemarie, gerade hat Herr Karl angerufen. Er lässt ausrichten, dass das Akkreditiv eingetroffen ist. Er sagt, etwas müsse bei Michiko schief gegangen sein. Die Deutsche Bank in Osaka habe es jedenfalls sofort nach Eröffnung weitergeleitet.

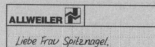

ALLWEILER

Liebe Frau Spitznagel,
ich habe mich sofort mit Herrn Ono in Verbindung gesetzt. Er sagt, er verstehe das nicht. Das Akkreditiv müsse längst da sein. Wahrscheinlich liege es noch bei der Bank in Osaka. Er wolle dort nachfragen. Tut mir Leid, dass ich im Moment noch keine bessere Nachricht für Sie habe. Wie geht's sonst voran?

a) Wer ist Rosemarie?

b) Wer ist Herr Karl?

c) Wer ist Herr Ono?

d) Warum schüttelt Frau Spitznagel den Kopf und sagt: „Das verstehe ich nicht."

11. Nachricht von der Deutschen Bank

a) Welches ist die für den Kunden wichtigste Nachricht im folgenden Schreiben?

Deutsche Bank		DOKUMENTENAKKREDITIV EXPORT

```
Deutsche Bank                          ◪ DOKUMENTENAKKREDITIV EXPORT

FILIALE SINGEN                    ┌─────────────────────────────────┐
POSTFACH 940                      │ Ihre Nr./Your No.               │
D-78209 SINGEN                    ├─────────────────────────────────┤
5   TELEX:  793807                │ Unsere Nr./Our No.  1395DU4714EA│
SWIFT:  DEUTDE6F692               └─────────────────────────────────┘
TELEFON:077318260 APP. 137, HERR KARL  ┌──────────────┬──────────────┐
     18.07.97        09366600          │Währung/Currency│Betrag/Amount│
                                       │         DEM    │ 389.324,00  │
┌──────────────────────────────┐      └──────────────┴──────────────┘
│ ALLWEILER AG                  │  ┌─────────────────────────────────┐
10 │ HAUPTVERWALTUNG RADOLFZELL  │  │ UNWIDERRUFLICH                  │
│ POSTFACH 1140                 │  │ GUELTIG BIS: 15.10.97           │
│           *                   │  │ VORLAGE DER DOKUMENTE IN/BEI UNS│
│ 78301 RADOLFZELL              │  └─────────────────────────────────┘
└──────────────────────────────┘

SEHR GEEHRTE DAMEN UND HERREN,

WIR GEBEN IHNEN DAVON KENNTNIS, DASS DIE/DER

15              DEUTSCHE BANK AG
                8-12 HONMACHI 1/CHOME CHUOKU
                OSAKA 541, JAPAN

ZU IHREN GUNSTEN EIN UNWIDERRUFLICHES AKKREDITIV (NR. LCI-047-TEL-97) EROEFFNET HAT. EINZELHEITEN
BITTEN WIR DER ANLAGE ZU ENTNEHMEN. IHRE AUFMERKSAMKEIT DUERFEN WIR BESONDERS AUF DIE EINZELNEN
20 BEDINGUNGEN DES AKKREDITIVS LENKEN, DEREN GENAUE BEACHTUNG BEI AUFMACHUNG DER DOKUMENTE UNBEDINGT
ERFORDERLICH IST, DAMIT BEI DER ABWICKLUNG KEINE SCHWIERIGKEITEN AUFTRETEN.
FALLS DIE BEDINGUNGEN NICHT IHREN ABMACHUNGEN ENTSPRECHEN ODER IN DEM EINEN ODER ANDEREN PUNKT FUER
SIE NICHT ERFUELLBAR ERSCHEINEN, EMPFEHLEN WIR IHNEN, UMGEHEND DURCH DEN AUFTRAGGEBER DIE NOTWENDI-
GEN AENDERUNGEN ODER ERGAENZUNGEN ZU VERANLASSEN. UNTER DEM AKKREDITIV EINZUREICHENDE TRATTE*

25 ALLE GEBUEHREN (AVISIERUNGS-, ABWICKLUNGS-, DOKUMENTENAUFNAHMEGEBUEHR, BESTAETIGUNGSPROVISION, GGF.
AENDERUNGSGEBUEHR, COURTAGE UND PORTO/TELEXSPESEN) GEHEN ZU IHREN LASTEN.

                    DEUTSCHE BANK AG
                    FILIALE SINGEN
```

b) In welcher Zeile steht,

1 bis wann die Deutsche Bank Osaka die Forderungen von Allweiler garantiert?
2 welchen Höchstbetrag sie garantiert?
3 worauf Allweiler besonders achten soll?
4 unter welchen Bedingungen die Abwicklung schwierig wird?
5 was zu tun ist, falls die Akkreditiv-Bedingungen vom Auftrag abweichen?
6 wer die Kosten für die Abwicklung des Akkreditivs bezahlen muss?

12. Fragen und Antworten zum Akkreditiv

a) Welche Antworten passen zu den Fragen? Sprechen Sie miteinander.

▷ *Muss ...*

  A die Gültigkeitsfrist eingehalten werden?
  B das Akkreditiv mit dem Auftrag übereinstimmen?
  C man die Akkreditivbedingungen einhalten?
  D man abweichende Bedingungen ändern?
  E der Verkäufer Änderungen rechtzeitig veranlassen?

▷ *Ja, sonst ...*

  1 nimmt der Käufer die Dokumente nicht an.
  2 stimmen sie nicht mit dem Auftrag überein.
  3 ist die Bezahlung der Ware nicht mehr garantiert.
  4 muss es geändert werden.
  5 kann das Akkreditiv ungültig werden.

b) Stellen Sie die Fragen aus Übung 11 b), geben Sie die Antworten und sagen Sie, was vermieden und was erreicht werden soll.

▷ *Bis wann garantiert die Deutsche Bank Osaka die Forderungen?*

▷ *Bis zum 15.10.97, damit pünktlich geliefert wird.*

▷ *Worauf soll Allweiler besonders achten?*

▷ *Auf ... , sonst ...*

13. Zwischenfälle

Vorgang

Sachverhalt

Konsequenz
sodass ...

Maßnahme

damit (nic
sonst (nic
um ... (nicht)

	Vorgang	Sachverhalt	Konsequenz sodass ...	Maßnahme
1	Prüfung durch die Qualitätssicherung	Pumpe erreicht nicht den notwendigen Druck.	Kunde nimmt sie nicht ab.	Spindel auswechseln
2	Auftrag Michiko	Akkreditiv liegt nicht vor.	ein Risiko eingehen müssen	nachfragen
3	Überstunden	Betriebsrat stimmt nicht zu.	Teile nicht pünktlich in der Montage	Teile von weniger eiligem Auftrag nehmen
4	Teile-Lieferung für den Michiko-Auftrag	Zulieferer hält Liefertermin nicht ein.	Pumpen werden nicht fertig.	dem Lieferanten eine Frist setzen

a) Welchen der vier Zwischenfälle 1 bis 4 kennen Sie schon?

Um welchen Zwischenfall geht es im Telefonat?

b) Sprechen Sie über die Zwischenfälle.

Es geht um die Überstunden. Der Betriebsrat stimmt nicht zu, sodass die Teile nicht rechtzeitig in der Montage sein können. Vielleicht können wir die Teile von einem weniger eiligen Auftrag nehmen, um doch noch rechtzeitig mit der Montage beginnen zu können.

14. Eine Reklamation

a) Um welchen *Vorgang* handelt es sich? Um welchen *Sachverhalt* geht es? Auf welche *Konsequenz* wird hingewiesen? Welche *Maßnahme* wird genannt?

b) Unterstreichen Sie die Formulierungen aus Übung 9 (Seite 60), die im Schreiben vorkommen.

ALLWEILER AG

Werk
Radolfzell

Permacor AG
Postfach 10 02 04
50231 Köln

ALLWEILER
Aktiengesellschaft
Werk Radolfzell
Postfach 11 40
D-78301 Radolfzell
Allweilerstraße 1
D-78315 Radolfzell
Telefon (0 77 32) 8 60
Fax (0 77 32) 8 64 36
Telex 7 93 437
Telegramm
pumpenfabrik radolfzell

IHRE ZEICHEN	IHRE NACHRICHT VOM	UNSER ZEICHEN	DURCHWAHL (07 7 32) 86 ...	DATUM

Unser Auftrag Nr. 02231-S/97 vom 03.07.97

20.07.97

Sehr geehrte Damen und Herren,

der o. g. Auftrag ist leider immer noch nicht eingetroffen. Auch die telefonisch zugesagte Lieferung bis zum 18.07. ist nicht erfolgt, sodass die Einhaltung unserer eigenen Lieferverpflichtungen in Frage gestellt ist.

Wir bitten dringend um Nachricht über den Verbleib der Sendung. Um Ihnen entgegenzukommen, gewähren wir Ihnen eine Nachfrist von zehn Tagen. Wir machen Sie darauf aufmerksam, dass uns die bestellten Druckprüfer spätestens bis zum 31.07. zur Verfügung stehen müssen, damit Folgeschäden vermieden werden, für die wir Sie zu unserem Bedauern haftbar machen müssten.

Mit freundlichen Grüßen

Allweiler AG, Einkauf
Martin

15. Herr Sekakane bei der Deutschen Bank

Herr Sekakane interessiert sich für die Zahlung per Akkreditiv. Er besucht Herrn Karl in der Internationalen Abteilung der Deutschen Bank.

a) Machen Sie die Notizen, die für Herrn Sekakane wichtig sind.

	Im Akkreditiv steht:	Veranlassungen:
1 Warenbezeichnung	*SNH 2200, ...*	
2 Versandort		
3 Umladungen	*verboten*	
4 Verladung in		
5 Teillieferungen		
6 Verladetermin		*vor Ablauf der Gültigkeit verladen*
7 Akkreditivbetrag		
8 Ursprungszeugnis		

b) Sprechübung

○ *Die Warenbezeichnung in der Rechnung muss mit dem Akkreditiv übereinstimmen.*
● *Ah, sie darf also nicht vom Akkreditiv abweichen.*

16. Zusammenfassung

a) Tragen Sie aus Lektion 5 zusammen:

- Welche Abweichungen hat es gegeben?
- Welche Risiken hat es gegeben?
- Was wurde in Kauf genommen?
- Welche Verzögerungen sind aufgetreten?

Stichpunkte: Ablauf
Akkreditiv
Zulieferer

b) Schreiben Sie die Antwort von Permacor auf die Reklamation von Allweiler:

Erklärung des Fehlers, Verzugs, ...: Wir beziehen uns auf Ihr Schreiben vom ... Bedauerlicherweise ...	▨ Maschine defekt ▨ Lieferant ausge- fallen ▨ ...
bedauerliche Folgen: Wir bitten um Ihr Verständnis dafür, dass ...	▨ Verzögerungen entstanden ▨ Fehler aufgetreten ▨ ...
erfreuliche Entwicklung: Wir freuen uns, Ihnen mitteilen zu können, dass ...	▨ Fehler behoben ▨ gesetzte Frist ein- halten ▨ ...
Entschuldigung: Für den / das / die bedauerliche(n) ... bitten wir nochmals um Entschuldigung.	▨ Fehler ▨ Verzug ▨ Irrtum ▨ ...

Vergleichen Sie den Text des Interviews mit den folgenden Aussagen. Stimmen die Aussagen mit dem überein, was Herr Horn sagt? Markieren Sie *Ja* oder *Nein*.

	Ja	Nein
1 Schiesser kann seine Standardwaren nicht mehr verkaufen.	☐	☐
2 Die Mode-Designer arbeiten nach dem Bedarf des Vertriebs.	☐	☐
3 Drei Viertel der Herren-Schlafanzüge kosten im Geschäft weniger als 100 Mark.	☐	☐
4 Die Schlafanzug-Kollektion besteht aus etwa 100 Modellen.	☐	☐
5 Schiesser kauft das Material meist von ausländischen Zulieferern.	☐	☐
6 Obwohl die Standardmodelle in Radolfzell gefertigt werden, sind sie kurzfristig lieferbar.	☐	☐
7 Die Werke in und um Radolfzell können am schnellsten auf neue Produktentwicklungen reagieren.	☐	☐
8 Nicht alle ausländischen Niederlassungen arbeiten billiger.	☐	☐
9 Niedrige Lohnkosten sind ein wichtiges Standort-Kriterium für das Unternehmen.	☐	☐
10 Schiesser hat in Ostdeutschland investiert.	☐	☐

(Pro richtiger Lösung 1 Punkt, maximal 10 Punkte)   Punktzahl: ____/10 Punkte

---

FRAGE: *Herr Horn, können Sie als Vorstandsmitglied der Schiesser AG erklären, welche Rolle das Design bei der Produktentwicklung des Wäscheherstellers Schiesser spielt?*

HORN: Schiesser ist nun weit über 100 Jahre alt und hat einen Namen als Hersteller klassischer Qualitätswäsche. Bis in die achtziger Jahre war das unser Hauptgeschäft. Aber wir mussten uns auch den schnellen Veränderungen des Zeitgeschmacks stellen. Das führt heute zu neun oder mehr neuen Kollektionen pro Jahr. Und dann gibt es die vorsichtigen, langsamen Anpassungen im klassischen Bereich. Gerade hier ist sensible und sorgfältige Arbeit vom Design gefordert, wenn man seine Marktposition behalten will.

FRAGE: *Wie entsteht eine neue Kollektion?*

HORN: Ich erkläre das am besten an einem Beispiel. Für die Nachtwäsche-Kollektion im Winter brauchen wir im Herren-Bereich 100 Modelle. Davon brauchen wir 25 in Kurzform und 75 in Langform. Eine bestimmte Zahl muss aus schwererem, mittlerem und leichterem Material sein. Dann müssen wir an die Preisstruktur denken. Etwa 25 Prozent der Ware muss im Verkaufspreis über 100 Mark liegen.

FRAGE: *Welche Herstellungsschritte durchläuft das Produkt, wenn das Design steht?*

HORN: Wir sind vollstufig, das heißt: Angefangen vom Material stellen wir alles selbst her.

FRAGE: *Und wo finden die verschiedenen Arbeitsschritte statt?*

HORN: Das erfolgt in einem Produktionsmix. Die höchste Flexibilität haben wir in den deutschen Werken, in Radolfzell und den benachbarten Niederlassungen. Hier ist schnelle Kommunikation zwischen Designern und Herstellung gewährleistet. Die Standardware, also die Wäsche, die sich nicht so schnell ändert, lassen wir auch im Ausland fertigen. Das ist billiger, und Geschwindigkeit ist nicht so wichtig. Von den Standardkollektionen haben wir auch immer ausreichende Mengen am Lager. Bestellungen können innerhalb von 24 Stunden ausgeliefert werden.

FRAGE: *Und welche Arbeitsschritte lassen Sie eher im Ausland machen?*

HORN: Die Konfektion, also das Nähen. Das ist immer noch am teuersten in der gesamten Textilindustrie. Deshalb gehen wir dafür ins Ausland, wenn das möglich ist. Wir haben aber auch ausländische Betriebe, wo wir vollstufig arbeiten, also komplett fertigen, in Griechenland zum Beispiel.

FRAGE: *Wo haben Sie außerdem Niederlassungen?*

HORN: In Tschechien, in der Slowakei und in Irland. In Sachsen haben wir mit Unterstützung des Umweltministeriums die modernste und ökologisch sauberste Textilherstellung der Welt aufgebaut.

FRAGE: *Wo kann man Schiesser-Wäsche kaufen?*

HORN: Überall. In allen europäischen Ländern haben wir Vertriebsgesellschaften. In Belgien und den Niederlanden sind wir Marktführer. In Frankreich haben wir unsere Tochterfirma Eminence und Ragno in Italien. In Asien machen wir einen Großteil unserer Geschäfte auf Lizenzbasis, weil man für den Markt dort andere Schnitte braucht.

Zeitvorgabe 10 Minuten

Training Zertifikat Deutsch für den Beruf: Wortschatz

Welches Wort passt in die Lücke? Markieren Sie die richtige Lösung A, B oder C.

1	A Unternehmen	B Firma	C Geschäft
2	A Firma	B Sitz	C Niederlassung
3	A Branche	B Niederlassung	C Abteilung
4	A los	B fähig	C günstig
5	A arbeitete	B erfolgte	C handelte
6	A durchschnittlichen	B kleinen	C teuren
7	A sorgen	B beschließen	C ermöglichen
8	A Kredit	B Rabatt	C Skonto
9	A Tagen	B Prozent	C Stück
10	A wegen	B entgegen	C nach
11	A sondern auch	B aber doch	C als auch
12	A Trotzdem	B Zusammen	C Außerdem
13	A abschlusses	B vertrags	C dienstes
14	A vertreten	B vermeiden	C verzichten
15	A Abnahme	B Verkauf	C Lieferung

Zur Wiederholung
der Grammatik:
Seite 127–159

Bericht von Außendienst-Mitarbeiter Gohlke: Auftragsverhandlungen mit Firma Boltzmann

Die Boltzmann GmbH ist ein überregional tätiges, expandierendes ⬚1 der Bauindustrie mit ⬚2 in Graz. Boltzmann steht vor dem Problem, Fotos, Zeichnungen, Pläne und andere in der ⬚3 übliche Unterlagen kosten⬚4 und schnell zwischen der Zentrale, den Niederlassungen, Architekturbüros, Kunden und anderen Partnern auszutauschen. Dies ⬚5 bisher kosten- und zeitintensiv.

Deshalb hat sich Boltzmann nach mehreren Gesprächen entschlossen, zunächst 25 Multi-Media-Einheiten zu installieren. Um diesen im Vergleich zu unseren ⬚6 Abschlüssen großen Auftrag zu ⬚7, war es notwendig, einen verhältnismäßig hohen ⬚8 von 10 Prozent zu gewähren. Allerdings stimmte Boltzmann einem kurzen Zahlungsziel von 30 ⬚9 netto frei Haus zu.

Meiner Meinung ⬚10 sollten wir dem Kunden diese günstigen Konditionen nicht nur deshalb geben, weil die Liefermenge groß ist, ⬚11 wegen der in Aussicht gestellten Folgeaufträge, wenn sich die Anlagen in der Praxis bewähren. Möglicherweise haben wir damit den Einstieg in einen wichtigen Markt erreicht. ⬚12 können wir bei termingerechter Lieferung und zuverlässiger Inbetriebnahme den Abschluss eines langfristigen Wartungs-⬚13 erwarten. Die Installation der Geräte erfolgt ebenfalls durch unseren Kundendienst.

Um den Auftrag erfolgreich abzuwickeln, müssen wir unter allen Umständen Lieferverzögerungen ⬚14. Der Auftraggeber hat vollständige ⬚15 und Inbetriebnahme bis Ende Juni zur Vertragsbedingung gemacht.

(Pro richtiger Lösung 0,5 Punkte, maximal 7,5 Punkte)   Punktzahl: _____/7,5 Punkte

Partner von Allweiler: Dieter Karl, Deutsche Bank Singen

Herr Karl erzählt:

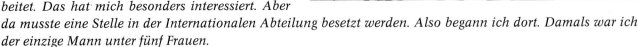

Nach dem Hauptschul-Abschluss habe ich die Wirtschaftsfachschule in Radolfzell besucht. Mit diesem Abschluss hätte ich dann studieren können. Aber mein Berufswunsch war Augenoptiker. Da waren aber die Chancen schlecht. Es gab zu wenig Lehrstellen. Also hat mir die Berufsberatung des Arbeitsamts geraten, mich mit meiner Vorbildung um eine Lehrstelle bei einer Bank zu bewerben. Das hat geklappt, und die zweieinhalbjährige Bankkaufmanns-Lehre, von 1969 bis 1972 bei der Deutschen Bank, hat mir Spaß gemacht. Danach hätte ich gern im Wertpapiergeschäft gearbeitet. Das hat mich besonders interessiert. Aber da musste eine Stelle in der Internationalen Abteilung besetzt werden. Also begann ich dort. Damals war ich der einzige Mann unter fünf Frauen.

Heute finde ich, dass ich trotz – oder wegen – all dieser „Abers" Glück gehabt habe. Sie haben mich an die richtige Stelle gebracht. Die Akkreditiv-Abwicklung ist eine sehr interessante Tätigkeit. Auch nach immerhin 28 Jahren in diesem Bereich erlebt man immer wieder Überraschungen und neue Problemstellungen. Da gibt es gefälschte Akkreditive, oder formale Fehler werden zum Vorwand genommen, die Zahlung zu verweigern. Wenn wir unserem Kunden das Zahlungsrisiko abnehmen, müssen wir zugleich darauf achten, dass die Bank keine Verluste hinnehmen muss. Aber meistens haben wir es ja mit seriösen Partnern zu tun.

Herr Karl hat 1969 bei der Deutschen Bank begonnen. 1994 hat er dort sein 25-jähriges Berufs- und Firmenjubiläum gefeiert. So eine berufliche Biografie ist bei der Deutschen Bank keine Ausnahme. In der Niederlassung Singen gibt es viele „25-Jährige" und einige „40-Jährige". Die Verbundenheit der Mitarbeiter mit dem Unternehmen ist groß. Für die Bank ist diese Treue zur Firma und die Identifikation mit ihr ein wichtiges Kapital. Sie fördert das durch eine sehr gute soziale Absicherung. Dazu gehört unter anderem eine solide betriebliche Altersversorgung. Zum Dienstjubiläum hat Herr Karl, wie alle anderen Jubilare, eine außergewöhnlich großzügige Treueprämie bekommen. Die Bindung des Personals an die Firma gilt als gute Investition. Oft benutzt man das Bild von der „großen Familie", und manchmal darf man das auch wörtlich nehmen: Dieter Karl hat eine Kollegin aus der Privatkunden-Abteilung geheiratet. Auch das ist kein Einzelfall, sondern eine von vielen „Deutsche-Bank-Ehen".

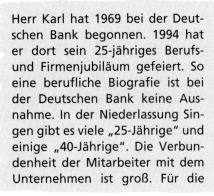

Herr Karl, können Sie sich ein Banker-Leben in der Frankfurter City, mit einer Wohnung gleich neben den Hochhaus-Türmen der DB-Zentrale vorstellen?

Nein! Um mich zu erholen, brauche ich viel Natur. Deshalb leben wir in Bargen, einem Dorf mit 260 Einwohnern, in einem 1863 erbauten Bauernhaus. Das haben wir 1980 gekauft und renoviert. Viel eigene Arbeit steckt da drin. In Bargen kennt jeder jeden.

Und was macht man da, wenn man abends von der Arbeit nach Hause kommt?

Zunächst: Ich bin im Vereinsleben aktiv. 1981 bin ich Mitglied der Freiwilligen Feuerwehr geworden. Natürlich musste ich als Bankkaufmann den Posten des Kassierers übernehmen. Seit 1990 bin ich Vorsitzender des Musikvereins. Wenn dann noch Zeit ist, warten viele Hobbys: Ich bin leidenschaftlicher Leser, begeisterter Bergsteiger und Liebhaber gotischer Kirchen. Wenn es der Geldbeutel erlaubt, machen wir unsere „kulinarischen Kunstreisen" in Frankreich, Spanien, Italien, England, Irland und natürlich auch in Deutschland: Am Tage schöne Kirchen, am Abend gutes Essen.

LEKTION 6

Anfrage des Kunden
↓
interne Besprechung der Angebotsstrategie
↓
Angebot
↓
Verhandlungen
↓
Auftrag
↓
Auftragsbestätigung
↓

Auftragsabwicklung: Auftragsvorbereitung, Fertigung

↓
↙   ↘

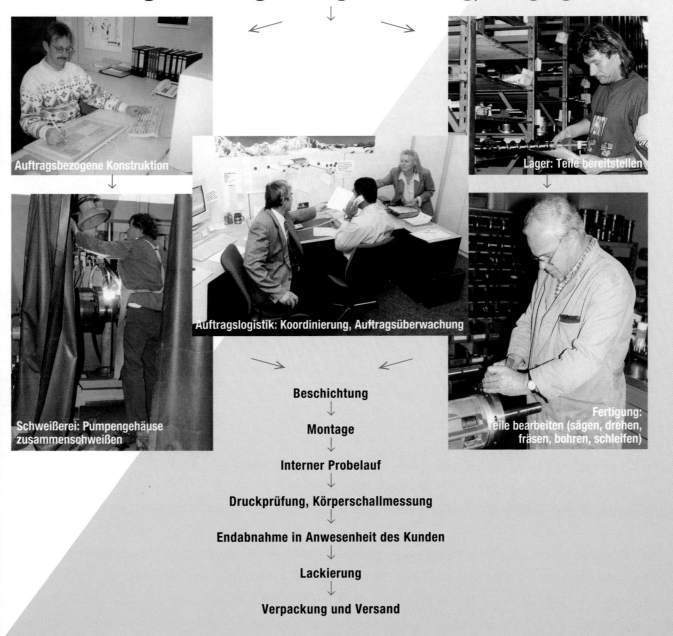

Auftragsbezogene Konstruktion

Lager: Teile bereitstellen

Auftragslogistik: Koordinierung, Auftragsüberwachung

Schweißerei: Pumpengehäuse zusammenschweißen

Fertigung: Teile bearbeiten (sägen, drehen, fräsen, bohren, schleifen)

↘   ↙

Beschichtung
↓
Montage
↓
Interner Probelauf
↓
Druckprüfung, Körperschallmessung
↓
Endabnahme in Anwesenheit des Kunden
↓
Lackierung
↓
Verpackung und Versand

1. Auftragsabwicklung

Auftragslogistik: ➡ **Konstruktion:** ➡ **Disposition:** ➡ **Produktion:**
Auftragsabwicklung   Zeichnungen   Teile bereitstellen   • Fertigung:
überwachen   anfertigen   Teile herstellen
     • Montage:
     Teile zusammenbauen

Stückliste   (= Aufstellung der benötigten Teile)
Stammdaten   (= Angaben zu Material und Bearbeitung)
Arbeitspläne für Sonderteile
               (= Teile, die speziell für einen Auftrag gefertigt werden müssen)

a) Wo finden die Dialoge statt? Wer spricht mit wem?

▨▨ A Mitarbeiter in der Fertigung → anderer Mitarbeiter in der Fertigung ▨▨ B (Leiter der) Konstruktion → (Leiter der) Fertigung ▨▨ C (Leiter des) Lager(s) → (Leiter der) Auftragslogistik ▨▨ D Leiter der Montage → Mitarbeiter der Montage ▨▨ E (Leiter der) Fertigung → Mitarbeiterin des Lagers ▨▨ F (Leiter der) Auftragslogistik → (Leiter des) Lager(s) ▨▨

1 ▷ *Sind noch genügend V 1-Spindeln da?*
   ▷ *Moment, da muss ich den Computer fragen.*

2 ▷ *Jetzt wollen wir erst mal messen, bevor es weitergeht.*
   ▷ *Wie ich dich kenne, stimmt alles.*

3 ▷ *Hier sind die Unterlagen für die Sonderflansche.*
   ▷ *Gut, das macht die Schweißerei so schnell wie möglich.*

4 ▷ *Es ist alles da. Es kann losgehen.*
   ▷ *Na endlich.*

5 ▷ *Ab 16. August sollen Sie die Pumpen zusammenbauen.*
   ▷ *Ja, das habe ich mir schon gedacht.*

6 ▷ *Wann kann ich mit den Gleitringdichtungen rechnen?*
   ▷ *In einer Woche müssten sie da sein.*

b) Zu zweit: Fragen Sie nach den Begriffen oben und definieren Sie diese Begriffe.

▷ | *Was ist das eigentlich: „eine Stückliste"?*
  | *Was versteht man (eigentlich) unter einer Stückliste?*

▷ | *Das ist eine Aufstellung der benötigten Teile.*
  | *Unter einer Stückliste versteht man eine Aufstellung der benötigten Teile.*

c) Rollenspiel zu viert: Die „Auftragslogistik", „Konstruktion", „Disposition" und „Fertigung" geben einander Auskünfte und erteilen einander Aufträge.

2. Wer spricht mit wem?

| Ich nehme an, | hier spricht die ... mit der ..., | und zwar der Leiter / ein Mitarbeiter der ... mit dem |
| Ich glaube, | | Leiter / einem Mitarbeiter der ... |

Text 1	*die Auftragslogistik mit der Fertigung*	*der Leiter der Auftragslogistik mit dem Leiter der Fertigung*
Text 2		
Text 3		
Text 4		
Text 5		

3. Wer? Wann? Woher? ...

a) Stellen Sie Fragen und antworten Sie wie im Beispiel von b).

b) **Sprechübung**

○ *Was wurde bestellt?*
● *Papier, und zwar fünf Paletten Praxi-Copy.*

was?	Papier	5 Paletten Praxi-Copy
wann?	nächste Woche	am Mittwoch
woher?	aus der Schweiz	aus Zürich
wer?	das Labor	Frau Collins, Frau Stengele
wohin?	ins Lager	in das dritte Regal rechts oben
wie lange?	4 Tage	von Dienstag bis Freitag
wem?	den Putzfrauen	Frau Sabido, Frau Löb
wen?	die Leute dahinten	Frau Hilpert, Herrn Geibel

4. Unter A versteht man B , und zwar erstens ..., zweitens ..., drittens, ...

a) Fragen Sie nach einer Definition der Wörter in der linken Spalte. Antworten Sie mit den Angaben in der mittleren und rechten Spalte.

Begriff: *Unter ...*	Definition: *... versteht man ...,*	Angaben, Beispiele: *... und zwar ...*
Stückliste	Aufstellung der benötigten Teile	1. Gussteile, 2. Schrauben, 3. Dichtungen usw.
Bestellung	Auftrag, Waren zu liefern	1. Material, 2. Teile, 3. Geräte usw.
Sonderrabatt	Preisnachlass, der an bestimmte Bedingungen gebunden ist	1. Messerabatt, 2. Mengenrabatt, 3. Einführungsrabatt usw.
Ausfallzeit	bezahlte Fehlzeit	1. Urlaub, 2. Feiertage, 3. Krankheit usw.
Sozialabgaben	Beiträge zur Sozialversicherung	1. Rentenversicherung, 2. Arbeitslosenversicherung, 3. Krankenversicherung usw.
EU-Länder	Staaten, die zur Europäischen Union gehören	1. Frankreich, 2. Großbritannien, 3. Deutschland usw.
Dokumentation	Begleitpapiere einer Lieferung	1. Warenverzeichnis, 2. Betriebsanleitung, 3. Zeichnungen usw.

b) 1. Sammeln Sie Begriffe aus Ihrem Arbeitsgebiet.
2. Welche Begriffe wollen Sie definieren?
3. Definieren Sie „Ihre" Begriffe wie in a).

▷ *Was versteht man unter einem Hebezeug?*
▷ *Unter einem Hebezeug versteht man ein Gerät, mit dem man Lasten heben kann, und zwar den Gabelstapler, den Kran, den Aufzug und so weiter.*

5. Auch bei der besten Planung kann etwas dazwischenkommen.

Schreiben Sie ein paar Stichworte als
Notiz und berichten Sie:
Wie war Ihre Planung?
Was ist dazwischengekommen?
Wie ist die Sache ausgegangen?

Meine Planung sah folgendermaßen aus: ...

Dann ist aber Folgendes
dazwischengekommen: ...

Die Sache ist folgendermaßen
ausgegangen: ...

*Meine Planung sah folgendermaßen aus: Um 9 Uhr wollte ich
mich mit meinen Kollegen zu einer Besprechung treffen, um die
Verkaufsleitertagung vorzubereiten. Dann ist aber Folgendes
dazwischengekommen: Zwei Kollegen hatten Grippe, sodass sie
nicht kommen konnten. Die Sache ist folgendermaßen ausgegangen: Eine Kollegin und ich haben die Aufgaben untereinander
verteilt und drei Stunden später waren wir fertig.*

6. Auftragsabwicklung

1 Beschaffung der Gleitringdichtungen
2 Herstellung der V1-Spindeln
3 Anfertigung der Zeichnungen
4 Erstellung der Stücklisten
5 Erstellung des Fertigungsplans
6 Herstellung der Pumpengehäuse
7 Herstellung der Pumpeneinsätze

8 Montage der Pumpen
9 Durchführung der Druckprüfung
10 Durchführung der Körperschallmessung
11 interner Probelauf
12 Abnahme der Pumpen durch den Kunden
13 Lackierung der Pumpen
14 Versand

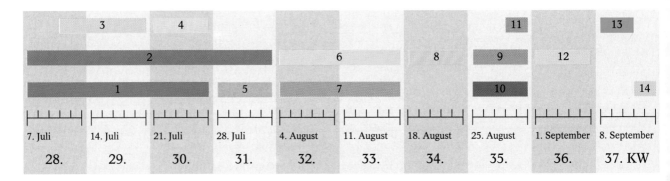

Wählen Sie einen Stichtag, zum Beispiel
den 6. August. Was ist erledigt? Was läuft
gerade? Was kommt noch?

▷ *Wie ist der Stand am 6. August?*
▷ *Am 6. August ist die Beschaffung der Gleitringdichtungen erledigt. Die Herstellung der
Pumpengehäuse läuft gerade. Die Montage der Pumpen muss noch erfolgen.*

▷ *Wie ist der Stand am ...?*
▷ *...*

▷ *Wo stehen wir am 6. August?*
▷ *Am 6. August sind die Gleitringdichtungen beschafft.
Die Pumpengehäuse werden gerade hergestellt. Die
Pumpen sind noch nicht montiert.*

▷ *Wo stehen wir am ...?*
▷ *...*

7. Noch nicht fertig oder schon fertig?

a) Welche Äußerungen bedeuten, dass eine Arbeit ...	A begonnen wird?	B durchgeführt wird?	C erfolgt ist?
1 Der Probelauf ist im Gang.	☐	✓	☐
2 Ich mache mich an die Druckprüfung.	☐	☐	☐
3 Die Zeichnungen sind noch nicht fertig.	☐	☐	☐
4 Die Spindeln sind in Arbeit.	☐	☐	☐
5 Die Reparaturarbeiten sind abgeschlossen.	☐	☐	☐
6 Das Prüfungsergebnis liegt vor.	☐	☐	☐
7 Die Besprechung geht los.	☐	☐	☐
8 Der Auftrag wird gestartet.	☐	☐	☐
9 Die Beschichtung ist erledigt.	☐	☐	☐
10 Die Reparatur läuft.	☐	☐	☐
11 Ich mache mich an die Druckprüfung.	☐	☐	☐
12 Die Stückliste liegt vor.	☐	☐	☐
13 Der interne Probelauf findet statt.	☐	☐	☐
14 Wir nehmen die letzten Arbeitsschritte in Angriff.	☐	☐	☐

b) Erweitern Sie die Äußerungen mit:
jetzt gleich (= wird in Kürze begonnen),
gerade (= wird im Augenblick durchgeführt),
schon/bereits (= ist fertig).

Ich mache mich jetzt gleich an die Druckprüfung.

Der Probelauf ist gerade im Gang.

8. Sprechübungen

a) ○ *Die Stückliste hat gestern nicht vorgelegen.*
○ *Morgen liegt sie vor.*

b) ○ *Die Stückliste liegt morgen vor.*
○ *Die hat doch gestern schon vorgelegen.*

9. Zwischenfälle

a) Was könnte bei den Arbeitsschritten von Übung 6 dazwischenkommen?

Jemand könnte krank werden.

Die Druckprüfer von Permacor könnten verspätet kommen.

Die Werkzeugmaschine könnte kaputt gehen.

Der Kunde könnte seinen Auftrag ändern.

b) Herr Liesem berichtet. Was ist dazwischengekommen? Welche Gegenmaßnahme wird vorgeschlagen?

c) Überlegen Sie, mit welchen Gegenmaßnahmen der Liefertermin trotz der Zwischenfälle eingehalten werden kann.

Die Planung sah folgendermaßen aus: ... Dann ist aber Folgendes dazwischengekommen: ... Ich schlage folgende Gegenmaßnahme vor: ...
Es war geplant, dass ... sollte. Dann ... aber ... / Vielleicht könnte man ...

10. Stimmt alles? Oder gibt es Abweichungen, Unstimmigkeiten?

- Überprüfen Sie die Angaben auf Übereinstimmung und eventuelle Abweichungen.
- Geben Sie eventuelle Abweichungen an.
- Versuchen Sie die Abweichungen zu erklären.

> *Der Liefertermin laut Auftrag weicht vom tatsächlichen Lieferter. ab. Der tatsächliche Liefertermin liegt vier Tage früher als der Lie termin laut Auftrag. Die Abweichung erklärt sich folgendermaße Der Lieferant hat früher geliefert. Das ist in Ordnung.*

1	Soll-Zeit: 45 Minuten	Ist-Zeit: 30 Minuten
2	Angebot: 3 Paletten	Lieferung: 300 000 Blatt
3	Soll-Durchmesser: 64,32 mm	Ist-Durchmesser: 64,31 mm
4	Liefertermin laut Auftrag: 24.6.	tatsächlicher Liefertermin: 20.6.
5	Tagesordnung TOP 3: Urlaubsplanung	Protokoll TOP 3: Messebeteiligung
6	Rechnungsbetrag: DM 466,80 abzgl. 2% Skonto bei Zahlung innerhalb von 10 Tagen	Zahlungseingang: DM 457, 46
7	Übernachtungspreis EZ: DM 130,-	Übernachtungspreis DZ: DM 180,-
8	Ankunft laut Fahrplan: 16.48 Uhr	tatsächliche Ankunft 16.47 Uhr
9	Anwesenheit am Arbeitsplatz am 21.6.: 4 Stunden	Arbeitszeit am 21.6.: 8 Stunden
10	Abflug 15.05 Uhr – Landung 18.05 Uhr	Flugdauer 2 Stunden

11. Die neue Planung für die Abwicklung des Japan-Auftrags

Vergleichen Sie die ursprüngliche Planung mit der neuen Planung.

- 1 Beschaffung der Gleitringdichtungen
- 2 Herstellung der V1-Spindeln
- 3 Anfertigung der Zeichnungen
- 4 Erstellung der Stücklisten
- 5 Erstellung des Fertigungsplans
- 6 Herstellung der Pumpengehäuse
- 7 Herstellung der Pumpeneinsätze
- 8 Montage der Pumpen
- 9 Durchführung der Druckprüfung
- 10 Durchführung der Körperschallmessung
- 11 interner Probelauf
- 12 Abnahme der Pumpen durch den Kunden
- 13 Lackierung der Pumpen
- 14 Versand

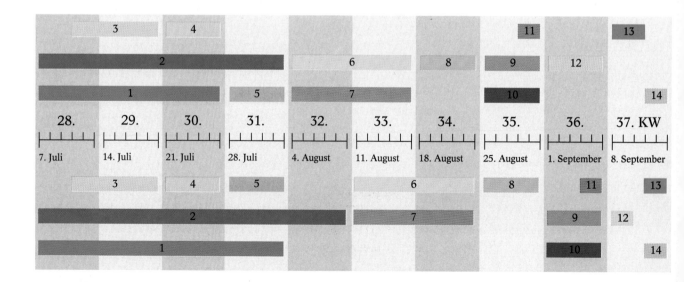

12. Zwei Termine für den Probelauf auf dem Prüffeld

a) Wo arbeitet Herr Voss?

[A] In der Buchhaltung.   [B] Im Kundendienst.   [C] In der Montage.

b) Wo arbeitet Herr Aps?

[A] In der Montage.   [B] In der Qualitätssicherung.   [C] Im Lager.

c) Ist Herr Voss mit dem Mexiko-Auftrag im Plan?

[A] Vor dem Plan.   [B] Im Plan.   [C] Hinter dem Plan.

d) Was soll am 5. August stattfinden?

[A] Die Abnahme.   [B] Die Montage.   [C] Der interne Probelauf.

e) Um wie viel Uhr beginnt die Abnahme?

[A] Der Zeitpunkt steht nicht fest.   [B] Um acht Uhr.   [C] Am Nachmittag.

f) An welchem Wochentag findet das Gespräch statt?

[A] An einem Freitag.   [B] An einem Mittwoch.   [C] An einem Montag.

g) Welche Charakterisierung passt am besten auf Herrn Aps?

[A] Kompetent und streng.   [B] Kollegial und lustig.   [C] Fleißig und pünktlich.

13. Redensarten

a) Ergänzen Sie die Sätze um die Redensarten.

A Was? Überstunden? Nein, nicht schon wieder!

B Das waren schöne Zeiten damals. Aber ...

C Ich bringe die Briefe schon mal zur Post.

D Da ist nichts zu machen. Das ist absolut unmöglich.

E Sie haben das selbst gesagt. Stimmt doch, oder?

F Regen Sie sich doch nicht so auf. Das Gerät kann man nicht mehr reparieren.

G Es tut mir ja auch Leid, dass ich den Text gelöscht habe. Aber da kann man jetzt nichts mehr machen.

H Ich finde es ja auch nicht schön, dass wir am Samstag arbeiten müssen. Aber ...

I Ich kopiere jetzt noch die Unterlagen, auch wenn wir sie erst morgen brauchen.

1 Was kaputt ist, ist kaputt.

2 Was weg ist, ist weg.

3 Was nicht geht, geht nicht.

4 Was sein muss, muss sein.

5 Was gemacht ist, ist gemacht.

6 Was zu viel ist, ist zu viel.

7 Was wahr ist, ist wahr.

8 Was passiert ist, ist passiert.

9 Was vorbei ist, ist vorbei.

b) Sprechübung

○ *Muss das wirklich sein?*

◉ *Was sein muss, muss sein.*

14. Die ursprüngliche und die neue Planung für den Mexiko-Auftrag

Hören Sie das Gespräch zwischen Herrn Aps und Herrn Voss (Übung 12) so oft Sie wollen. Skizzieren Sie die ursprüngliche Planung und die neue Planung (Montage, interner Probelauf, Abnahme durch den Kunden, Lackierung, Versand).

26.7.	27.7.	28.7.	29.7.	30.7.	31.7.	1.8.	2.8.	3.8.	4.8.	5.8.	6.8.	7.8.	8.8.

15. Wohin kann man sich wenden? Wo kann man nachfragen? Wer ist zuständig?

der Vorstand — der Betriebsrat

die Auftragslogistik	die Produktion	der Vertrieb	die Verwaltung
die Auftragsbearbeitung	die Fertigung	das Marketing	die Personalabteilung
die Fertigungssteuerung	die Montage	der Versand	das Rechnungswesen
die Konstruktion	die Lackierung	der Kundendienst	das Controlling
das Lager	die Qualitätssicherung		der Einkauf

a) Niemand weiß etwas Genaues. In welcher Arbeitseinheit gibt es wahrscheinlich genauere Informationen?

Das haben die Mitarbeiter gehört:	Für genauere Informationen ist ... zuständig.
A Ein großer und eiliger Auftrag ist reingekommen.	*die Auftragsbearbeitung*
B Die V 1-Spindeln werden in dieser Woche nicht fertig.	
C Das Angebot ist raus.	
D Die Spedition hat eine Kiste stehen lassen.	
E Der Termin für den Probelauf ist noch unsicher.	
F Das Prüffeld steht am Freitag nicht zur Verfügung.	
G Nächste Woche fliegt ein Monteur nach Pakistan.	
H Die Montage dauert drei Tage.	
I Der Arbeitsunfall an der Fräse war gar nicht so schlimm.	
J Die Druckprüfer sind immer noch nicht geliefert.	
K Die Zeichnung für die Sonderfertigung ist gar nicht so einfach.	
L Die Messevorbereitungen sind in vollem Gang.	
M Die Geschäftsentwicklung ist zufriedenstellend.	
N Nächsten Monat fahren wir vier Sonderschichten.	
O Auf die Stellenausschreibung haben sich 40 Leute gemeldet.	

b) Sprechen Sie mit einem Partner: Was wird berichtet? Wo kann man Genaueres erfahren?

| ▷ | Angeblich ...
... soll(en) ...
Es heißt, ... | ▷ | Der/Das/Die ... weiß bestimmt Genaueres.
Um Genaueres zu erfahren, wenden Sie sich am besten an den/das/die ...,
Wenn Sie Genaueres wissen wollen, fragen Sie doch beim/im/bei der/in der ... nach.
Das ist Sache des/der ... Da weiß man bestimmt Genaueres. |

▷ *Es heißt, die Messevorbereitungen seien in vollem Gang.*
▷ *Um Genaueres zu erfahren, wenden Sie sich am besten an die Marketingabteilung.*

16. Sprechübung

○ *Angeblich kommt die Lieferung heute.*
◉ *Ich dachte, sie soll erst morgen kommen.*

 17. Herr Rotemund soll seinen Urlaub verschieben.

Wenn wir eine unwillkommene Mitteilung oder einen unwillkommenen Auftrag erhalten, dann drücken wir unsere Unzufriedenheit im ersten Moment oft folgendermaßen aus:

Wir sagen:	Damit wollen wir ausdrücken:
1 *Warum so plötzlich?*	Die Mitteilung hätte früher kommen müssen.
2 *Warum nicht später?*	Die Mitteilung hätte noch Zeit gehabt.
3 *Sie fallen mit der Tür ins Haus.*	Der Mitteilende hätte erst einmal ein Vorgespräch führen müssen.
4 *Sie geben mir keine Chance!*	Die Mitteilung hätte das Ergebnis einer Vereinbarung sein müssen.
5 *Wieso immer ich?*	Die Mitteilung müsste eigentlich an andere gehen.
6 *Haben Sie etwas gegen mich?*	Die Mitteilung ist ungerecht.
7 *Was soll die lange Einleitung?*	Der Mitteilung war nicht offen und direkt genug.

a) Welche Vorwürfe kommen in dem Gespräch zwischen Herrn Buhl und Herrn Rotemund vor? Wie verhalten sich Herr Buhl und Herr Rotemund im Gespräch? Mit welchen Formulierungen äußert Herr Rotemund seine Vorwürfe?

b) Diskutieren Sie in kleinen Gruppen und tauschen Sie Erfahrungen aus: Wie müsste ein solches Gespräch ablaufen?

18. Vielleicht Herr Sekakane?

Als Maschinenbautechniker könnte Herr Sekakane in der Produktion aushelfen. Die Frage ist nur, ob er dazu bereit ist und ob eine solche Tätigkeit seinen Vorstellungen entspricht.

Rollenspiel: Fragen Sie bei Herrn Sekakane an. Sie können das Gespräch folgendermaßen aufbauen:

1 Einleitung: Allgemeine Fragen zum Leben in Deutschland, zur Arbeit bei Allweiler ...

2 Terminengpass schildern: Eiliger Auftrag, Krankheit, Urlaubszeit ...

3 Anfrage ankündigen und vortragen

4 Argumentieren

1 Begrüßung: Wie geht es? Wie fühlen Sie sich? Was macht die Familie / die Arbeit?

2 Große Terminprobleme – neue Aufträge – Krankheitsfälle – Urlaubszeit – ...

3 Ich wollte Sie einfach mal fragen, ob ...

4 Ja, das verstehe ich. – Das ist nett von Ihnen. – Das würde uns sehr helfen – Das wäre für Sie vielleicht auch interessant. – ...

Zeitvorgabe
10 Minuten **Training Zertifikat Deutsch für den Beruf: Grammatik**

Setzen Sie das passende Wort in die Lücke.

1 A dieser
   B diese
   C diesen

2 A schriftlichen
   B schriftliches
   C schriftlich

3 A gelten
   B galt
   C gilt

4 A so
   B als
   C wie

5 A war
   B ist
   C sind

6 A vom
   B beim
   C zum

7 A beschafft wird
   B beschafft sein
   C beschafft werden

8 A blieb
   B bleiben
   C blieben

9 A gefertigt wird
   B gefertigt hat
   C gefertigt ist

10 A die
   B denen
   C der

11 A vorzunehmen
   B vorgenommen
   C vornehmen

12 A herausgab
   B herausgegebenen
   C herausgegeben

13 A die
   B sie
   C ihre

14 A uns
   B unser
   C unserer

15 A angewendeten
   B angewendete
   C anwendete

> Zur Wiederholung
> der Grammatik:
> Seite 127–159

Allgemeine Lieferbedingungen – Ausland

Unsere Angebote, Lieferungen und Leistungen basieren ausschließlich auf ___1___ Bedingungen. Abweichungen bedürfen einer ___2___ Vereinbarung. Der Vertrag ___3___ erst bei Zugang unserer schriftlichen Auftragsbestätigung ___4___ abgeschlossen. Für den Umfang der Lieferung oder Leistung ___5___ unsere schriftliche Auftragsbestätigung maßgebend. Können erforderliche Lizenzen, Genehmigungen oder Akkreditive ___6___ Käufer nicht innerhalb von drei Monaten nach Vertragsabschluss ___7___ , so können wir vom Vertrag zurücktreten. Sollten einzelne Bedingungen des Vertrages unwirksam sein oder werden, so ___8___ die übrigen Bedingungen wirksam. Wenn nach den Plänen des Käufers ___9___ , so haften wir nicht, wenn Schutzrechte Dritter verletzt werden. Nur diejenigen Angaben in unseren Zeichnungen, Spezifikationen und Tabellen, auf ___10___ im Vertrag ausdrücklich Bezug genommen wird, sind für uns verbindlich. Es steht uns frei, technische Änderungen ___11___ , die den Liefergegenstand verbessern. Alle von uns ___12___ Unterlagen sind unser Eigentum. Es ist nicht erlaubt, ___13___ Dritten zugänglich zu machen. Die Qualität und Leistung ___14___ Erzeugnisse wird nach standardisierten, werksverbindlichen Kontrollverfahren sichergestellt. Die dabei ___15___ Verfahren sind im Qualitätssicherungshandbuch beschrieben.

(Pro richtiger Lösung 1 Punkt, maximal 15 Punkte)   Punktzahl: ____/15 Punkte

---

 Zeitvorgabe
30 Minuten **Training Zertifikat Deutsch für den Beruf: Geschäftsbrief nach Textbausteinen**

General Electronics Europe (134 Arlington Street, Gillingham / Kent ME7 1JD) hat angefragt, ob Sie kurzfristig 5 000 Standardschalter liefern können.
Schreiben Sie einen positiven Antwortbrief mit einer Länge von 100 bis 120 Wörtern. Verwenden Sie dabei die nachfolgenden Stichwörter. Beachten Sie die Normen für die Gestaltung von Geschäftsbriefen.

1. Bestätigung Erhalt Anfrage:
   5 000 Standardschalter XP 423/13 e

2. Dank für die Anfrage

3. Zusage Lieferung bis 31.8.

4. Bahnfracht

5. Preis DM 51 300,--
   bei Abnahme von 10 000 bis 31.12. 10% Rabatt
   bei Abnahme von 50 000 bis 31.12. 15% Rabatt

6. Hinweis auf autoelektrische und autoelektronische
   Artikel laut Katalog: Einführungsrabatt 10% bis 31.12.

(Pro richtigem Leitpunkt 2,5 Punkte, maximal 15 Punkte)   Punktzahl: ____/15 Punkte

Sie hören zunächst das ganze Gespräch. Dann hören Sie das Gespräch in fünf Abschnitten. In der Pause zwischen den Abschnitten sollen Sie ankreuzen: A, B oder C.

1   A   Die beiden Gesprächspartner sind einer Meinung.
    B   Die beiden Gesprächspartner sind unterschiedlicher Meinung.
    C   Einer der beiden Gesprächspartner ändert seine Meinung.

2   A   Die Dame hat selten Kontakt mit der Bank.
    B   Die Dame hat täglich Kontakt mit der Bank.
    C   Die Dame hat öfter, aber nicht täglich Kontakt mit der Bank.

3   A   Für die beiden Gesprächspartner ist die Situation völlig neu.
    B   Für einen der beiden Gesprächspartner ist die Situation neu.
    C   Beiden Gesprächspartnern ist die Situation bekannt.

4   A   Die beiden Gesprächspartner warten auf eine Ware.
    B   Die beiden Gesprächspartner warten auf eine Information.
    C   Die beiden Gesprächspartner warten auf eine Erlaubnis.

5   A   Der Herr befürchtet, die Erwartungen des Kunden nicht erfüllen zu können.
    B   Der Herr befürchtet, dass der Kunde die Erwartungen nicht erfüllt.
    C   Der Herr befürchtet, dass es einen Zwischenfall gibt.

(Pro richtiger Lösung 2 Punkte, maximal 10 Punkte)   Punktzahl: ____/10 Punkte

Sie sollen dem Text einige Zahlen, Namen, Daten und Fakten entnehmen und in Stichworten eintragen.

1.   Entwicklung in der Dienstleistungsbranche 1990 bis 1996 _____

2.   Entwicklung im produzierenden Gewerbe 1990 bis 1996 _____

3.   Vergleich Dienstleistungsbranche – produzierendes Gewerbe 1995
     Dienstleister positiv gestimmt im Juni 97   *15 Prozent*

4.   Tendenz Dienstleistungsbranche 1997
     Von 500 Dienstleistungsbetrieben waren Anfang 97 positiv gestimmt: *ein Viertel, 25 %*

5.   Vergleich Juni 1997: Stimmung in der Dienstleistungsbranche – in der
     Wirtschaft insgesamt _____

(Pro richtiger Lösung 2 Punkte, maximal 10 Punkte)   Punktzahl: ____/10 Punkte

Die Bäume der Dienstleister wachsen auch nicht in den Himmel.

In der Dienstleistungsbranche gab es in den 90er-Jahren nur eine Richtung: nach oben. Das produzierende Gewerbe konnte von Jahr zu Jahr höchstens Stillstand, musste meistens jedoch Rückgang melden. So kam es, dass die Dienstleister 1995 erstmals das produzierende Gewerbe überholten. Doch scheint das Jahr 1997 die Trendwende zu bringen. Auf eine Umfrage des Forsa-Instituts bei 500 Unternehmen der Dienstleistungsbranche äußerten sich zu Jahresbeginn noch ein Viertel optimistisch zu den Perspektiven für die nächsten Jahre, im März war es nur noch ein Fünftel. Die schlechtere Stimmung der Dienstleister passt zur Stimmung in der Gesamtwirtschaft, in der im Juni nur noch 15% positiv gestimmt waren, in etwa dieselbe Zahl wie in der Dienstleistungsbranche.

Menschen bei Allweiler:

Wolfgang Blank, Koordinator der Gruppe Auftragslogistik Export

Wolfgang Blank erzählt:

Geboren bin ich in Stockach, also gar nicht weit von hier. Heute lebe ich im Schwarzwald, in Sankt Georgen. An die tägliche Fahrerei habe ich mich gewöhnt, morgens eine Stunde und abends eine Stunde, mit dem Zug oder mit dem Auto.

Ich bin verheiratet. Meine Frau ist Amerikanerin. Sie ist Operationsschwester und arbeitet in Sankt Georgen als Arzthelferin. Zu Hause sprechen wir Deutsch oder Englisch. Aber meistens Deutsch.

In Schonach im Schwarzwald habe ich eine Lehre als Industriekaufmann gemacht. Danach erfüllte ich mir 1978 einen Jugendtraum: Auf einem Gebirgspfad im amerikanischen Westen wanderte ich zu Fuß von Mexiko bis nach Kanada. Ich war gut sieben Monate unterwegs und bin danach noch ein paar Monate in den Staaten geblieben. Meinen Lebensunterhalt habe ich mir mit Gelegenheitsarbeiten verdient. Das ging ganz gut.

Nach meiner Rückkehr aus den USA lenkte ich mein Leben in festere Bahnen. Ich heiratete und nahm eine Stelle in einem Industriebetrieb der Branche Küchenmöbel an. Von 1981 bis 1984 machte ich in Abendkursen den Betriebswirt VWA. 1989 kam ich zu Allweiler.

Wolfgang Blank ist Koordinator der Gruppe Auftragslogistik Export. Er ist also nicht Vorgesetzter im üblichen Sinn. Er gibt den Leuten in der Gruppe keine Weisungen. Die Aufgaben werden gemeinsam besprochen, erfüllt und verantwortet, wobei beim Verantworten der Gruppenleiter etwas stärker im Blickfeld ist. Diese Führungsstruktur findet Wolfgang Blank gut.

Die Gruppe Auftragslogistik arbeitet die Angebote aus und überwacht die Auftragsabwicklung. Jeder Arbeitsschritt, egal in welchem Firmenbereich, wird in den Computer eingegeben, sodass der aktuelle Stand eines jeden Auftrags jederzeit auf dem Bildschirm dargestellt werden kann.

Herr Blank, die meisten Mitarbeiter bei Allweiler sind Ingenieure. Wie fühlen Sie sich da als gelernter Kaufmann?

Ganz gut. In die technische Seite meines Berufs musste ich mich einarbeiten. Das hat mir große Freude gemacht. Man will ja nicht sein Leben lang nur das machen, was man gelernt hat. Man will immer auch noch etwas dazulernen.

Wie sehen Sie die nächsten zehn Jahre für sich persönlich und beruflich?

Ich bin jetzt 42 Jahre alt. Mir gefällt der stetige Wandel und Fortschritt bei Allweiler. Hier ist es nicht wie in der Computerbranche, wo der Wandel sprunghaft vor sich geht. Ich mag Kontinuität und Innovation. Das ist kein Widerspruch, und genau das haben wir hier. Mit gefällt das Produkt, das Arbeitsklima, das teamorientierte Arbeiten, die dauernde Möglichkeit und Notwendigkeit, etwas Neues zu machen und das Alte besser zu machen.

Wo möchten Sie heute in zehn Jahren stehen?

Sehr gern an diesem Platz. Warum nicht? Denn vieles wird anders sein. Wir wissen heute noch nicht, wie es sein wird. Das ist ja das Reizvolle. Aber in zehn Jahren hätte ich gern etwas mehr Zeit zum Bergsteigen. Das ist mein Hobby. Ich bin schon in Nepal im Himalaja geklettert und natürlich immer wieder in den Alpen. In zwei Wochen klettern wir wieder in der Schweizer Blümlis Alp, aber nur für ein paar Tage.

Arbeitssicherheit, Betriebsrat

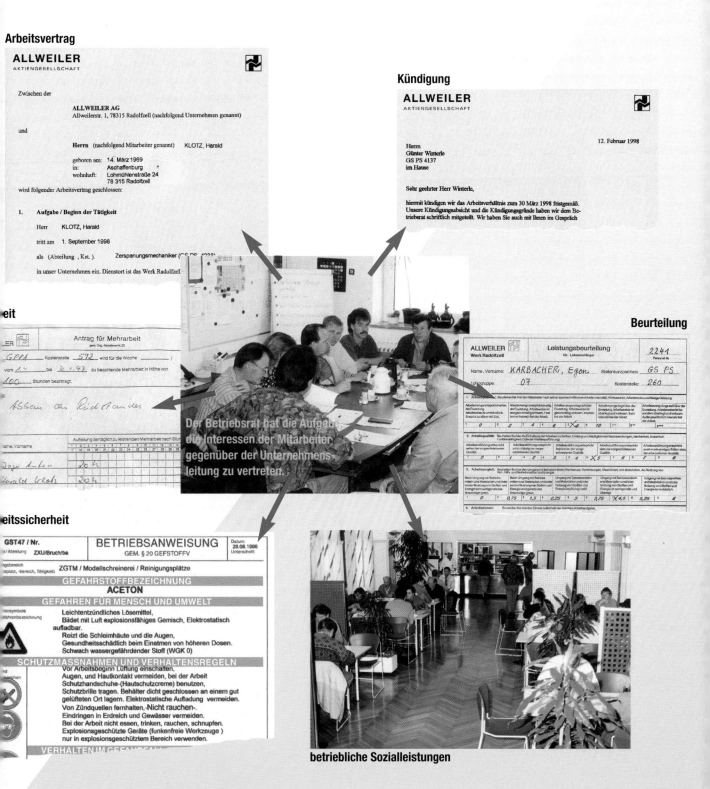

Arbeitsvertrag

ALLWEILER
AKTIENGESELLSCHAFT

Zwischen der

ALLWEILER AG
Allweilerstr. 1, 78315 Radolfzell (nachfolgend Unternehmen genannt)

und

Herrn (nachfolgend Mitarbeiter genannt)   KLOTZ, Harald

geboren am: 14. März 1969
in: Aschaffenburg
wohnhaft: Lohmühlenstraße 24
78 315 Radolfzell

wird folgender Arbeitsvertrag geschlossen:

1.   **Aufgabe / Beginn der Tätigkeit**

Herr   KLOTZ, Harald

tritt am   1. September 1998

als (Abteilung , Kst.).   Zerspanungsmechaniker (GS PS 4228)

in unser Unternehmen ein. Dienstort ist das Werk Radolfzell.

Kündigung

ALLWEILER
AKTIENGESELLSCHAFT

12. Februar 1998

Herrn
Günter Winterle
GS PS 4137
im Hause

Sehr geehrter Herr Winterle,

hiermit kündigen wir das Arbeitsverhältnis zum 30 März 1998 fristgemäß.
Unsere Kündigungsabsicht und die Kündigungsgründe haben wir dem Betriebsrat schriftlich mitgeteilt. Wir haben Sie auch mit Ihnen im Gespräch

...eit

Antrag für Mehrarbeit
gem. Org.-Richtlinie Nr. 22

...LER

GPPA - Kostenstelle 572 wird für die Woche

vom 14 bis 30.4.97 zu bezahlende Mehrarbeit in Höhe von

100 Stunden beantragt.

Aufteilung der täglich zu leistenden Mehrarbeit nach Stunden

Beurteilung

ALLWEILER
Werk Radolfzell
Leistungsbeurteilung
Nr. Lohnempfänger
2241
Personal Nr.

Name, Vorname: KARBACHER, Egon   Stellenkurzzeichen: GS PS

Lohngruppe: 07   Kostenstelle: 260

> Der Betriebsrat hat die Aufgabe,
> die Interessen der Mitarbeiter
> gegenüber der Unternehmens-
> leitung zu vertreten.

...eitssicherheit

GST47 / Nr.
...Abteilung ZXU/Bruch/ba

BETRIEBSANWEISUNG
GEM. § 20 GEFSTOFFV

Datum:
28.08.1996
Unterschrift:

ZGTM / Modellschreinerei / Reinigungsplätze

GEFAHRSTOFFBEZEICHNUNG
ACETON

GEFAHREN FÜR MENSCH UND UMWELT

Leichtentzündliches Lösemittel,
Bildet mit Luft explosionsfähiges Gemisch, Elektrostatisch
aufladbar.
Reizt die Schleimhäute und die Augen,
Gesundheitsschädlich beim Einatmen von höheren Dosen.
Schwach wassergefährdender Stoff (WGK 0)

SCHUTZMASSNAHMEN UND VERHALTENSREGELN

Vor Arbeitsbeginn Lüftung einschalten,
Augen, und Hautkontakt vermeiden, bei der Arbeit
Schutzhandschuhe (Hautschutzcreme) benutzen,
Schutzbrille tragen. Behälter dicht geschlossen an einem gut
gelüfteten Ort lagern. Elektrostatische Aufladung vermeiden.
Von Zündquellen fernhalten,-Nicht rauchen.-
Eindringen in Erdreich und Gewässer vermeiden.
Bei der Arbeit nicht essen, trinken, rauchen, schnupfen.
Explosionsgeschützte Geräte (funkenfreie Werkzeuge)
nur in explosionsgeschütztem Bereich verwenden.

VERHALTEN IM GEFAHR...

betriebliche Sozialleistungen

1. Unfallgefahren am Arbeitsplatz

a) Auf welche Unfallgefahren wird aufmerksam gemacht?
Welche Gebote, Verbote, Hinweise und Sicherheitseinrichtungen sind erkennbar?

b) Platzieren Sie die Gebots-, Verbots- und Warnschilder an die geeigneten Stellen in der Werkhalle.

c) Wo können die folgenden Unfallgefahren auftreten?

Unfallgefahr durch:

A Flurförderzeuge   B elektrischen Strom   C Feuer   D drehende und schwingende Maschinen   E herabfallende Gegenstände   F Ausrutschen, Stürzen, Stolpern   G Funken und Späne   H Hitze   I Dämpfe

> *Eine Unfallgefahr durch Stolpern und Ausrutschen besteht auf der Treppe.*

> *Eine Unfallgefahr durch Dämpfe besteht beim Schweißen.*

2. Unfallorte, Unfallgefahren

Wo und bei welcher Gelegenheit treten welche Unfallgefahren auf?

Beim ...	tritt Unfallgefahr durch	... auf.

A Beim Messen

B Beim Aufenthalt auf den Verkehrswegen

C Beim Schweißen

D Beim Transport von Werkstücken

E Beim Einschalten der Maschine

F Beim Anlaufen der Maschine

G Beim Bearbeiten von Werkstücken

H Beim Schleifen

1 Hitze und Feuer

2 elektrischen Strom

3 Funken

4 unbeabsichtigtes Einschalten der Maschine

5 herabfallende Gegenstände

6 Gabelstapler

7 herumfliegende Werkstücke

8 fliegende Späne

3. Unterweisung in Arbeitssicherheit

a) Welche der folgenden Maßnahmen und Einrichtungen zur Vermeidung von Arbeitsunfällen sind:

A technische Sicherheitsmaßnahmen

B organisatorische Sicherheitsmaßnahmen

C Ausrüstungsgegenstände für den persönlichen Schutz

D Maßnahmen und Einrichtungen zur Arbeitsplatz-hygiene und zur arbeitsmedizinischen Vorsorge?

___ 1 Mitfahrverbot beim Gabelstapler ___ 2 Werksfeuerwehr ___ 3 Schutzcreme ___ 4 Rauchabzug ___ 5 Spänehaken ___ 6 Sicherungsgitter ___ 7 Gesichtsschutz ___ 8 Betriebsanweisungen ___ 9 Schutzbrille ___ 10 Ess- und Trinkverbot ___ 11 Geschwindigkeitsbeschränkung 10 km/h ___ 12 Leder-schürze ___ 13 Handschuhe ___ 14 Fernbedienung am Gabelstapler ___ 15 praktische Übungen ___

Der/Das/Die ...	ist/sind ein/eine ...	zum/zur/für d__ ...
Der/Das/Die ...	gehört/gehören zu den	Ausrüstungsgegenständen	zum/zur/für d__ ...
		Einrichtungen	

b) Welche Maßnahmen und Einrichtungen erwähnt der Sicherheitsbeauftragte, Herr Bruch, in seinem Gespräch mit Herrn Sekakane?

Herr Bruch spricht von der Werksfeuerwehr.
Das ist eine organisatorische Sicherheitsmaßnahme.

c) Üben Sie zu zweit wie im Dialog-Beispiel:

▷ *Kennen Sie noch andere Ausrüstungsgegenstände für den persönlichen Schutz?*

▷ *Ja, zum Beispiel die Sicherheitsschuhe, den Gesichtsschutz, ...*

4. Gestaltung von Computerarbeitsplätzen

Fassen Sie die Richtlinien für die Gestaltung eines Computerarbeitsplatzes zusammen, soweit sie aus der Abbildung erkennbar sind.

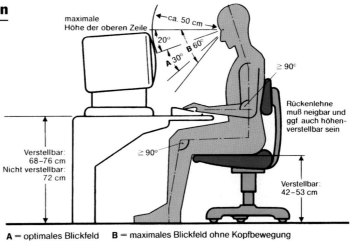

maximale Höhe der oberen Zeile

ca. 50 cm

20° B 60°

A 30°

≥ 90°

Rückenlehne muß neigbar und ggf. auch höhen-verstellbar sein

Verstellbar: 68–76 cm
Nicht verstellbar: 72 cm

≥ 90°

Verstellbar: 42–53 cm

A = optimales Blickfeld   **B** = maximales Blickfeld ohne Kopfbewegung

5. Verhalten bei Unfall und Feuer

Unfall	Feuer	Notruf	Notarzt

leichter Unfall

Pförtner Tel. 316
oder 380
Sanitätsstation 284

schwerer Unfall

erste Hilfe in der Sanitätsstation
7.15 – 12.00 und 12.45 – 15.15 Uhr
Verletzten evtl. mit Trage transportieren oder 284 anrufen

Von jedem Telefon ist die Rettungsleitstelle unter Tel. 26 66 zu erreichen (Pforte sofort nach Anruf wegen der Einfahrt und der Orientierung im Werk verständigen).

Unfallmeldung:

Wer meldet?	in Firma Allweiler, Abteilung ...
Was ist passiert?	z. B. Sturz, Verbrennung, Verätzung, Kreislaufschwäche, ...
Wo?	Abteilung ...
Wie viele Verletzte?	...
Art der Verletzungen?	Schnitt, Verbrennung, Vergiftung, ...
Notarzt erforderlich?	

Bei leichten Verletzungen kann sich der Unfallpatient von Montag bis Freitag zwischen 8.00 und 18.00 Uhr in der Unfallambulanz Rieger-Pauli, Tel. 58 519, Walchnerstraße 16, behandeln lassen.

Feuer

Tel. 380 oder Feuermelder einschlagen und drücken
    1. Meldung machen
    2. Brandbekämpfung aufnehmen

Ölalarm

Tel. 380

---

a) Was ist richtig? Was ist falsch?

		r	f
1	Bei einer Unfallmeldung sind die Namen der verletzten Personen anzugeben.	☐	☒
2	Bei einem leichten Unfall muss man die Rettungsleitstelle anrufen.	☐	☐
3	Nachdem man die Rettungsleitstelle angerufen hat, ist sofort der Pförtner zu verständigen.	☐	☐
4	Bei schweren Unfällen kann man den Verletzten in die Unfallambulanz Rieger-Pauli bringen, wenn er nicht blutet.	☐	☐
5	Bei allen Unfallmeldungen ist anzugeben, ob ein Notarzt gebraucht wird.	☐	☐
6	Die Rettungsleitstelle ist von 7 bis 12 Uhr besetzt.	☐	☐
7	Der Verletzte muss auf jeden Fall auf einer Trage transportiert werden.	☐	☐
8	Um einen Brand zu melden, ist die Nummer 380 zu wählen und der Feuermelder einzuschlagen.	☐	☐
9	Bevor man einen Brand meldet, sollte man versuchen, den Brand selbst zu löschen.	☐	☐
10	Alle Mitarbeiter sind gegen Arbeitsunfälle versichert.	☐	☐

b) Korrigieren Sie mündlich.

Bei einer Unfallmeldung sind nicht die Namen anzugeben,
sondern die Zahl der Verletzten ist anzugeben.

Nicht die Rettungsleitstelle, sondern die Sanitätsstation
ist von 7 bis 12 und von 12.45 bis 15.15 Uhr besetzt.

6. Wenn bei uns ein Unfall passiert ...

a) Was halten die Leute für richtig?

Die Dame/Der Herr in Text ... hält es für richtig,   ...   zu ...

Text 1

Text 2

Text 3   *..., erst einmal nachzusehen, ob in der Sanitätsstation jemand ist.*

Text 4

Text 5

Text 6

Text 7

b) Was halten Sie für richtig? Was steht dazu in den Verhaltensregeln von Übung 5?

7. Sprechübungen

a) ○ *Ich glaube, man muss die Rettungsleitstelle anrufen.*
   ◐ *Ich würde die Rettungsleitstelle nicht anrufen.*

b) ○ *Wozu denn die Rettungsleitstelle anrufen?*
   ◐ *Ich halte es für notwendig, die Rettungsleitstelle anzurufen.*

8. Zusammengesetzte Nomen rund um die Arbeitssicherheit

Bilden Sie etwa zehn zusammengesetzte Nomen und benutzen Sie sie in einem Satz.

A der Unfall	1 das Schild
B der Verkehr	2 die Bekämpfung
C der Brand	3 die Verletzung
D die Rettung	4 die Meldung
E das Verbot	5 die Sicherheit
F das Auge	6 der Unfall
G der Hinweis	7 die Gefahr
H die Arbeit	8 der Wagen
I der Weg	9 die Stelle

Das Wort „das Verbot" ergibt zusammen mit dem Wort „das Schild" das zusammengesetzte Nomen „das Verbotsschild". Ein Verwendungsbeispiel: „Verbotsschilder muss man beachten."

9. Ihre Unfallmeldung

Machen Sie eine Unfallmeldung nach der Anweisung von Übung 5: Wer meldet? Was ist passiert? Wo? Wie viele Verletzte? Welche Verletzungen? Notarzt erforderlich?

Fall 1	Fall 2	Fall 3	„Ihr" Fall
Brand in der Schweißerei, Feuer gelöscht, 2 Leute Rauchvergiftung, bewusstlos	Bei der Montage Metallteil heruntergefallen, 1 Mann Fuß gequetscht, kann nicht gehen, starke Schmerzen	Frau auf der Treppe gestürzt, linkes Bein gebrochen, Buchhaltung	

10. Ereignisse, Zwischenfälle, Beschlüsse

Durch ein **Ereignis** tritt eine **neue Lage** ein.
Ein **Zwischenfall** ruft eine **Störung** hervor.
Ein **Beschluss** hat eine **Maßnahme** zur Folge.

a) Worum handelt es sich? Kreuzen Sie an.

	A Ereignis	B neue Lage	C Zwischenfall	D Störung	E Beschluss	F Maßn.
1 Der Kunde wünscht die Lieferung schon zum 10. September.	☐	☒	☐	☐	☐	☐
2 Eine Werkzeugmaschine ist kaputtgegangen.	☒	☒	☒	☒	☐	☐
3 Ein Arbeiter in der Spindelfertigung hatte einen Arbeitsunfall.	☐	☐	☐	☐	☐	☐
4 Plötzlich ist alles anders.	☐	☐	☐	☐	☐	☐
5 Im Augenblick werden mehrere Nachtschichten gefahren.	☐	☐	☐	☐	☐	☐
6 Zwei neue Montagearbeiter sind eingestellt worden.	☐	☐	☐	☐	☐	☐
7 Eine Zulieferfirma hält ihren Liefertermin nicht ein.	☐	☐	☐	☐	☐	☐
8 Eine Teillieferung wird mit Luftfracht transportiert.	☐	☐	☐	☐	☐	☐
9 Eine Pumpe bringt auf dem Prüffeld nicht die erwartete Leistung.	☐	☐	☐	☐	☐	☐
10 Ein eiliger Großauftrag kommt herein.	☐	☐	☐	☐	☐	☐
11 Der Kunde verzichtet auf die Endkontrolle.	☐	☐	☐	☐	☐	☐
12 Die beiden kranken Mitarbeiter sind auf einmal wieder da.	☐	☐	☐	☐	☐	☐
13 Der Strom fällt aus.	☐	☐	☐	☐	☐	☐
14 Herr Sekakane soll in der Spindelfertigung mitarbeiten.	☐	☐	☐	☐	☐	☐
15 Zwei Mitarbeiter in der Gießerei hatten eine Auseinandersetzung.	☐	☐	☐	☐	☐	☐

b) Tragen Sie Ihre Lösungen vor.

Dass zwei neue Montagearbeiter eingestellt worden sind, das ist eine Maßnahme.

Wenn ein eiliger Großauftrag hereinkommt, so ist das ein Ereignis, durch das eine neue Lage eintritt.

Wenn der Strom ausfällt, so würde ich das als Zwischenfall bezeichnen.　...

11. Eine Krisensitzung

a) Welche Ereignisse, Zwischenfälle und Maßnahmen werden in der Krisensitzung erwähnt?

b) Welche Maßnahmen werden erwogen und ergriffen?

c) Welche Maßnahme wird erwogen, aber nicht ergriffen?

12. Antrag an den Betriebsrat

Ergänzen sie den Text mit Hilfe des Antrags an den Betriebsrat.

Am _____ hat Herr *Seeger* insgesamt _____ Überstunden für die Zeit vom _____ bis zum _____ beantragt.
Der mit _____ begründete Antrag wurde am _____ von Herrn _____ geprüft und dem
_____ vorgelegt. Die Überstunden wurden für _____ Mitarbeiter beantragt.

ALLWEILER	Antrag auf Mehrarbeit
	gem. Org.-Richtlinie Nr. 22

Für die Stelle *GPP A* , Kostenstelle *592* wird für die Woche _____ /den Zeitraum vom *4.8.*
bis *16.8.* zu bezahlende Mehrarbeit in Höhe von insgesamt *100* Stunden beantragt.

Begründung: *Rückstand in der Fertigung*

Pers.-Nr.	Name, Vorname	
4901	*Stankowski, Oskar*	*30*
2239	*Fiedler, Hans-Martin*	*30*
0409	*Karbacher, Egon*	*40*

Beantragung	Prüfung Personalabteilung	Zustimmung Betriebsrat
28.7.97	*29.7.97*	*1.8.97*
Datum/Unterschrift	Datum/Unterschrift	Datum/Unterschrift

13. Zwei Möglichkeiten – eine Entscheidung

a)   Wie würden Sie entscheiden?

Möglichkeit 1	**oder**	**Möglichkeit 2**	**Entscheidung**
Lieferung verschieben	oder	Überstunden fahren	
Überstunden fahren	oder	Leute einstellen	
auf den Auftrag verzichten	oder	Nachtschichten fahren	*1*
Überstunden fahren	oder	Nachtschichten fahren	
einen Probelauf machen	oder	auf den Probelauf verzichten	
den Kunden bei der Montage unterstützen	oder	Rabatt auf die Listenpreise geben	
den Kunden besuchen	oder	mit dem Kunden telefonieren	

b)   Diskutieren Sie über Ihre Entscheidung.

▷ Verschieben **Sie doch** die Lieferung!
  Ich würde die Lieferung verschieben.

▷ **Ich empfehle**, die Lieferung zu verschieben.

▷ **Anstatt** die Lieferung zu verschieben, **würde ich** ...
  Ich würde Leute einstellen, **anstatt** die Lieferung zu verschieben.

▷ **Ich würde lieber** Leute einstellen, **als** die Lieferung zu verschieben.

c)   Diskutieren Sie in einer größeren Gruppe.

▷ *Ich würde lieber auf den Probelauf verzichten, als den Liefertermin zu verschieben.*
▷ *Anstatt den Liefertermin zu verschieben, empfehle ich, Überstunden zu fahren.*
▷ *Ich würde lieber Leute einstellen, als Überstunden zu fahren.*
▷ *Ich würde die Planung ändern, anstatt Leute einzustellen.*
▷ *Anstatt die Planung ...*

14. Ein Arbeitsunfall

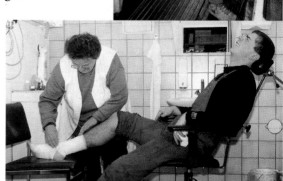

Unfallbericht:

> Bei der Entfernung von Spänen mit dem Spänehaken fiel
> dem Mitarbeiter ein vorher abgelegtes Werkstück
> zu Boden und verletzte ihn am linken Unterschenkel.

a) Sehen Sie sich das Bild genau an und lesen Sie den Unfallbericht,
die Schilderung von Arno Piontek und die beiden Erzählungen
von Regine Förster und Egon Karbacher.

1 Was ist wirklich passiert?
2 Womit war Alfred Piontek wo und wann beschäftigt?
3 Was wollte er gerade machen, als der Unfall passierte?
4 Was passierte da?
5 Wo/Wie ist er verletzt?
6 Welche Schutzausrüstung trug er?
7 Wer leistete wo erste Hilfe?
8 Wer hat den Verletzten ärztlich behandelt?
9 Wie lange ist er wahrscheinlich arbeitsunfähig?

Arno Piontek schildert den Unfall:

*„Alles ist so schnell gegangen. Ich wollte die Späne wegräumen und dann das
Werkstück messen. Dabei ist eine Spindel ins Rollen gekommen. Die hatte ich da
abgelegt. Und die Spindel ist mir beim Fallen gegen das Bein gestoßen. Ich weiß
selbst nicht, wie das passieren konnte. Jetzt falle ich bestimmt eine Woche aus."*

Egon Karbacher, ein gemeinsamer Bekannter, erzählt die Sache einem Kollegen:

*„Die Regine hat mir gesagt, dass dem Alfred etwas passiert ist, beim Fräsen,
heute Morgen. Eine Spindel ist ihm auf den Fuß gefallen. Er ist jetzt bei Dr. Rie-
ger in Behandlung. Regine hat gesagt, dass er wahrscheinlich schon wieder
keine Sicherheitsschuhe und keine Handschuhe getragen hat. Aber komisch,
beim Bohren und Fräsen soll man doch gar keine Handschuhe tragen."*

Arno Pionteks Freundin, Regine Förster, erzählt:

*„Dem Arno ist etwas auf den Fuß gefallen. Er wollte messen und dabei ist ihm eine Spindel aus der Hand
gerutscht. Ich habe ihm schon hundertmal gesagt, er soll Sicherheitsschuhe tragen und Handschuhe. Dann
kann so etwas nicht passieren. Aber nein, er weiß ja alles besser."*

b) Machen Sie sich Notizen und erzählen Sie den Unfallhergang in allen Einzelheiten. Ihr Zuhörer oder Ihre
Zuhörerin vergleicht Ihre Wiedergabe anhand seiner/ihrer eigenen Notizen.

15. Unterwegs zum Betriebsrat

a) Wohin gehen Herr Seeger und Herr Sekakane?

b) Was wollen sie dort?

c) Für welche Maßnahmen braucht das Unternehmen
die Zustimmung des Betriebsrats?

d) Über welches Mitbestimmungsrecht des Betriebsrats sprechen Herr Seeger und Herr Sekakane?

e) Aus welchem Grund könnte der Betriebsrat etwas
gegen die Überstunden haben?

f) Welche Argumente hat Herr Seeger, um den
Betriebsrat zu überzeugen?

g) Muss der Betriebsrat zustimmen oder muss er
nicht? Erklären Sie das.

16. Was ist das? Wie heißt das?

a) Ordnen Sie zu.

A der Betriebsrat	1 Anpassung des Arbeitsplatzes und der Arbeitsmittel an die Fähigkeiten und Eigenschaften des Menschen
B der Spänehaken	2 Bedienungselement zum Ein- und Ausschalten sowie zum Regeln von Maschinen und Anlagen
C die Sozial-versicherung	3 Gerät zur Entfernung von Abfällen bei der spanenden Bearbeitung von metallenen Werkstücken
D der Arbeitsstuhl nach DIN 68877	4 aus Beiträgen von Arbeitgebern und Arbeitnehmern finanzierte Versicherung gegen Alter, Krankheit, Arbeitslosigkeit, Unfall und Pflege im Alter
E die Ergonomie	5 gewählte Interessenvertretung der Mitarbeiter mit der Verpflichtung, das Wohl der Mitarbeiter und des Betriebes im Auge zu haben
F das Stellteil	6 motor- oder handbewegtes Rollenfahrzeug zum Kurzstreckentransport von Lasten innerhalb eines Lagers oder einer Werkhalle
G der Gabelstapler	7 höhenverstellbare, kippgesicherte Sitzgelegenheit mit drehbarem Unterteil

b) Tragen Sie Ihre Zuordnungen vor, und zwar

so (Definition) und so (Benennung)

Unter einem/einer ... versteht man einen/ein/eine ...   Ein/Eine ... wird als ... bezeichnet

Unter einem Stellteil versteht man ein Bedienungselement zum Ein- und Ausschalten sowie zum Regeln von Maschinen und Anlagen.

Ein Bedienungselement zum Ein- und Ausschalten sowie zum Regeln von Maschinen und Anlagen wird als Stellteil bezeichnet.

17. Sprechübung

○ *Wie heißt denn das: Ein Bedienungselement zum Ein- und Ausschalten sowie zum Regeln von Maschinen und Anlagen?*
○ *Das ist eine Definition des Wortes „Stellteil".*

18. Besprechung mit dem Betriebsrat

a) Welche Argumente kommen von der Arbeitgeberseite?

b) Welche Argumente kommen vom Betriebsrat.

c) Welche Vereinbarung wird getroffen?

d) Wie hätten Sie entschieden? Begründen Sie Ihre Entscheidung.

19. Wie ist die Lage?

Arbeiten Sie zu zweit oder zu dritt.

a) Wie war der Planungsstand am 4. August? (vgl. Lektion 6, Übung 11)

b) Welche neuen Umstände sind eingetreten? (vgl. Lektion 7, Übung 11)

c) Welche Maßnahmen werden beschlossen? (vgl. Lektion 7, Übung 18)

d) Wie muss es Ihrer Meinung nach weitergehen? Kann man optimistisch sein? Welche angenehmen oder unangenehmen Überraschungen könnte es in Lektion 8 geben?

Training Zertifikat Deutsch für den Beruf: Leseverstehen

Markieren Sie die richtige Aussage A, B oder C mit Hilfe des Textes.

1. Zeile 1–3: Die sinkenden Unfallzahlen in der Chemietechnik sind ...

A ... dem hohen Stand der Sicherheitstechnik und vielleicht auch den zahlreichen Bau- und Betriebsvorschriften zu verdanken.

B ... eher dem hohen Stand der Sicherheitstechnik und nicht den zahlreichen Bau- und Betriebsvorschriften zu verdanken.

C ... nicht so sehr dem hohen Stand der Sicherheitstechnik, sondern überwiegend den zahlreichen Bau- und Betriebsvorschriften zu verdanken.

2. Zeile 4–6: Auf der ACHEMA 97...

A ... ist die Anlagensicherheit in der chemischen Industrie der wichtigste Ausstellungsschwerpunkt.

B ... sind auch neue Entwicklungen zur Unfallverhütung und zum Sicherheitsmanagement zu sehen.

C ... geht es im Bereich der Anlagensicherheit ausschließlich um die Unfallverhütung.

3. Zeile 7–8:

A Die Schulung der Mitarbeiter in Arbeitssicherheit ist noch nicht ausreichend.

B Der Ausbildungsstand der Mitarbeiter in Arbeitssicherheit ist niedriger als der Stand der Sicherheitstechnik.

C Die Schulung der Mitarbeiter in Arbeitssicherheit ist ein wichtiger Beitrag zur Arbeitssicherheit.

4. Zeile 8–10:

A Im Jahre 1996 war die Zahl der Arbeitsunfälle um 12 % niedriger als im Jahre 1995.

B Obwohl das Sicherheitsbewusstsein abnahm, fielen die Unfallzahlen in einem Jahr um 12 %.

C Von Januar bis Juni 1996 gab es 12 % weniger Arbeitsunfälle als von Januar bis Juni 1995.

5. Zeile 10–12:

A Die betrieblichen Arbeitsunfälle haben stärker abgenommen als die Unfälle auf dem Weg von und zur Arbeit.

B Die Zahl der Unfälle auf dem Weg von und zur Arbeit hat sich stärker verringert als die Zahl der betrieblichen Arbeitsunfälle.

C Die betrieblichen Arbeitsunfälle und die Unfälle auf dem Weg von und zur Arbeit haben in etwa gleich stark abgenommen.

(Pro richtiger Lösung 2 Punkte, maximal 10 Punkte)   Punktzahl: ____/10 Punkte

---

Trendbericht zur Sicherheitstechnik

1   Die Sicherheitstechnik ist ein allgegenwärtiger Bestandteil aller Chemieanlagen, Umweltanlagen und Chemielager. Seit Jahren sind die Unfallzahlen rückläufig, weil der Stand der Sicherheitstechnik hoch ist und weil oder obwohl mehr als 40.000 Vorschriften rund um den Bau und Betrieb von Chemieanlagen berücksichtigt werden müssen. Die ACHEMA 97 steht nicht zuletzt im Zeichen der Sicherheit, wie das internationale Kolloquium „Anlagensicherheit

5   in der chemischen Industrie" unterstreicht. Zahlreiche Aussteller zeigen Neuerungen in der Sicherheitstechnik und in der Schadensbegrenzung. Durch alle Bereiche der chemischen Produktion – von der Mitarbeiterschulung bis zur sicheren Beherrschung von Unfällen – zieht sich der Leitgedanke „Sicherheit" wie ein roter Faden. Erfreuliches Resultat dieses hohen Sicherheitsbewusstseins ist die Tatsache, dass die Zahl der Arbeitsunfälle im ersten Halbjahr 1996 um knapp 12 % im

10   Vergleich zum entsprechenden Vorjahreszeitraum zurückging. Dabei bezieht sich dieser Rückgang auch auf Arbeits- und Wegeunfälle. Berücksichtigt man nur die chemietypischen Unfälle, so ist der Rückgang noch deutlicher.

Zeitvorgabe
10 Minuten

Training Zertifikat Deutsch für den Beruf: Ein Radiointerview

Sie hören das Interview einmal ganz, dann in fünf Abschnitten. In der Pause zwischen den Abschnitten sollen Sie ankreuzen, ob Sie das im Text gehört haben („Ja") oder nicht („Nein").

		Ja	Nein
1	Der Reporter bezweifelt, dass es vernünftig ist, Arbeitskleidung zu mieten.	☐	☐
2	Es dauert recht lange, bis ein neuer Mitarbeiter seine Arbeitskleidung bekommt.	☐	☐
3	Frau Regner hält die Zuverlässigkeit für noch wichtiger als die Qualität.	☐	☐
4	Frau Regner sagt, dass ihre Firma konkurrenzlos preiswert ist.	☐	☐
5	Der Reporter fragt, ob die Mitarbeiter die Arbeitskleidung nach Haus mitnehmen dürfen.	☐	☐
6	Der Reporter behauptet, dass gemietete Arbeitskleidung oft nicht richtig passt.	☐	☐
7	Der Umtausch von Kleidungsstücken ist kostenlos.	☐	☐
8	Die Arbeitskleidung kauft Frau Regner bei einem größeren Textilfachgeschäft.	☐	☐
9	Kleidungsstücke, die der Kunde im Moment nicht braucht, kann er bei sich lagern.	☐	☐
10	Die Miete für die Arbeitskleidung wird monatlich gezahlt.	☐	☐

(Pro richtiger Lösung 2 Punkte, maximal 20 Punkte)

Punktzahl: ____/20 Punkte

Zeitvorgabe
30 Minuten

Training Zertifikat Deutsch für den Beruf: Geschäftsbrief

> Zur Wiederholung der Grammatik: Seite 127–159

Verfassen Sie ein Antwortschreiben. Verwenden Sie dabei die Textbausteine 1 bis 8, soweit sie passen. Ihr Antwortschreiben soll alle nebenstehenden Stichpunkte enthalten. An zwei Stellen müssen Sie selbst formulieren.

Zenker
Zocher OHG
Beratung · Installation · Wartung
Berger Weg 45 · 60389 Frankfurt/Main
Telefon 069/821 46 46 · Fax 069/ 821 46 52

```
Firma Permacor Elektronik AG
Vertrieb: Herrn Doelle
Postfach 10 02 04
50 231 Köln

                                    28.1.1998

Ihr Angebot Nr. 0101830 vom 12.11.97; Auftrag Nr. 02468

Sehr geehrter Herr Doelle,

wir danken Ihnen für Ihr o.g. Angebot und bestellen
- 20 Kontrolleinheiten MZ 202, Best.Nr. 0030001, zum
  Einzelpreis von DM 1 650,- zzgl. 15 % MwSt.
- Installations-Zubehör für 20 Kontrolleinheiten MZ 202
  entsprechend Ihrem Katalog S. 14 zum Einzelpreis von
  DM 122,-
zu den in Ihrem Angebot genannten Zahlungs- und Liefer-
bedingungen. Bitte bestätigen Sie diesen Auftrag umge-
hend.
Wir hoffen auf termingerechte Lieferung und danken Ihnen
für Ihre Bemühungen im Voraus.

Mit freundlichen Grüßen

Zenker

C. Zenker
Geschäftsführer
```

Stichpunkte für Ihr Antwortschreiben:
– unser Angebot nur bis 31.12.97 gültig
– Einzelpreis MZ 202 DM 1 720,-
– Vorschlag: Installationszubehör zum alten Preis
– Zahlung innerhalb von 10 Tagen ohne Abzug
– Lieferfrist verlängert auf 4 Wochen
– neue Preisliste 1998 anbei

1 Sehr geehrte ...

2 Vielen Dank für Ihre Bestellung vom ...

3 Mit freundlichen Grüßen

4 Leider haben Sie übersehen, dass ...

5 Um Ihnen entgegenzukommen, schlagen wir
Ihnen Folgendes vor: ...

6 Der Rechnungsbetrag ist innerhalb von ... ohne
Abzug zahlbar.

7 Als Liefertermin schlagen wir Ihnen den ... vor.

8 In der Anlage erhalten Sie ...

(Pro Stichpunkt 2,5 Punkte, maximal
15 Punkte)   Punktzahl: ____/15 Punkte

Menschen bei Allweiler: Adolf Wiest, Vorsitzender des Betriebsrats

Adolf Wiest erzählt:

Geboren bin ich in Oberopfingen, einem kleinen Dorf im Allgäu, nicht weit von Kirchdorf. Dort entstand in der Nachkriegszeit die Firma Liebherr Hydraulik und Bagger, heute ein Weltkonzern. In Dialog Beruf 1, Lektion 10 haben Sie ja darüber berichtet. Also, bei diesem Liebherr machte ich meine Lehre als Maschinenschlosser. Mit dem ersten verdienten Geld erfüllte ich mir einen Jugendtraum, ein kleines Motorrad. Mein älterer Bruder arbeitete damals im Radolfzeller Milchwerk, und ich besuchte ihn einmal in Radolfzell. Ich wollte mich sowieso beruflich verändern. Und als er mir sagte: „Geh doch mal hier zum Allweiler. Die suchen Leute.", da ging ich einfach hin. Das war 1957 und seitdem arbeite ich bei Allweiler, nun schon seit 40 Jahren. Der Arbeitskräftemangel in dieser Zeit des Wirtschaftswunders war enorm. Als Facharbeiter wurde man überall mit offenen Armen empfangen. In Radolfzell habe ich geheiratet. Hier wurden unsere vier Kinder groß. Sie

sind heute 38, 36, 34 und 27 Jahre alt und haben selbst schon Kinder. Nächstes Jahr werde ich 63. Dann gehe ich in den Ruhestand. Ich freue mich darauf, mehr Zeit für meine Hobbys zu haben: für die Familie, für den Garten und fürs Fahrradfahren. Das sind nämlich meine Hobbys ... und die Politik auch, die hätte ich beinahe vergessen. Ich bin Mitglied in der SPD.

Adolf Wiest ist schon seit über 40 Jahren Mitglied in der Industriegewerkschaft Metall. Seit 1965 ist er Mitglied, seit 1988 Vorsitzender des Betriebsrats. Laut Betriebsverfassungsgesetz sind in Betrieben mit einer Größe von 1 001 bis 2 000 Mitarbeitern drei Mitarbeiter für die Betriebsratstätigkeit freigestellt. Adolf Wiest vertauschte also die Werkbank mit dem Schreibtisch. Die Unternehmensleitung muss Maßnahmen, die die Interessen der Mitarbeiter berühren, vorher mit dem Betriebsrat abstimmen. Die Mitbestimmungs- und Mitwirkungsrechte des Betriebsrats sind im Betriebsverfassungsgesetz geregelt.

Herr Wiest, wie sicher sind die Arbeitsplätze bei Allweiler?
Ziemlich sicher. Mit der Einführung der 35-Stunden-Woche sind bei Allweiler neue Arbeitsplätze entstanden. Und weitere werden entstehen. Der Betriebsrat hat darauf geachtet, dass die Arbeit nicht in Form von Überstunden verteilt wurde, sondern dass neue Leute eingestellt wurden.
Also ist die Arbeitslosigkeit kein Thema für Sie?
Vielleicht kein Thema, aber eine Aufgabe für uns alle. Egal, ob wir Arbeit haben oder nicht. Gerade wenn wir Arbeit haben, ist es eine Aufgabe.
Und wie können wir diese Aufgabe meistern?
Zunächst einmal müssen wir akzeptieren, dass Arbeitsplätze in den Unternehmen nur entstehen, wenn es sich für die Unternehmen rentiert. Wir müssen die Arbeitszeit weiter verkürzen und gemeinsam – Arbeitgeber und Arbeitnehmer – einen gerechten Ausgleich finden. Das bedeutet Opfer auf beiden Seiten. Vor allem aber müssen wir die Leistungsfähigkeit unserer Kommunen erhalten, also Infrastruktur, Ausbildung, Kulturangebote, öffentliche Sicherheit. Wir dürfen jetzt nicht abbauen, was wir in 50 Jahren aufgebaut haben.

Anfrage des Kunden

↓

interne Besprechung der Angebotsstrategie

↓

Angebot

↓

Verhandlungen

↓

Auftrag

↓

Auftragsbestätigung

↓

← **Auftragsabwicklung** →

Auftragsbezogene Konstruktion
Pumpengehäuse zusammenschweißen

Teile bereitstellen
Teile bearbeiten

↓

Beschichtung

Montage

Tragfähigkeit 1000 kg

interner Probelauf

Abtransport der fertigen Pumpen

↓

Endabnahme in Anwesenheit des Kunden

↓

Lackierung

↓

Verpackung und Versand

1. Reisevorbereitung

Sie wollen mit dem Zug nach Basel fahren und dort drei Tage bleiben. Ihre Reisevorbereitung umfasst folgende Tätigkeiten:

░░░░ Geld umtauschen ░░░░ Hotelzimmer reservieren ░░░░ Fahrkarte kaufen ░░░░ Fahrplan studieren ░░░░ Koffer/Tasche packen ░░░░ sich ein Programm für den Aufenthalt überlegen ░░░░ Stadtinformation besorgen ░░░░ Abfahrtszeit festlegen ░░░░ ...

a) Tragen Sie ein, wann/wo/wie Sie die Reisevorbereitungen treffen.

Mittwoch	Donnerstag	Freitag	Samstag	Sonntag	Montag
	Hotelzimmer reservieren ↑ *vom Büro aus anrufen*				*Abfahrt* ↑ *Düsseldorf mit dem Zug*

b) Was ist am Freitag Abend erledigt? Was muss bis zur Abfahrt noch erledigt werden?

c) Tragen Sie Ihre Planung vor.

> *Ich reserviere ein Hotelzimmer, indem ich vom Büro aus anrufe. Am Freitag*

2. Personalanstellung

Sie suchen eine neue Büromitarbeiterin. Arbeiten Sie zu dritt.

a) Tragen Sie ein, was Sie wann/wo/wie bis zum Dienstantritt zu Beginn der 16. Woche tun müssen.

Schritte einer Personalanstellung:

░░░░ Stellenanzeige ░░░░ Durchsicht der Bewerbungen ░░░░ Zusage ░░░░ Stellenbeschreibung ░░░░ Absage ░░░░ Einladung zum Vorstellungsgespräch ░░░░ Eignungstest ░░░░ ...

| 1. | 2. | 3. | 4. | 5. | 6. | 7. | 8. | 9. | 10. | 11. | 12. | 13. | 14. | 15. | 16. Woche |

b) Was haben Sie am Ende der 10. Woche erledigt? Was muss in der restlichen Zeit erledigt werden?

c) Holen Sie die Zustimmung des Betriebsrats ein, indem Sie folgendes Formular ausfüllen.

Anhörung des Betriebsrats vor einer Einstellung   gemäß § 99 BetrVG

Sehr geehrte Damen und Herren des Betriebsrats,

wir beabsichtigen mit Wirkung vom _____
folgende Einstellung als _____ vorzunehmen:

Name, Vorname _____   Letzte Stelle bei _____
Geburtsdatum _____   Art der Anstellung _____
Staatsangehörigkeit _____   Gehalt monatlich _____

Die Bewerbungsunterlagen der ersten drei Bewerber/innen erhalten Sie mit der Bitte um Rückgabe nach Kenntnisnahme. Der Betriebsrat wird um Stellungnahme gebeten.

3. Stand des Japan-Auftrags

a) Über welche Projektschritte sprechen Herr Blank und Herr Liesem?
b) Wie war die neue Planung für diese Schritte in Lektion 6, Übung 11?
c) Welche Termine wurden eingehalten? Wo gibt es einen Planungsrückstand?
d) Kennzeichnen Sie auf der Zeitleiste den Tag, an dem das Gespräch stattfindet („Stichtag"), und tragen Sie die Projektschritte in die Zeitleiste ein.

| Di | Mi | Do | Fr | Mo | Di | Mi | Do | Fr | Mo | Di | Mi | Do | Fr | Mo |

Beginn Montage SNH 2200

4. Teilschritte

verbal	nominal
▨ Stellenanzeige veröffentlichen ▨ eingegangene Bewerbungen durchsehen ▨ Kandidaten für Vorstellungsgespräche auswählen ▨ den nicht berücksichtigten Bewerbern absagen ▨ Vorstellungsgespräche durchführen ▨ sich für einen Kandidaten entscheiden ▨ Betriebsrat einschalten ▨ den Arbeitsvertrag ausstellen ▨	▨ die Erstellung des Fertigungsplans ▨ die Fertigung der Pumpeneinsätze ▨ die Herstellung der Gehäuse ▨ die Übergabe der Teile an die Montage ▨ die Montage der Pumpen ▨ die Durchführung des Probelaufs ▨ die Abnahme der Pumpen durch den Kunden ▨ die Lackierung der Pumpen ▨ der Versand ▨

Nennen Sie die Teilschritte wie in der Übersicht.

Zuerst erfolgt die ...
Nach der ... erfolgt die ...
Vor der ... erfolgt die ...

Zuerst wird ...
Nachdem ... , wird/werden ...
Bevor ... , wird/werden ...

Zuerst erfolgt die Veröffentlichung der Stellenanzeige.

Nachdem die Stellenanzeige veröffentlicht worden ist, werden ...

5. Sprechübungen

a) ○ *Denken Sie an die Veröffentlichung der Stellenanzeige.*
○ *Die Stellenanzeige zu veröffentlichen, das vergesse ich bestimmt nicht.*

b) ○ *Denken Sie daran, die Stellenanzeige zu veröffentlichen.*
○ *Die Veröffentlichung der Stellenanzeige vergesse ich bestimmt nicht.*

6. Sie planen ein Projekt.

Sie sollen die Betriebskantine neu möblieren: Planen Sie die Teilschritte in der Reihenfolge. Erstellen Sie eine Zeitleiste. Sie können in Ihrer dreiköpfigen Arbeitsgruppe auch die Planung eines anderen Projekts vereinbaren. Berichten Sie nach etwa zehnminütiger Arbeitszeit dem Plenum oder einer anderen Arbeitsgruppe. Stellen Sie Ihre Projektplanung zur Diskussion.

7. Unbekannte Wörter kann man sich erarbeiten.

a) Übungsbeispiel: **Planungsrückstand** (aus Übung 3 b). Erarbeiten Sie sich das Wort zu zweit.

So kann man vorgehen:	Beispiele:	So kann man das formulieren:
1 Zu welcher Wortart gehört das Wort ...?	Nomen, Verb, Adjektiv/ Adverb	*Bei dem Wort ... handelt es sich um ein ...*
2 Aus wie vielen Bestandteilen setzt sich das Wort ... zusammen?	einem, zwei, drei, ...	*Das Wort ... besteht aus ... Bestandteilen.*
3 Aus welchen Teilen ... setzt sich das Wort ... zusammen?	-ung, zurück-, halb-, Teil-, -fertig-, Arbeits-, ...	*Das Wort ... setzt sich aus folgenden Teilen zusammen: erstens ..., zweitens ..., drittens ...*
4 Von welchen Bestandteilen des Wortes ... kennen Sie die Bedeutung bzw. die Funktion?		*Die Bedeutung der Wortbestandteile ... und ... ist mir bekannt. Die Bedeutung des Wortbestandteils ... kenne ich nicht.*
5 In welchem Kontext steht das Wort ...?		*Das Wort steht in folgendem Kontext: ...*
6 Geben Sie den thematischen Zusammenhang noch genauer an, wenn sie können.	Technik: Maschinen, Arbeitsorganisation, Arbeitssicherheit, ...	*Ich vermute, dass das Wort ... etwas mit ... zu tun hat und zwar mit ...*
7 Wo könnte man das Wort ... hören oder lesen?	in der Zeitung, in einem Fachbuch, im Radio, im Fernsehen, ...	*Das Wort ... könnte man im/in einem/in der ... lesen/hören.*
8 Wenn Sie glauben, dass das Wort ... auch im Betrieb vorkommen kann, in welchem Bereich würde es vorkommen? Eher im kaufmännischen oder eher im technischen Bereich?		*Meiner Meinung nach würde das Wort eher im ... Bereich vorkommen.*
9 Raten Sie die Bedeutung des Wortes ... Fragen Sie andere Kursteilnehmer und zuletzt Ihren Lehrer/ Ihre Lehrerin. Suchen Sie das Wort oder den unbekannten Bestandteil des Wortes im Wörterbuch.		*Ich bin der Meinung, dass das Wort ... so viel wie ... bedeutet. Was meinen Sie?*
10 Überlegen Sie, ob Sie das Wort lernen wollen.		*Das Wort ... ist für mich (un)wichtig. Deshalb lerne ich es (nicht).*

b) Erarbeiten Sie sich zu zweit das eine oder andere Wort aus der nachfolgenden Übung 8.

c) Erarbeiten Sie sich zu zweit das eine oder andere Wort aus Übung 1 bis 6.

d) Welche höchstens zehn Wörter aus Übung 1 bis 6 möchten Sie lernen oder wiederholen? Begründen Sie Ihre Auswahl.

8. Der Produktionsprozess

a) Die Herstellung eines T-Shirts

| Verkauf | Teile | verpackt | Ware |
| vorgeführt | gefärbt | Stoff |

1 In der Weberei   wird der _____ gewebt.

2 In der Färberei   wird der Stoff _____ .

3 In der Zuschnei-   werden die Teile für die
  derei   Näherei *zugeschnitten*.

4 In der Zutaten-   werden die Knöpfe, Reiß-
  Richterei   verschlüsse usw. angebracht.

5 In der Näherei   werden die _____
             zusammengenäht.

6 In der Qualitäts-   wird die fertige _____
  kontrolle   kontrolliert.

7 Auf Mode-   werden die fertigen Modelle
  schauen   _____ .

8 Im Warenlager   wird die fertige Ware bis zum
             _____ gelagert.

9 Im Versand   wird die bestellte Ware
             _____ und verschickt.

b) Die Herstellung einer Pumpe

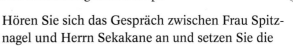

Hören Sie sich das Gespräch zwischen Frau Spitznagel und Herrn Sekakane an und setzen Sie die
fehlenden Wörter ein.

1 Gießerei   Gießen von Rohlingen

2 Schweißerei   _____ der
         Pumpengehäuse

3 Teilelager   Bereitstellung der auftrags-
         bezogenen Teile

4 Fertigung   _____ der Teile

5 Härterei   _____ der
         fertigen Teile

6 Montage   _____ der Pumpe

7 Prüfstand   Leistungskontrolle der
         Pumpe

8 Lackiererei   Auftrag eines farbigen
         Oberflächschutzes

9 Versand   _____ der Pumpe
         und _____

9. Sprechübung

○ *Und hier werden die Rohlinge gegossen.*
○ *Dann ist das die Gießerei.*

10. Was wird wo gemacht?

Arbeiten Sie zu zweit. Beschreiben Sie einen Produktionsablauf (z.B. Herstellung eines Tisches, einer Pumpe, ...)
oder die Abwicklung eines Geschäftsfalles (z.B. Auftragsabwicklung), indem Sie angeben, was wo gemacht wird.
Wenn Ihr Zuhörer ein Wort nicht versteht, so soll er es sich wie in Übung 7 erarbeiten.

11. Probieren geht über Studieren.

a) Was kann man ...?

probieren	anprobieren	ausprobieren	Probe fahren	Probe laufen lassen
ein Getränk, eine Wurst, ...	*einen Mantel, ein Paar Schuhe, ...*	*ein Gerät, einen Bürostuhl, ...*	*ein Auto, ein Fahrrad, ...*	*einen Generator, eine Pumpe, ...*

b) Was tut man, wenn man ...?

probieren	*Man trinkt mal einen Schluck davon. - Man kauft mal eine kleine Menge davon. - ...*
anprobieren	*Man zieht ihn mal an. - Man schlüpft mal hinein. - ...*
ausprobieren	*Man arbeitet mal damit. - Man setzt sich mal drauf. - ...*
Probe fahren	*Man fährt mal ein paar Kilometer. - Man fährt mal eine halbe Stunde damit. - ...*
Probe laufen lassen	*Man schaltet ihn mal ein. - Man lässt sie mal auf dem Prüfstand laufen. - ...*

c) Was will man erreichen, wenn man ...?

Man will sehen/feststellen/prüfen, ...

probieren	*... wie das Getränk schmeckt. - ..., ob die Wurst gut ist. - ...,*
anprobieren	*..., wie der Mantel einem steht. - ..., ob die Schuhe bequem sind. - ...,*
ausprobieren	*..., wie das Gerät funktioniert. - ..., ob man auf dem Bürostuhl gut sitzt. - ...,*
Probe fahren	*..., wie schnell das Auto fährt. - ..., ob der Motor laut ist. - ...,*
Probe laufen lassen	*..., bei wie viel Umdrehungen der Generator die volle Leistung bringt. - ..., wie hoch der Körperschall ist. - ...,*

d) Sprechen Sie über den ganzen Vorgang.

Ich möchte einen Mantel anprobieren. Ich ziehe ihn mal an.
Ich möchte sehen, wie er mir steht.

Wenn ich einen Bürostuhl ausprobieren will, setze ich mich mal drauf, um zu sehen, ob man gut darauf sitzt.

12. Eine Pumpe auf dem Prüfstand

a) Was wird auf dem Prüfstand kontrolliert und was wird gemessen?

b) Wie wird das Mess-Ergebnis dokumentiert?

c) Welcher Zwischenfall tritt ein?

d) Welche Folge hat der Zwischenfall?

13. Sprechübung

○ *Gefällt Ihnen das Fahrrad?*
○ *Ja, aber ich würde es gern mal Probe fahren.*

probieren   ausprobieren   anprobieren
Probe fahren   Probe laufen lassen

14. Ein Gespräch mit dem Verkäufer

Machen Sie Rollenspiele wie im Dialogschema.

▷ *Ich möchte mir diesen/dieses/diese ... mal ansehen.*

▷ *Bitte sehr. (Kurze Pause.) Haben Sie sich schon entschieden?*

▷ *Ja, ich glaube, ich nehme den/das/die ... (doch nicht).*

▷ *Nein, noch nicht.* | *Können Sie den/das/die ... mal Probe laufen lassen? Kann ich den/das/die ... mal* | *probieren? anprobieren? ausprobieren? Probe fahren?*

▷ *Eigentlich ist es nicht üblich, ... zu ...*

▷ *Ja, gern. (Kurze Pause.) Nehmen Sie den/das/die ...?*

▷ *Dann will ich mir die Sache noch mal überlegen.*

▷ *Ach so. Na ja, ich glaube, ich nehme den/das/die ... trotzdem.*

▷ *Ich glaube, mit dem/der ... ist etwas nicht in Ordnung.*

▷ *Ja, ich nehme den/das/die ...*

▷ *Nein, ich glaube, ich nehme den/das/die ... doch nicht.*

▷ *Das lasse ich reparieren/in Ordnung bringen. Das ist normal/nicht so schlimm.*

▷ *Vielleicht* | *probieren Sie diese_ ... mal. probieren Sie diese_ ... mal an. probieren Sie diese_ ... mal aus. fahren Sie diese_ ... mal zur Probe. lasse ich diese_ ... mal Probe laufen.*

▷ *Ach nein, ...*

▷ *Gut, dann ...*

15. Heute ist Freitag, der 5. September. Es ist 10.00 Uhr.

a) Was hätte früher erledigt werden müssen? Was hätte später erledigt werden können? Was wurde zum richtigen Zeitpunkt erledigt?

A Die Ware ist zur Auslieferung bereit.	B Der Kundenbesuch in Heidelberg findet am Montag statt.	C Die Pumpen gehen heute vom Prüfstand.

Das ist geschehen:

• Richtigkeit anhand des Lieferscheins überprüfen • Spedition bestellen • Qualität der Waren prüfen • Lieferung avisieren • Auftrag bestätigen • Rechnung schreiben	• Reservierung eines Hotelzimmers • Kauf einer Fahrkarte • Aktenstudium • Ankündigung des Besuchs • Unterlagen zurechtlegen	• Lackiererei verständigen • Rechnung schreiben • die Bank nach dem Akkreditiv fragen • dem Kunden Zertifikate zuschicken • den Kunden wegen eines Abnahmetermins anrufen

Der Auftrag hätte früher bestätigt werden müssen.

Die Fahrkarte hätte man noch später kaufen können

Die Rechnung wurde zum richtigen Zeitpunkt geschrieben.

b) Nennen Sie Tätigkeiten, die auf jeden Fall hätten früher erledigt werden müssen.

Der Auftrag hätte früher bestätigt werden müssen.
Je früher ein Auftrag bestätigt wird, umso besser ist es.

Der Besuchstermin hätte früher angekündigt werden müssen. Je früher ...

16. Eigentlich hat alles gut geklappt.

Hören Sie, was Frau Spitznagel über den weiteren Ablauf sagt, und ergänzen Sie die Liste der Tätigkeiten A, B und C.

A Schon erledigt:
   die Bank nach dem Akkreditiv fragen

B Muss heute erledigt werden:
   der Lackiererei den Termin bestätigen

C Hat noch Zeit:

17. Je ..., umso ...

Hören Sie sich das Gespräch zwischen Herrn Bernhardt und Herrn Sekakane aus Übung 12 noch einmal an.
Ergänzen Sie die Äußerungen links und die Regeln rechts.

a) Es ist wichtig, dass wir eine große Kupplung anlegen, damit die Pumpe möglichst wenig vibriert.

Je größer die Kupplung ist, umso weniger vibriert die Pumpe.

b) Wenn die Pumpe nicht ganz präzis gearbeitet ist, dann gibt es eine mehr oder weniger starke Vibration.

Je schwächer _____ ,
umso geringer _____ .

c) Wenn _____ steigt, verstärkt sich die Vibration.

Je höher die Drehzahl, umso _____ .

d) Und das ist auf die Dauer für die Pumpe _____ .

Je stärker die Vibration, _____
_____ .

e) Das _____ die Lebensdauer.

_____ , umso kürzer _____
_____

f) Das macht auch die Leistung schlechter.

_____

g) Unsere Pumpen werden sehr präzis gefertigt. Deshalb ist die Vibration gering.

Je präziser eine Pumpe _____
_____

h) Wenn _____
_____ .

Je schneller die Fehlerursache gefunden wird, umso schneller ist die Pumpe wieder zurück.

18. Sprechübungen

a) ○ *Je selbstständiger ein Mitarbeiter ist, umso erfolgreicher arbeitet er.*
   ● *Ein selbstständiger Mitarbeiter arbeitet immer erfolgreich.*

b) ○ *Ein selbstständiger Mitarbeiter arbeitet immer erfolgreich.*
   ● *Das stimmt. Je selbstständiger ein Mitarbeiter ist, umso erfolgreicher arbeitet er.*

 19. Erinnern Sie sich noch?

Wer hat das wohl gesagt? Sprechen Sie darüber in der Gruppe.
Suchen Sie den Zusammenhang in den Lektionen 2 bis 8.

Text	Person	in Lektion ..., Übung ...	Text	Person	in Lektion ..., Übung ...
1	*Herr Bernhardt*	*Lektion 8, Übung 12*	7	*Frau Martin*	*Lektion 5, ...*
2			8		
3			9		
4			10		
5		*Lektion 7, Übung 3*	11		
6			12	*Herr Leiber*	*Lektion 2, Übung 17*

Dass Herr Sekakane ziemlich erschrocken ist, als eine Pumpe in die Montage zurück musste, das hat meiner Meinung nach Herr Bernhardt gesagt. In Lektion 8, Übung 12 erklärt er nämlich Herrn Sekakane den internen Probelauf.

Training Zertifikat Deutsch für den Beruf: Leseverstehen

Vergleichen Sie den Text des Interviews mit den unten stehenden Aussagen.

Stimmen die Aussagen mit dem überein, was Herr Norum sagt oder nicht? Kreuzen Sie „Ja" oder „Nein" an.

	Ja	Nein
1 Es ist nicht so schlimm, dass Allweiler in einem so harten Preiskampf steht.	☐	☐
2 Allweiler verkauft die besten und billigsten Pumpen weltweit.	☐	☐
3 Allweiler besitzt weit über 70 Verkaufsbüros weltweit.	☐	☐
4 Die Allweiler-Repräsentanten sind in erster Linie Kaufleute.	☐	☐
5 Der Preis ist nicht das wichtigste Thema im Verkaufsgespräch.	☐	☐
6 Im vorigen Jahr trafen sich die Allweiler-Repräsentanten zu einer Konferenz.	☐	☐
7 Bei Allweiler ist der Einmalkunde nicht sehr willkommen.	☐	☐
8 Allweiler hat zu wenig Neukunden und zu viele Altkunden.	☐	☐
9 Allweiler hat sich früher zu wenig um seine Lizenznehmer gekümmert.	☐	☐
10 Allweiler kann in seine Joint-Venture-Partner nicht mehr so viel Zeit investieren.	☐	☐

(Pro richtiger Lösung 2 Punkte, maximal 20 Punkte)

Punktzahl: ____/20 Punkte

Gespräch mit dem Leiter des Vertriebs Übersee und Fernost der Allweiler AG Radolfzell, Herrn Norum

Herr Norum, kann man sagen, dass Allweiler unter Preisdruck seht? Oder wie ist das?
N: Dass wir im Preiskampf stehen, das ist nicht weiter aufregend. Das geht anderen auch nicht anders. Für uns steht fest, dass wir unser Produkt nicht über den Preis verkaufen können nach dem Motto. „Seht mal her, liebe Kunden, wir haben die beste und billigste Pumpe der Welt!" Für bestimmte Anwendungen haben wir die beste, aber nicht zu Ausverkaufspreisen. Wir sind auf dem Weltmarkt nicht wegen, sondern trotz unserer Preise erfolgreich.
Und wie machen Sie das?
N: Nun, in unserer Sparte sind wir der anerkannte Qualitätsmarktführer. Aber das reicht nicht. Immer öfter stellt uns der Kunde eine Aufgabe und wir lösen sie mit ihm gemeinsam. Und dabei setzen wir natürlich auch unsere Produkte ein. Unsere Verkaufsrepräsentanten in rund 70 Ländern – und in manchen Ländern sind wir mehrfach vertreten, in Japan zum Beispiel dreimal, also haben wir viel mehr Verkaufsbüros weltweit –, also diese Verkaufsrepräsentanten sind überwiegend Ingenieure. Kaufleute sind sie im Zweitberuf. Sie sind die Partner unserer Kunden – zunächst einmal als fachliche Gesprächspartner. Das haben wir auf der letztjährigen Weltkonferenz unserer Vertreter hier in Radolfzell klar herausgearbeitet.
Sie suchen also über den Kundenkontakt hinaus die Kundenbindung.
N: Wir freuen uns über jeden Abnehmer, aber mittelfristig soll er unser Kunde werden und langfristig unser Partner. Das schnelle Einmalgeschäft ist nicht unsere Sache. Wir verstehen uns als ein traditionsreiches, bodenständiges Unternehmen mit Zukunft. Zukunft hat man im hochspezialisierten Maschinenbau nur, wenn der Abnehmer zum Kunden wird. Deshalb reden wir mit unserem Kunden nicht nur über Preise und nicht einmal in erster Linie über Preise, sondern über eine kreative und wirtschaftliche Lösung für seine Aufgabenstellung und über eventuelle Hilfestellung bei der Montage und Inbetriebnahme vor Ort und über unseren hundertprozentigen Kundendienst. Das sind unsere Themen.
Sie wollen also den heutigen, den morgigen und den übermorgigen Auftrag.
N: Was ich da gesagt habe, das gilt nicht nur für das Auftragsgeschäft. Das gilt auch gegenüber unseren Lizenznehmern und unseren Partnern in Joint Ventures. Es gibt nämlich Märkte, riesige Märkte, die wir von Deutschland aus wirklich nur im Ausnahmefall beliefern können, denn dort fehlt das Geld für den Bezug von Investitionsgütern aus Hochpreisländern, zu denen wir nun einmal gehören. Denken Sie nur an die Länder des ehemaligen Ostblocks und an China. Da müssen wir mit mehr Geduld und Sorgfalt als früher unsere Partner aussuchen und für uns gewinnen. Das geht nur, wenn das Vertrauen da ist. Und um das aufzubauen, braucht es Zeit und noch mal Zeit.
Haben Sie die?
N: Ach, wissen Sie, wer keine Zeit für seine Zukunft hat, der hat keine Zukunft. So einfach ist das.
Vielen Dank, Herr Norum, für dieses Gespräch.

Training Zertifikat Deutsch für den Beruf: Ein Telefongespräch

Zeitvorgabe 10 Minuten

Füllen Sie nach dem ersten Hören die Telefonnotiz aus. Danach hören Sie das Telefongespräch zur Kontrolle noch einmal.

> Zur Wiederholung der Grammatik: Seite 127–159

Name des Anrufers: *Herr Kurosawa, Michiko Engineering*
Datum, Zeit: *Dienstag, 16. Sept. 97*

Herr K. dankt für die sehr gute Abwicklung des *Pakistan-Auftrags* . Er hätte gern einen Termin für ein
_____ mit Ihnen. Es geht dabei um einen möglichen weiteren _____. Er fliegt
_____ vom Flughafen _____ nach _____. In den nächsten
beiden Tagen ist er geschäftlich in _____. Ich habe ein Treffen in Köln im Hotel
_____ morgen um _____ Uhr vereinbart. Sie können Herrn K. jederzeit über
sein Handy unter der Nummer 0172/_____ erreichen. Bitte bringen sie eine aktuelle
_____ mit.

R. Spitznagel

(Pro richtiger Lösung 2 Punkte, maximal 20 Punkte)

Punktzahl: ____/20 Punkte

Training Zertifikat Deutsch für den Beruf: Wortschatz

Zeitvorgabe 10 Minuten

Welches Wort passt in die Lücke: A, B oder C? Kreuzen Sie an.

Generationswechsel bei Silberhorn Sanitär- und Heizungsgroßhandel

Nach vier Jahren ___1___ der Führung der Mannesmann Haustechnik GmbH – einem Tochterunternehmen der Mannesmann AG in Düsseldorf – stand bei dem 1931 ___2___ Augsburger Sanitär- und Heizungsgroßhandel Franz Silberhorn GmbH & Co. KG Augsburg eine ___3___ Veränderung bevor. Mit dem ___4___ der Altersgrenze und fünfzig Jahren Firmenzugehörigkeit ging Geschäftsführer Helmut Sonntag in ___5___. Seine beiden ___6___ sind Kurt Baumgärtner und Hans-Helmut Steinweg. Baumgärtner kümmert sich als ___7___ der Geschäftsführung vornehmlich um den Vertrieb, ___8___ Steinweg die Verantwortung für Datenverarbeitung und Finanzen ___9___ wird. Mit der Aufteilung der Führungsaufgaben ___10___ das Unternehmen, seine Position im Wirtschaftsraum Augsburg ___11___ und die derzeit 160 Arbeitsplätze ___12___. Hierzu sollen der ___13___ Ausbau der technischen Kompetenz, ein ___14___ Logistikangebot und eine kundenorientierte Informationstechnologie ___15___.

1	A mit	**5**	A das Jubiläum	**9**	A unternehmen	**13**	A verstärkte
	B unter		B den Ruhestand		B aufnehmen		B vergrößerte
	C innerhalb		C die Rente		C übernehmen		C zugenommene
2	A gegründeten	**6**	A Nachfolger	**10**	A beabsichtigt	**14**	A gebessertes
	B begründeten		B Verfolger		B erzielt		B korrigiertes
	C grundlegenden		C Nachkommen		C bewirkt		C verbessertes
3	A verschiedene	**7**	A Vorgesetzter	**11**	A festzusetzen	**15**	A hinzufügen
	B mehrere		B Vorsitzender		B festzustellen		B erweitern
	C weitere		C Vorführer		C zu festigen		C beitragen
4	A Ankommen	**8**	A während	**12**	A sicherzustellen		
	B Vorhandensein		B obwohl		B zu sichern		
	C Erreichen		C dagegen		C zu versichern		

(Pro richtiger Lösung 0,5 Punkte, maximal 7,5 Punkte)

Punktzahl: ____/7,5 Punkte

Menschen bei Allweiler: Johann Engelmann, Leiter der Abteilung Kundendienst

Johann Engelmann erzählt:

Geboren und aufgewachsen bin ich in Gundholzen, einem kleinen Ort auf der Halbinsel Höri, ganz in der Nähe von Radolfzell und nicht weit von der Schweizer Grenze. Mein Vater war Landwirt, und für ihn war klar: Der Johann übernimmt einmal den Hof. Ich aber machte eine Lehre bei Allweiler als Maschinenschlosser, holte die Mittlere Reife und schließlich die Fachhochschulreife nach. Dann musste ich für 15 Monate zur Bundeswehr. Danach konnte ich mein Maschinenbau-Studium beginnen. Ein weiter Weg, den ich im Alter von 26 Jahren mit der Diplomarbeit abschloss. Für einen tüchtigen Ingenieur gab es damals keine Beschäftigungsprobleme. So kam ich ein bisschen durch Zufall wieder zu Allweiler und stieg in recht kurzer Zeit zum Leiter der Abteilung Kundendienst auf. Ich bin jetzt 42 Jahre alt, verheiratet und habe zwei Kinder im Alter von 15 und 13 Jahren.

Johann Engelmanns Handy hat einen festen Platz in seiner Tasche und auf seinem Nachttisch. Die Kunden in aller Welt verlassen sich darauf, dass im Ernstfall innerhalb von 24 Stunden Hilfe da ist. Pumpen sind eben lebenswichtige Teile von lebenswichtigen Anlagen. Im Notfall entscheidet Engelmann in Minutenfrist, ohne klären zu können, wer die Kosten trägt. 25 Monteure, Techniker und Sachbearbeiter gehören zu seiner Gruppe. Alle waren schon weltweit im Einsatz. Die digitale Kameratechnik hat die Fehlerdiagnose sehr vereinfacht. An irgendeinem Punkt der Erde macht der Kunde eine Aufnahme des beschädigten Teils und schickt sie per ISDN auf Engelmanns Bildschirm in Radolfzell.

Und doch sind Katastropheneinsätze keine Seltenheit. Erst kürzlich lag ein voll besetztes Passagierschiff mit defekter Trinkwasser-Aufbereitungsanlage vor der amerikanischen Küste. Engelmanns Monteur flog mit dem benötigten Teil – immerhin 120 kg – an Ort und Stelle, reparierte den Schaden, und die Kreuzfahrt konnte weitergehen. Die Passagiere hatten gar nichts gemerkt.

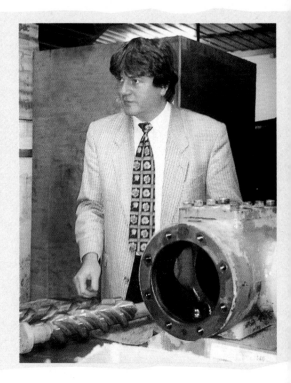

Wissen Sie, dass Ihre Kollegen Ihnen den respektvollen Spitznamen „Engelmann weltweit" gegeben haben?
Ja, natürlich. Allerdings ist das nur die eine Seite. In meinem Heimatdorf Gundholzen habe ich den Boden fest unter den Füßen. Ich fühle auch die Verantwortung für die Familie. Wenn es geht, fahre ich in der Mittagspause heim, um am Tisch zu hören, was es Neues gibt. Wissen Sie, wenn die Kinder etwas zu erzählen haben, dann wollen sie es jetzt erzählen, nicht morgen, wenn ich Zeit habe, sondern genau dann, wenn es für sie wichtig ist.
Für welche Hobbys bleibt da noch Zeit?
Ein bisschen Zeit bleibt für Tennis. Aber fragen Sie mich nicht wann. Ich weiß ja morgens nicht, wo ich abends bin. Das ist aber auch das Schöne an meinem Beruf. Und dazu kommt die Anerkennung der Kunden und der Mitarbeiter. Allweiler ist modern, sehr modern, aber nicht modisch. Die Kunden haben weltweit Vertrauen in uns. In den ersten Jahren war das nicht einfach für mich. Der Kunde erwartet, dass durch mein bloßes Erscheinen die Pumpe wieder zum Laufen kommt. Meine Leute und ich, wir sind keine Zauberer und vollbringen keine Wunder. Ob die Pumpe läuft oder nicht, das hängt von einfachen physikalischen Gesetzen ab. Und diese Gesetze im Einzelfall zu erkennen ist eine wundervolle Aufgabe.

LEKTION 9

Versand

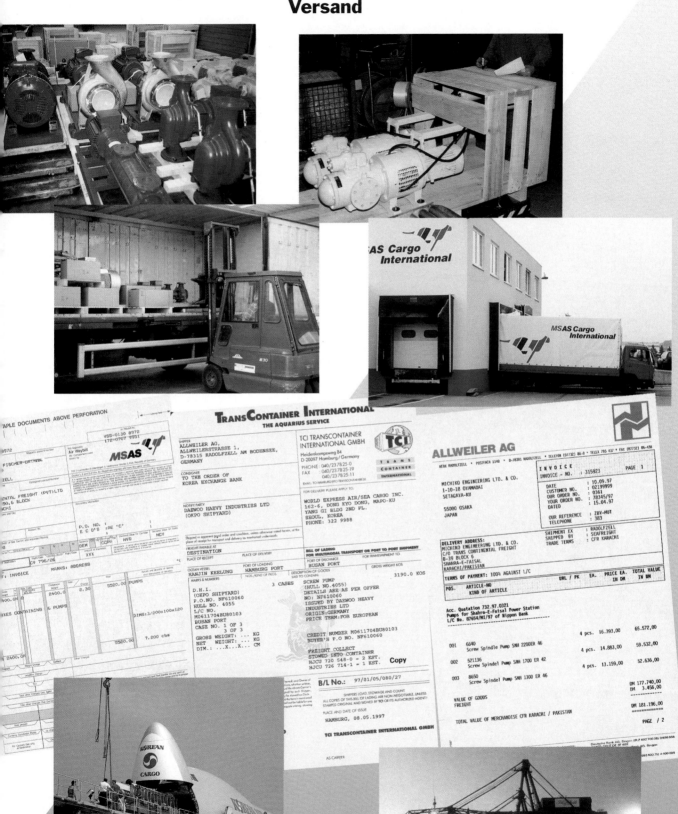

1. Gütertransport

Wie würden
Sie das versenden?

ein dringend benötigtes Ersatzteil für eine Druckmaschine von
Heidelberg nach Spanien

mit dem Lkw oder per Flugzeug?

18 Pumpen von Radolfzell am
Bodensee für ein Kraftwerk nach
Karachi/Pakistan

per Luftfracht oder per Seefracht?

20 000 Kartons Münchner Bier
in Dosen nach Hamburg

mit dem Zug oder mit dem Lkw?

20 Deutsch-Lehrbücher vom
Verlag in München ans Goethe-
Institut Sao Paulo

per Schiff oder ...?

den Umzug einer vierköpf
Familie von Berlin nach
Boston/USA

auf dem Landweg, auf d
Seeweg oder auf dem Luf

300 kg frischen Seefisch
von Island nach Hambu

...?

Verglichen mit dem Luftwe
ist der Seeweg billiger. Aber
frischen Fisch ist der Seewe
zu langsam.

Vergleichen Sie die Transportmöglichkeiten.

Im Vergleich zu_ Verglichen mit	... ist	der Luftweg das Flugzeug die Luftfracht der Transport mit ...	schneller / billiger / sicherer ... langsamer / teurer / ...
Für	frischen Seefisch ...	ist ... zu	langsam. teuer.

2. Spedition MSAS, Moosmann. Guten Tag.

a)   Wie will Allweiler den Karachi-Auftrag versenden? Warum?

b)   Sowohl Frau Moosmann, Spedition MSAS, als auch Frau Menzel, Versand Allweiler, notieren sich die wichtigsten Angaben. Füllen Sie den Notizzettel aus.

Frau Moosmanns Notizzettel:

Anfrage:

Gewicht:

Verpackung:

Abholung:

Zielort:

Ankunft spätestens:

Frau Menzels Notizzettel:

Thema:

Angebot bis:

Preise ca.
- A-Service:
- C-Service:

c)   Frau Menzel sagt: ***Gegebenenfalls hätten***
Sie morgen früh den Versandauftrag.
Was meint Sie damit?

3. Der A-, B- und C-Service

a) Stimmen die angebotenen Preise mit Frau Moosmanns Schätzung überein?

A-Service	B-Service	C-Service
Lkw-Transport zum Rhein-Main-Flughafen Frankfurt	Lkw-Transport zur MSAS-Sammelstelle Kelsterbach bei Frankfurt	Lkw-Transport zur MSAS-Sammelstelle Kelsterbach
Umschlag und Direktflug zum Bestimmungsflughafen Karachi.	Lkw-Transport zum Flughafen Luxemburg	Lkw-Transport zum Flughafen Frankfurt
	Umschlag und Direktflug zum Bestimmungsflughafen Karachi	Umschlag und Flug nach Dubai
		Zwischenlandung, Umschlag, Weiterflug nach Karachi
Preis/kg DM 2,60	Preis/kg DM 2,30	Preis/kg: DM 2,10

b) Bewerten Sie die drei Angebote. Zu Ihrer Hilfe:

So:

Im Vergleich zum	A-Service	ist	der ...-Service ...
Verglichen mit dem	B-Service	erfordert	
	C-Service		

Oder so:

Der A-/B-/C-Service	ist ...er als der ...
	erfordert mehr ... als der ...

◼ kompliziert ◼ viele Umladungen ◼ direkt ◼ Wartezeiten ◼ zuverlässig ◼ einfach ◼ langwierig ◼ viel Zeit ◼ unsicher ◼ schnell ◼ teuer ◼ preisgünstig ◼ riskant ◼ viele Lkw-Fahrten ◼ ...

4. Sprechübung

○ *Was ist preisgünstiger – Luft- oder Seefracht?*

○ *Im Vergleich zu Luftfracht ist Seefracht preisgünstiger.*

5. Versandauftrag

a) Wählen Sie eins der Angebote aus Übung 3. Begründen Sie Ihre Wahl.

b) Schreiben Sie den Versandauftrag. Orientieren Sie sich am nebenstehenden Beispiel.

Die Lieferung geht an:

Michiko Engineering Ltd.
c/o Transcontinental Freight
B-39 Block 6
Shahra-E-Faisal
Karachi 75400
Pakistan

Die leeren Kisten wiegen je 120 kg.

Das Gewicht der Pumpen und andere Daten können Sie Übung 2 entnehmen.

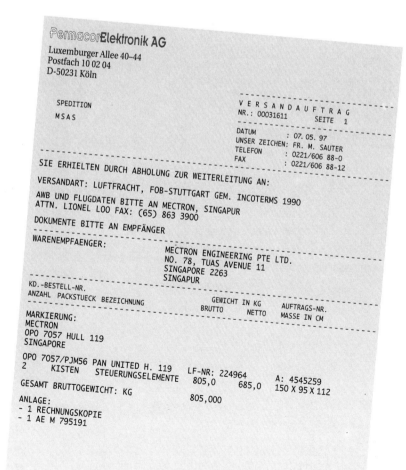

6. Tätigkeiten im Versand

a) Überlegen Sie: Was ist erfolgt? Wie ist der Stand? Was müsste als Nächstes veranlasst werden?

b) *Sobald* und *falls:* Arbeiten Sie in Gruppen. Jeder erklärt einen Schritt des Ablaufs. Sprechen Sie langsam, planvoll und deutlich.

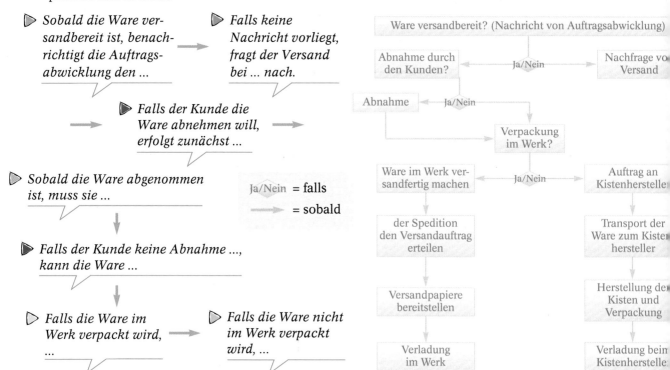

▷ *Sobald die Ware versandbereit ist, benachrichtigt die Auftragsabwicklung den ...*

▷ *Falls keine Nachricht vorliegt, fragt der Versand bei ... nach.*

▷ *Falls der Kunde die Ware abnehmen will, erfolgt zunächst ...*

▷ *Sobald die Ware abgenommen ist, muss sie ...*

Ja/Nein = falls

→ = sobald

▷ *Falls der Kunde keine Abnahme ..., kann die Ware ...*

▷ *Falls die Ware im Werk verpackt wird, ...*

▷ *Falls die Ware nicht im Werk verpackt wird, ...*

▷ *Sobald ...*

▷ *Sobald ...*

Ware versandbereit? (Nachricht von Auftragsabwicklung)

Abnahme durch den Kunden? — Ja/Nein — Nachfrage vo Versand

Abnahme ← Ja/Nein

Verpackung im Werk?

Ware im Werk versandfertig machen — Ja/Nein — Auftrag an Kistenherstelle

der Spedition den Versandauftrag erteilen

Transport der Ware zum Kister hersteller

Versandpapiere bereitstellen

Herstellung der Kisten und Verpackung

Verladung im Werk

Verladung beim Kistenherstelle

Abholung durch Spedition ←

c) Schreiben Sie einen möglichen Ablauf.

7. Welcher Schritt?

a) Zu welchen Schritten im Ablaufdiagramm von Übung 6 gehören die folgenden Fragen und Mitteilungen?

1 *Den schriftlichen Auftrag übergeben wir Ihrem Fahrer. Sind Sie damit einverstanden?*

2 *Wir benötigen sechs Holzcontainer von jeweils 200 cm mal 100 cm mal 120 cm.*

3 *Moment, der Gabelstapler kommt gleich.*

4 *Sind die Pumpen für Michiko versandbereit? Wir haben noch nichts von Ihnen gehört.*

5 *Sind die sechs Kisten abholbereit?*

6 *Nach Karachi? Dann müssen wir noch Trockenmittel dazugeben. Am Indischen Ozean ist es heiß und feucht.*

 b) Welche Schritte aus dem Ablaufdiagramm werden im Telefonat besprochen?

c) Rollenspiel: Wichtige Vorinformationen

▨ Menge ▨ Bestimmungsort ▨ Versandart ▨ Verpackungsart ▨
Holzbehandlung ▨ Maße ▨ Abholtermin ▨ Abnahmetermin ▨
Versandtermin ▨

Stellen Sie Fragen zu den obigen Punkten und geben Sie passende Antworten.

d) Hören Sie sich das Telefonat noch einmal an und notieren Sie die Antworten.

> Menge: 25 Stück
>
> Maße: ...
>
> Abholtermin: ...
>
> ...

8. abholbereit, abfahrbereit, ...bereit

a) Ergänzen Sie die Wörter.

1	abfahren	- *Abfahrt*	- *abfahrbereit*
2	abholen	- *Abholung*	- *abholbereit*
3	abnehmen	- *Abnahme*	-
4	einsetzen	-	- *bereit*
5	liefern	-	-
6	transportieren	-	-
7	übergeben	-	-
8	versenden	-	- *versandbereit*

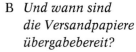

Sprechübungen

b) ○ *Wann werden die Kisten abgeholt?*
○ *Morgen sind sie abholbereit.*

c) ○ *Wann wird die Ware versendet?*
○ *Sobald sie versandbereit ist.*

9. Der Japanauftrag im Rückwärtsgang: Lektion 9 bis Lektion 2

A Verladen
B Versandpapiere übergabebereit
C Versandauftrag erteilen
D Waren versandfertig
E Verpacken
F Verpackung vorbereiten
G Abnahme durch den Kunden erfolgt
H Probelauf durchführen
I Pumpen montieren
J alle Teile am Lager bereitstellen
K Fertigungsauftrag erteilen
L Akkreditiv kommt
M Auftrag geht ein
N Angebot abgeben
O Anfrage

Und wie geht es weiter?

A *Wann kann verladen werden?*

B *Sobald die Versandpapiere übergabebereit sind.*

B *Und wann sind die Versandpapiere übergabebereit?*

C *Sobald der Versandauftrag ...*

C *Und wann ...*

D *Sobald ...*

10. Der Frachtweg

a) Zeichnen Sie die Wege (Übung 3) in die Straßenkarte ein. Tragen Sie Zeiten und Tätigkeiten aus dem Diagramm an den richtigen Stellen ein. Ermitteln Sie ungefähr die Entfernungen.

15.00:
Verladen der Fracht

Transport zur
MSAS-Niederlassung
Villingen-Schwenningen

ca. 17.00:
Ankunft

ca. 17.30:
Erstellen des Frachtbriefs
(Air Waybill) und
Umladen

22.00:
Weitertransport

zwischen 1.30 und 3.00:
Direktanlieferung
bei der beauftragten
Fluggesellschaft

zwischen 1.30 und 3.00:
Anlieferung bei der
MSAS-Sammelstelle
Kelsterbach

Umschlag Lkw –
Flugzeug

am Folgetag:
Zusammenstellen des
Sammel-Containers nach
Karachi

18.00:
Verladen des Sammel-
containers

Transport nach
Luxemburg

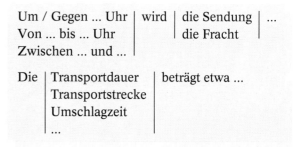

b) Vergleichen Sie das Diagramm mit Übung 3: Wird der A-, B- oder C-Service beschrieben?

c) Beschreiben Sie den Frachtweg.

Um / Gegen ... Uhr	wird	die Sendung	...
Von ... bis ... Uhr		die Fracht	
Zwischen ... und ...			

Die	Transportdauer	beträgt etwa ...
	Transportstrecke	
	Umschlagzeit	
	...	

11. Rückruf bei der Spedition

a) Von welchen zwei Fax-Nachrichten ist im Gespräch die Rede?

b) Für welchen Frachttarif hat sich der Auftraggeber entschieden?

c) Was nimmt der Auftraggeber dabei in Kauf?

d) Warum ist das nicht so schlimm?

e) Wann muss die Sendung spätestens auf dem Zielflughafen eintreffen?

f) Wann trifft sie laut Flugplan ein?

g) Auftragsbestätigung: Was haben Frau Menzel und Frau Moosmann vereinbart?

h) Wie verbleiben Frau Menzel und Frau Moosmann jetzt?

12. Wie wird das berechnet?

a) Sprechen Sie zu zweit. Orientieren Sie sich am Beispiel.

▷ *Wird der Preis nach dem Gewicht berechnet?*
▷ *Ja, je schwerer die Fracht (ist), desto höher ist der Preis.*
▷ *Wird die Luftfracht auch nach dem Volumen berechnet?*
▷ | *Ja, je größer das Volumen (ist), umso teurer die Fracht.*
   Bei einem größeren Volumen ist auch der Preis höher.

- Gewicht, Wert:
  hoch / niedrig
- Volumen, Anzahl, Maße:
  groß / klein
- Dauer:
  lang / kurz
- Weg:
  lang / kurz

b) **Sprechübung**

○ *Der Preis wird doch nach dem Gewicht berechnet, oder?*
○ *Richtig. Je höher das Gewicht, desto teurer.*

13. Von Radolfzell zum Versandflughafen

a) Herr Sekakanc hat sich die Abwicklung des Transports von Radolfzell bis zum Versandflughafen notiert. Schreiben Sie weiter.

> Die Lieferung muss um 15 Uhr in Radolfzell verladen werden. Dann muss sie zur ca. 80 km entfernten MSAS-Niederlassung in Villingen-Schwenningen gebracht werden. (Transportdauer ca. 1,5 – 2 Stunden, je nach Verkehrslage) Um ca. 17 Uhr beginnt der Umschlag. Die Fracht muss auf den Lkw nach Frankfurt umgeladen werden. Für die Fracht muss (etwa gegen 17.30 Uhr) der Frachtbrief (Air Waybill) geschrieben werden. Die Sendung muss zusammen mit dem Frachtbrief auf den Weg gebracht werden. Die Lieferung muss etwa um 22 Uhr zur MSAS-Sammelstelle in Kelsterbach (ungefähr 300 km von Villingen-Schwenningen) gebracht werden. Dort muss sie zwischen 1.30 Uhr und 3.00 Uhr in Empfang genommen werden. (Die Transportdauer beträgt also ungefähr 3,5 Stunden.) Dort muss am folgenden Tag der Sammelcontainer zusammengestellt werden. Der Umschlag hier dauert also ungefähr einen Tag. Gegen 18 Uhr muss der Sammelcontainer verladen werden. Er wird dann zum Flughafen Luxemburg gebracht. Schneller ist natürlich der A-Service: Die Ware wird direkt ...

b) Schreiben Sie die Darstellung neu.

Die Lieferung ist um 15 Uhr zu verladen. Die zur MSAS-Niederlassung zu bringende Lieferung muss um ca. 17 Uhr auf den Lkw nach Frankfurt verladen werden. ... Die zur MSAS-Sammelstelle zu bringende Lieferung ist zwischen ...

Der	... muss ... werden
Das	... ist ... zu + INFINITIV
Die	... zu ...(e)nde + NOMEN ...

14. Automatische Frachtauskunft unter 0180 / 324 2322

Tragen Sie die telefonischen Auskünfte in die Tabelle ein.

	Ankunftszeit	Bestimmungsort	Flug / Fluggesellschaft	Übergabe an	Bemerkungen
1					
2					
3					
4					

15. Ablauf: 12 Pumpen per Seefracht

Beschreiben Sie den Ablauf.

Endabnahme? – Verpacken – Erstellung der Versandpapiere: Rechnung, Packliste, evtl. Kopie Akkreditiv – 16 Uhr am folgenden Tag: Abholung – Umschlag und Weitertransport nach Hamburg – Übergabe an Hafenspedition – Erstellen des Frachtbriefs (Konnossement) – Verladung – Ankunft in Karachi – ... und dann?

Falls eine Endabnahme vorgesehen ist, muss ... – Sobald ..., können die Pumpen verpackt werden. – Für die zu verpackenden Pumpen müssen ... – ...

16. Frachtklauseln – INCOTERMS

a) Welche Frachtklausel hat Allweiler mit Michiko für den Versand nach Pakistan vereinbart?

b) Sehen Sie sich das nebenstehende Bild an. Der Verkäufer hat die Frachtkosten gezahlt, die bis zu diesem Moment anfallen. Nach welcher Frachtklausel wird geliefert?

c) Welche Frachtklauseln kennen Sie? Welche sind in Ihrer Firma üblich?

1 EXW
2 FCA • FAS • FOB
3 CFR • CIF • CPT • CIP
4 DAF • DES • DDU • DDP

17. Im Deutschen spricht man von ...

a) Wie heißen die oben genannten Frachtklauseln im Deutschen? Versuchen Sie das herauszufinden. Arbeiten Sie in Gruppen.

▷ Im internationalen Warenverkehr spricht man von „FOB".
▷ Im Deutschen spricht man von ...
   Ich nehme an, im Deutschen spricht man von ...
   Soweit ich mich erinnere, spricht man im ...

1 Ab Werk

| 2 Frei Frachtführer |
| Frei Längsseite Schiff |
| Frei an Bord |

| 3 Kosten und Fracht |
| Kosten, Versicherung und Fracht |
| Frachtfrei |
| Frachtfrei versichert |

b) Bei welcher Gruppe von Frachtklauseln ...

1 ist der gesamte Transport vom Käufer abzuwickeln und zu bezahlen?
2 hat der Verkäufer den Haupttransport zu bezahlen?
3 ist der Haupttransport vom Käufer zu bezahlen?
4 hat der Verkäufer alle Gefahren und Kosten bis zur Ankunft der Ware am Bestimmungsort zu tragen?

| 4 Geliefert Grenze |
| Geliefert ab Kai (verze |
| Geliefert unverzollt |
| Geliefert verzollt |

18. FOB – Frei an Bord

Lesen Sie die folgenden Fälle und entscheiden Sie anhand der Erläuterungen zur Lieferklausel **FOB** auf Seite 111: Welche Pflichten hat der Verkäufer? Welche Pflichten hat der Käufer? Wer trägt die Kosten?

① Die pakistanische Regierung fordert für alle importierten Komponenten des neuen Kraftwerks Abnahmezertifikate. Michiko möchte, dass Allweiler die Zertifikate von der pakistanischen Botschaft in Deutschland beschafft.

② Die Lieferung sollte mit dem Container-Schiff „Hamburg Express" verschifft werden. Aber das Schiff hat Hamburg vor dem angegebenen Termin verlassen. Als die Fracht im Hafen ankommt, hat das Schiff schon abgelegt.

③ Eine der Kisten wird beschädigt, als sie der Kran im Hafen vom Lkw hebt. Die Sendung muss jetzt auf technische Mängel überprüft werden.

④ Im Verschiffungshafen Hamburg streiken die Hafenarbeiter. Dadurch entstehen zusätzliche Lagerkosten.

„Frei an Bord" bedeutet, dass der Verkäufer seine Lieferverpflichtung erfüllt hat, wenn die Ware die Schiffsreling in dem benannten Verschiffungshafen überschritten hat. Dies bedeutet, dass der Käufer von diesem Zeitpunkt an alle Kosten und Gefahren des Verlusts oder der Beschädigung der Ware zu tragen hat. Die FOB-Klausel verpflichtet den Verkäufer, die Ware zur Ausfuhr freizumachen. Diese Klausel kann nur für den See- oder Binnenschiffs-Transport verwendet werden. Hat die Schiffsreling keine praktische Bedeutung, (...) ist die FCA-Klausel geeigneter.

Der Verkäufer hat

A 1 die Ware in Übereinstimmung mit dem Kaufvertrag zu liefern sowie die Handelsrechnung oder die entsprechende elektronische Mitteilung und alle sonstigen vertragsgemäßen Belege hierfür zu erbringen.

A 2 auf eigene Gefahr und Kosten die Ausfuhrbewilligung oder andere behördliche Genehmigungen zu beschaffen sowie alle Zollformalitäten zu erledigen, die für die Ausfuhr der Ware erforderlich sind. (...)

A 4 die Ware an Bord des vom Käufer benannten Schiffs im benannten Verschiffungshafen zum vereinbarten Zeitpunkt oder innerhalb der vereinbarten Frist und dem Hafenbrauch entsprechend zu liefern.

A 5 vorbehaltlich der Bestimmungen von B 5 alle Gefahren des Verlustes oder der Beschädigung der Ware solange zu tragen, bis sie die Schiffsreling im benannten Verschiffungshafen überschritten hat. (...)

A 7 den Käufer in angemessener Weise zu benachrichtigen, dass die Ware an Bord geliefert worden ist.

Der Käufer hat

B 1 den Preis vertragsgemäß zu zahlen.

B 2 auf eigene Gefahr und Kosten die Einfuhrbewilligung oder andere behördliche Genehmigungen zu beschaffen sowie alle erforderlichen Zollformalitäten für die Einfuhr der Ware und gegebenenfalls für die Durchfuhr durch ein drittes Land zu erledigen.

B 4 die Ware gemäß A 4 abzunehmen.

B 5 alle Gefahren des Verlustes oder der Beschädigung der Ware von dem Zeitpunkt an zu tragen, zu dem sie die Schiffsreling im benannten Verschiffungshafen überschritten hat. (...)

B 7 dem Verkäufer in angemessener Weise den Namen des Schiffs, den Ladeplatz und die erforderliche Lieferzeit anzugeben.

nach: Jahrbuch für Export- und Versandleiter, K. O. Storck Verlag Hamburg

19. Planspiel: Versand

In Arbeitsgruppen: Organisieren Sie den Versand. Entscheiden Sie sich für eine Versandart (Übung 1), eine Frachtklausel (Übung 17, 18) und einen Tarif (Übung 3, 4, 12). Erteilen Sie den Versandauftrag (Übung 5) und organisieren Sie die Abwicklung (Übung 6, 7, 8).
Denken Sie auch an den Zeitplan und den Transportweg (Übung 10, 13).

ein dringend benötigtes Ersatzteil für eine Druckmaschine von Heidelberg nach Spanien

20 000 Kartons Münchner Bier in Dosen nach Hamburg

den Umzug einer vierköpfigen Familie von Berlin nach Boston/USA

18 Pumpen von Radolfzell für ein Kraftwerk nach Karachi/Pakistan

20 Deutsch-Lehrbücher vom Verlag in München ans Goethe-Institut Sao Paulo

300 kg frischen Seefisch von Island nach Hamburg

**Zeitvorgabe
15 Minuten**

Training Zertifikat Deutsch für den Beruf: Leseverstehen

Notieren Sie die Angaben zu den Punkten 1 bis 5.

1 Auskunft über lizenzierte Waren _____

2 Gültigkeitsdauer von Importlizenzen _____

3 Empfohlener Verschiffungstermin _____

4 maximale Überschreitung des Lizenzwerts _____

5 übliche Zahlungsweisen _____

Für einen Teil der Importe nach Australien ist eine Importlizenz notwendig. Es handelt sich um einige Textilien, Bekleidung, Schuhe, Möbel, Lebensmittel und bestimmte Maschinen und Pkws. Die betreffenden Waren sind in verschiedenen Listen enthalten, die von der Zollverwaltung veröffentlicht werden.

Erteilte Einfuhrlizenzen gelten im Allgemeinen 12 Monate. Eine Verlängerung ist nur ausnahmsweise möglich. Die Ware muss bis zum angegebenen Verfallsdatum der Lizenz im australischen Bestimmungshafen eingetroffen sein. Die Zollbehörden gewähren eine Toleranz von 21 Tagen, wenn der amtliche Ankunftstag des Schiffes innerhalb dieser Frist liegt. Daher sollte die Verschiffung mindestens zwei Monate vor Verfall der Lizenz vorgenommen werden. Der Wert der Einfuhren darf höchstens 2,5 Prozent über dem auf der Lizenz angebenen Wert liegen.

Auf alle Einfuhren muss außer den Zöllen eine Verkaufssteuer mit Sätzen von 7,5%, 20%, 30% und 32,3% je nach Warenart bezahlt werden. Diese Regelung gilt nur für Fertigprodukte, nicht aber für Vor- und Zwischenprodukte.

Die Zahlungsabwicklung erfolgt meist durch ein in Australien eröffnetes Dokumentenakkreditiv oder bei als zuverlässig bekannten Geschäftspartnern durch Dokumenteninkasso. Importe müssen spätestens innerhalb von sechs Monaten nach Eingang der Waren bezahlt werden. Vorauszahlungen dürfen frühestens einen Monat vor dem vereinbarten Liefertermin erfolgen. Der Zahlungsverkehr mit dem Ausland kann in jeder Währung durchgeführt werden.

(Pro richtiger Lösung 2 Punkte, maximal 10 Punkte)   Punktzahl: _____/10 Punkte

**Zeitvorgabe
10 Minuten**

Training Zertifikat Deutsch für den Beruf: Grammatik

Welches Wort passt in die Lücke? Markieren Sie die richtige Lösung A, B oder C.

	A	B	C
1	Angestellter	angestellter	angestellten
2	hergestellt	herstellen	herzustellen
3	in der	in dem	bei der
4	waren beschäftigt	sind beschäftigt	beschäftigt sind
5	Bevor	Nach dem	Nachdem
6	vor	bevor	vor dem
7	hat	war	hatte
8	überwachte	überwachen	überwachende
9	er	ihm	ihn
10	zum Besuch	zu besuchen	besuchen
11	sondern	aber	allerdings
12	Geht	Wenn	Falls
13	weil	wegen	denn
14	Mit	Bei	Für
15	aufnehmen	abschließen	erteilen

> Zur Wiederholung
> der Grammatik:
> Seite 127–159

(Pro richtiger Lösung 0,5 Punkte, maximal 7,5 Punkte)   Punktzahl: _____/7,5 Punkte

Herr Heissler, 25 Jahre alt, arbeitet als ▩ 1 ▩ Gießereitechniker in einer Gießerei, die etwa 3 000 Beschäftigte hat. Dort werden Gussteile aus Aluminium und Aluminiumlegierungen ▩ 2 ▩. Dazu gehören zum Beispiel Ölwannen für Motoren und Gehäuse für Transformatoren. Er ist Assistent des Betriebsleiters in der Abteilung Aluminium-Sandguss, ▩ 3 ▩ 140 Mitarbeiter ▩ 4 ▩.

▩ 5 ▩ Abschluss der Hauptschule hat Herr Heissler eine dreijährige Ausbildung als Modellschlosser gemacht. In diesem Beruf war er zwei Jahre lang tätig, ▩ 6 ▩ er zur Maßkontrolle versetzt wurde. Damit ▩ 7 ▩ er den Einstieg in eine neue Berufslaufbahn geschafft. Er hatte jetzt eine ▩ 8 ▩ Funktion im Produktionsablauf. Weil ▩ 9 ▩ diese Arbeit gefiel, entschloss er sich eine Fachschule für Technik ▩ 10 ▩. Die zweijährige Lehre schloss er als Gießereitechniker ab.

In der Gießerei macht er keine handwerkliche Arbeit mehr, ▩ 11 ▩ überwacht die Abläufe in der Abteilung. Er muss darauf achten, dass Bestimmungen, Normen und Maße eingehalten werden. ▩ 12 ▩ alles seinen geregelten Gang, dann kann er in Ruhe seine Betriebsstatistiken führen. Aber zur Schreibtischarbeit kommt er nicht oft, ▩ 13 ▩ seine Entscheidungen und sein Rat werden ständig gebraucht. ▩ 14 ▩ Störungen oder Fehlern muss er schnell handeln, selbst Entscheidungen treffen oder Kontakt mit der Qualitätssicherung ▩ 15 ▩.

Training Zertifikat Deutsch für den Beruf: Korrespondenz

Zeitvorgabe 15 Minuten

HARDWARE INVESTMENT Inc.
G.P.O. Box 22 44 66
Bombay/India

Contrex GmbH
Industriestr. 12
D-77358 Zwillingen
Germany

7. Juli 1997

Unser Auftrag Nr. 020245 vom 02.06.97; Lieferverzug

Sehr geehrter Herr Dornhöfer,

wir bedauern, Ihnen mitteilen zu müssen, dass die o. g. Lieferung zum vereinbarten Termin nicht eingetroffen ist.

Wir haben Sie bei Vertragsabschluss ausdrücklich darauf hingewiesen, dass die fristgerechte Lieferung sehr wichtig für uns ist. Der bei uns zu erwartende Produktionsausfall wird zu Verlusten in Höhe von mindestens DM 150 000,- führen.

Wir hoffen, dass Sie Ihren Lieferverpflichtungen noch nachkommen werden. Wir weisen jedoch schon heute darauf hin, dass wir Sie ggf. für den auftretenden Schaden haftbar machen. Weitere Forderungen behalten wir uns vor.

Der Sachbearbeiter im Vertrieb hat dazu notiert:

- Dank für Schreiben
- Entschuldigung für Verzug
- Fremdverschulden: Transportschaden
- Hinweis auf allgemeine Lieferbedingungen
- keine Haftung
- Lieferung inzwischen abgegangen, Ankunft voraussichtlich am 21.07.

Verfassen Sie ein Antwortschreiben an die Hardware Investment Inc., Bombay, Herrn Tagore, anhand der passenden Textbausteine. Das Schreiben soll alle Inhaltspunkte der Notiz oben enthalten

1 Sehr geehrte...

2 Wir bedauern die aufgetretenen Defekte und werden für Ersatz sorgen.

3 Wir danken Ihnen für Ihre freundlichen Bemühungen im Voraus.

4 Daher sind im vorliegenden Fall Schadenersatz-Ansprüche ausgeschlossen.

5 Wir danken Ihnen für Ihr Schreiben (vom ...), in dem Sie den Verzug der für den 26.06.97 vorgesehenen Lieferung reklamieren.

6 Wir freuen uns aber, Ihnen mitteilen zu können, dass ...

7 Gemäß unseren allgemeinen Geschäftsbedingungen haften wir nur bei grober Fahrlässigkeit oder Vorsatz.

8 Wir bedauern die aufgetretene(n) Mängel / Verzögerung sehr.

9 Wir bitten um Verständnis für diese kurzfristigen Änderungen.

10 In Erwartung Ihrer geschätzten Antwort verbleiben wir ...

11 Anliegend finden Sie noch einige Unterlagen / Prospekte / ...

12 Allerdings haben wir die Verzögerung nicht zu verantworten, da sie durch einen Unfall auf dem Weg zum Verschiffungshafen verursacht wurde.

13 Wir bitten um Zusendung des / der / von ...

14 Bedauerlicherweise ist die bestellte Ware nicht mehr am Lager.

Punktzahl: ____/15 Punkte

Partner von Allweiler:

Patricia Moosmann, Leiterin der Exportabteilung bei MSAS

Frau Moosmann erzählt:

Aufgewachsen bin ich in Aichhalden, etwa 40 Kilometer nördlich von Schwenningen, und dort wohne ich auch heute noch. Etwa ein Jahr lang hatte ich auch einmal eine Wohnung hier in Villingen-Schwenningen. Aber das ist nicht meine Heimat. Ich wollte wieder nach Aichhalden mit seinen 3 000 Einwohnern, wo meine Familie und meine Freunde sind. Die Realschule im benachbarten Schramberg beendete ich 1982 mit der Mittleren Reife. Das ist besonders für Mädchen oft der Start in einen kaufmännischen Beruf. Das war auch mein Ziel. Aber schon damals gab es zu viele Bewerber für zu wenige Stellen. Ich erinnere mich noch an einen Eignungstest bei der Sparkasse: Da waren wir 200 Bewerber für zwei oder drei Lehrstellen. Ich bin dann noch zwei Jahre aufs Berufskolleg gegangen. Da lernt man berufliche Grundkenntnisse und erwirbt die Fachhochschul-Reife. Aber ich habe nicht studiert, denn es hat mit einer Lehrstelle als Speditionskauffrau geklappt. Und nach der Lehre habe ich gleich die Stelle hier bei MSAS bekommen. Ich arbeite gern hier. Die Arbeit ist interessant, und wir haben ein tolles Betriebsklima.

Die MSAS-Niederlassung Villingen-Schwenningen, mitten im berühmten Schwarzwald an der Autobahn von Stuttgart nach Singen gelegen, ist eines der weltweit über 350 MSAS-Büros in über 100 Ländern und einer von 28 Stützpunkten in Deutschland, Österreich und der Schweiz. Seit 10 Jahren ist Patricia Moosmann hier tätig, und seit 1991 leitet sie die Exportabteilung. Diese Abteilung ist mit 10 Mitarbeitern ausschließlich für Luftfracht zuständig. Hat sich die Arbeit in einer internationalen Spedition seit Mitte der achtziger Jahre geändert? Ja, sagt Frau Moosmann. Noch während ihrer Lehre habe sie alle Luftfrachtbriefe „von Hand" auf der Schreibmaschine getippt. Als sie dann zu MSAS kam, habe sie gleich umlernen müssen: Hier seien die Transportdokumente schon mit dem Computer erstellt worden, der Frachtbrief, Versandanzeige, Rechnung und Aufkleber für die Packstücke in einem Arbeitsgang ausgibt. Andererseits sei die Arbeit aber auch schwieriger und komplexer geworden. Die Kunden würden die Aufträge immer kurzfristiger erteilen und immer präzisere Abwicklung erwarten. Immer weniger werde auf Lager produziert, und die Nachrichtenübermittlung per Fax, Telefon und Datenleitungen könne immer schneller erfolgen. Verzug in der Fertigung solle dann die Spedition durch schnellen Transport ausgleichen.

Frau Moosmann, dieses Gespräch führen wir um 19 Uhr an Ihrem Arbeitsplatz. Andere Leute sind da doch schon längst zu Hause. Wird es bei Ihnen immer so spät?
Ja, bis 19.30 Uhr, 20.00 Uhr sind wir im Allgemeinen hier. Das ist normal. Die Sendungen kommen ja erst am späten Nachmittag zur Abfertigung rein. Dienstbeginn ist um 8.00 Uhr. Überstunden gehören bei uns eben zum Job. Nur so können wir den optimalen Service aus einer Hand garantieren, den die Kunden von uns erwarten.
Von einer 40- oder gar 35-Stunden-Woche können Sie also nur träumen. Stört Sie das nicht?
Nein, daran sind wir gewöhnt. Im Einzelhandel oder im Hotelgewerbe geht es den Leuten ja auch nicht anders. Übrigens haben wir es noch gut. Die Kollegen in unserer Sammelstelle in Kelsterbach beginnen regelmäßig samstags um 3.00 oder 4.00 Uhr morgens. Die Firmen planen nun mal so, dass am Wochenende besonders viele Sendungen anfallen.
Viel Zeit für Hobbys und Familie bleibt da ja nicht.
Na ja, das muss alles am Wochenende stattfinden. Mein Hobby? Motorradfahren im Sommer und Skifahren im Winter. Ich habe eine 500-ccm-Maschine. Meine Freunde und ich fahren am Wochenende kreuz und quer durch die Region. Und im Urlaub: Reisen. Ferne Länder faszinieren mich. Auch deshalb gefällt es mir bei MSAS: Der Kontakt zur Welt. Mit dem Rucksack bin ich schon durch Australien und Costa Rica gezogen. Mit dem Motorrad waren wir in Marokko. Und 1996 waren wir in Beijing. Aber leben möchte ich in Aichhalden.

LEKTION 10

Die Allweiler-Weltkonferenz auf dem Wolfsberg

1. Fortbildung – was bedeutet das für Sie?

a) Nennen Sie mindestens einen Punkt.

Fortbildung, das bedeutet für mich, ... zu ...

Fachkenntnisse erwerben
Arbeitsmethoden verbessern
Gespräche in angenehmer Atmosphäre
das Verhältnis zwischen den Mitarbeitern verbessern
Zukunftsperspektiven erarbeiten
Anregungen und Impulse sammeln
über die Unternehmensstrategie nachdenken

neue Ideen entwickeln
Aufstiegs-Chancen verbessern
Erholung vom Alltagsstress
Meinungsaustausch
angestrengtes Arbeiten
Zuhören
Projektarbeit

b) In welcher Umgebung würden Sie Ihre Fortbildung lieber machen? Wo lassen sich Ihre Ziele besser erreichen?

2. Prospektauszug

a) Wird hier das Ausbildungszentrum A oder B beschrieben?

Im Jahre 1811 kam der König von Bayern zu Besuch. Der junge Carl Maria von Weber komponierte hier Teile des „Freischütz". Sie sehen: Auf dem Wolfsberg war schon die halbe Welt zu Gast. Schön, dass Sie dazugehören. 1970 wurde der Wolfsberg von der Schweizerischen Bankgesellschaft (UBS) erworben und zum Management Training Center um- und ausgebaut.

Der Wolfsberg spielt eine entscheidende Rolle für die Integration und Kommunikation des Konzerns. Mitarbeiterinnen und Mitarbeiter aus der ganzen Welt treffen sich hier, um sich weiterzubilden, sich mit den grundlegenden Fragen des Unternehmens auseinanderzusetzen, Management-Fragen zu diskutieren und natürlich auch, um sich persönlich näher zu kommen.

Unternehmenskultur ist mehr als ein Wort. Auf dem Wolfsberg kommt wie nirgendwo sonst zum Ausdruck, was die UBS darunter versteht. Auch andere Unternehmen schätzen die besondere Atmosphäre und die hervorragende Infrastruktur des Wolfsbergs. Deshalb machen sie von der Möglichkeit, hier eigene Seminare und Tagungen durchzuführen, regen Gebrauch.

Bäume und Blumen beherrschen den Innenhof und die Schlosswiese. Wenn Sie nach einem botanischen Ausflug in die Wirklichkeit zurückkehren wollen: Die Entwicklung an den Börsen können Sie im Informationszentrum live mitverfolgen.

Wir möchten, dass Sie im Bilde sind. Deshalb haben wir die Seminar- und Konferenzräume mit allen technischen Mitteln ausgestattet. In unserem Kommunikationszentrum haben Sie rund um die Uhr Zugriff auf globale Informationssysteme und Datenbanken. In unserem Studio lassen sich weltweite Videokonferenzen durchführen. Und in Ihrem Zimmer gehört ein ISDN-Anschluss zur Grundausstattung.

Möchten Sie ein leichtes Prickeln auf Ihrer Haut spüren? Oder Ihr Herz höher schlagen lassen? Bei uns erwarten Sie ein Schwimmbad mit 25 Meter Länge, eine Turnhalle, ein Fitness-Raum und eine Sauna.

Wahrscheinlich haben Sie auf dem Wolfsberg ein ziemlich anstrengendes Arbeitsprogramm. Doch Sie werden sich davon rasch wieder erholen. Machen Sie einen kleinen Spaziergang durch den Englischen Garten zur „Remise". Tagsüber trifft man sich dort in den Pausen zu Kaffee oder Tee. Und abends tauschen Sie am Kamin in gemütlicher Atmosphäre Informationen, Meinungen und Erlebnisse aus.

b) Lassen sich *Ihre* Ziele, Wünsche und Absichten hier verwirklichen?

c) Welchen weiteren Zwecken dient das Ausbildungszentrum?

d) Welche Infrastruktur bietet es?

e) Wer benutzt es?

3. Die Dienstleistungen

a) Für welche Fortbildungsmaßnahmen rechts eignet sich die unten genannte Ausstattung?

▇▇ Konferenz ▇▇ Seminar ▇▇ Vortrag ▇▇ Kleingruppen-arbeit ▇▇ Plenumsdiskussion ▇▇ EDV-Schulung ▇▇ Projektarbeit ▇▇

Räume	Anzahl Personen	Overhead-Projektor	Flip-chart	White Board	Pinn-wand	TV Video	Dia-projektor	Musik-anlage	PC und Drucker	Mineral-wasser
Kursraum	26	✓	✓	✓		✓	✓			✓
Forum	40	✓	✓	✓		✓	✓			✓
Auditorium	120–325	✓					✓	✓		✓
PC Raum	12/5 PCs	✓	✓	✓	✓				✓	
Gruppenzimmer	12		✓	✓	✓					

Zusätzlich auf Anfrage: Beam, PC und Drucker, Videoausrüstung, Diskussions- und Sprechanlage, Dolmetscheranlage, Ausstattung für Videokonferenzen, Telefon, Fax, Internet-Anschluss, Moderatorenkoffer, zusätzliche Overhead-Projektoren, Flipcharts und Pinnwände

b) Hören Sie sich das Gespräch an.

1 Geplant ist: _____

2 Gebraucht wird:

A _____   E *Moderatorenkoffer* _____

B _____   F _____

C _____   G _____

D _____

c) Bedarf anmelden: Geben Sie das Gespräch wieder.

Wir wollen ... mit ... Teilnehmern durchführen / veranstalten.

Dazu benötigen wir ...

Dabei sollen die Teilnehmer / wollen wir ...

Dazu brauchen wir ...

...

4. Ihre Fortbildungsmaßnahme

Projektarbeit:
Planen Sie eine Fortbildungsmaßnahme ganz nach Ihren Wünschen.
Nennen Sie die Ziele.
Was benötigen Sie, um diese Ziele zu erreichen?

5. Die Weltvertriebs-Konferenz von Allweiler

1996 lud die Allweiler AG die Leiter ihrer Verkaufs-
niederlassungen und Vertretungen aus der ganzen
Welt zu einer Konferenz auf den Wolfsberg ein. Drei
Tage sprachen sie über die Entwicklung auf ihren
Märkten und berieten die zukünftige Unternehmens-
strategie. Sie lernten einander besser kennen und ver-
ständigten sich über die Aufgaben, die im nächsten
Jahrhundert auf die Branche zukommen.

Machen Sie in Arbeitsgruppen ein kurzes Brainstorming über die Vorbereitung der Konferenz:

Ungefähr 150 Teilnehmer wollen arbeiten, essen,
schlafen. Es geht vor allem um fachliche und unter-
nehmerische Fragen. Es geht aber auch darum, dass
die Teilnehmer sich kennen lernen und in angenehmer Atmosphäre Ideen austauschen. Sie sollen mit
neuer Kraft und Motivation zurückfahren – kurz: Es
geht um die Entwicklung der Unternehmenskultur.

Besprechen Sie also:

▓▓▓ Tagungsort ▓▓▓ Tagungsprogramm ▓▓▓ Tagungsablauf ▓▓▓ Kultur- und Exkursionsprogramm ▓▓▓ ...

Die Arbeitsgruppen tragen ihre Ergebnisse dem Plenum vor. Die besten Ideen werden zu einem gemeinsamen
Vorschlag zusammengeführt.

 ## 6. Frau Bunte ruft auf dem Wolfsberg an.

Frau Bunte, Vorstandsassistentin bei Allweiler, bespricht einige Einzelheiten des Organisationsplans für die Weltkonferenz. Auf welche Seiten des Organisationsplans bezieht sie sich? Wie war die ursprüngliche Planung?
Welche voraussichtlichen Änderungen sind zu berücksichtigen? Tragen Sie die Antworten in die Tabelle ein.

	Plan Seite	ursprüngliche Planung	voraussichtliche Änderung	Bemerkungen Einzelheiten
1	S. 1 oben			keine Stornierungsgebühren
2		Teilnehmerliste am 1.7.		
3				
4			15. Juli / Anreisetag	Zimmerservice benachrichtigen
5			133 – 136	
6				

7. Der zweite Konferenztag

7.15 – 8.00	Frühstück
8.00 – 8.15	Begrüßung, allgemeiner Überblick über die ALLWEILER AG
8.15 – 8.35	Vortrag: Die globale Herausforderung und unsere Strategie
8.35 – 9.05	Vortrag: Modernes Marketing
9.40 – 12.30	Vorträge über die Geschäftsbereiche Kreiselpumpen, Exzenterschneckenpumpen, Zwei-Spindel-Pumpen
10.00 – 10.30	Kaffeepause
12.30 – 14.00	gemeinsames Mittagessen
14.00 – 16.50	Vorträge und Berichte aus den deutschen und europäischen Vertretungen
18.00	Abfahrt zur Mondscheinfahrt auf dem Bodensee; Abendessen auf dem Raddampfer „Hohentwiel"

Diskutieren Sie:

• Was ist der Schwerpunkt an diesem Tag?

• Wer wird die Teilnehmer wohl begrüßen?

• Wie lange dauern wohl die einzelnen Länderberichte?

• Was dürfte es zum Mittagessen geben?

• Wohin geht wohl die Schiffsfahrt und wie lange wird sie wohl dauern?

Vermutlich:	... wird/werden (wohl)	**INFINITIV**
	... dürfte(n)	
Sicher:	... wird/werden (sicher)	

8. Sprechübung

Benutzen Sie Ihre Eintragungen in Übung 6.

○ *Es sollten doch 78 Teilnehmer kommen.*
○ *Es werden wohl nur 73 kommen.*

9. Frau Bunte teilt die endgültigen Daten mit.

a) Woran können Sie erkennen, dass das Fax verbindliche Angaben macht?

b) Bestätigen alle Angaben die früheren Ankündigungen?

c) Welche Angabe ist neu?

10. Rollenspiele: Frau Sauter und Frau Bunte

Führen Sie die vorbereitenden Gespräche.
Benutzen Sie die Angaben aus Übung 6 und 9.

ALLWEILER	TELEFAX	Fax (0041-71) 6635590
		Firma Wolfsberg Executive Development Centre

Von/from/de:	An/to/à:
Name/name/nom: Silvia Bunte	Name/name/nom: Frau Sauter
Abt./Dept./Service: Vorstand	Abt./Dept./Service: Customer Relations
Tel: (0049-7732) 86-0	Datum/Date: 03.07.98 Seitenanzahl: 1
Fax: (0049-7732) 86-361	
Betreff/Reference/Objet: Welt-Vertriebskonferenz 16.–20. Juli	

Sehr geehrte Frau Sauter,

ich beziehe mich auf unser Telefongespräch vom Dienstag und bestätige definitiv die folgenden Angaben:

Teilnehmerzahl	75
Begleitpersonen	42
Teilnehmer Abschlussbankett	134
Ankunft der ersten Teilnehmer	16.07., 9.15 Uhr

5 Teilnehmer müssen, wie besprochen, am 20. Juli schon um 5 Uhr früh abreisen. Ihnen soll ein kleines Frühstück aufs Zimmer gebracht werden.

Die endgültige Teilnehmerliste werde ich Ihnen jetzt doch schon morgen schicken können.

Mit freundlichen Grüßen

S. Bunte

▷ | *Wie viele Teilnehmer ... ?*
  | *Wann kommen ... ?*
  | *...*

Vermutung / Schätzung   endgültige Angabe

▷ | *Es werden wohl 75 kommen, vielleicht nur ...*   ▷ | *Es werden 75 ... kommen.*
  | *... werden wohl* | *..., vielleicht erst ...* | *Die ersten Teilnehmer werden ...*
  | *... dürften*

11. Internationales Marketing

a) Welche Daten sind Marktdaten (A)? Welche Daten sind Unternehmensdaten (B)?

1 neue Marktstruktur ☐
2 sinkende Nachfrage ☐
3 scharfe Preiskonkurrenz *B*
4 gesättigter Markt ☐
5 steigender Absatz ☐
6 geänderte Kundenstruktur ☐
7 moderne Qualitätsprodukte ☐
8 wachsende Zahl von Anbietern ☐
9 überlastete Mitarbeiter ☐
10 stabiler Umsatz ☐
11 neue Wachstumsmärkte ☐
12 hohe Produktionskosten ☐

b) Sprechen Sie in Gruppen über Ihre Firma oder eine beliebige Firma (z. B. Allweiler).

1 Auf welchem Markt ist „Ihre" Firma tätig?

2 Wie ist die Markt- und Unternehmenssituation?

3 Welche Maßnahmen sollten Ihrer Meinung nach ergriffen werden?

12. Die Konferenz ist eröffnet.

ALLWEILER PUMPS SPAN THE GLOBE

World Conference

Aus der Ansprache des Vorstandsvorsitzenden.

a) Um welchen Programmpunkt geht es? (Siehe Seite 119, Übung 7)

b) Welche Aussage passt am besten zu der Ansprache?

A Unsere Produkte und Strukturen haben sich bewährt.
B Auf neue Trends und Entwicklungen eine Antwort finden.
C Die bevorstehende Krise wird alles verändern.

c) Suchen Sie passende Ziele, Lösungen und Antworten (1 – 6) zu den Stichpunkten "Marktsituation" (A – E).

■■■ 1 Erschließung neuer Märkte ■■■ 2 Dezentralisierung ■■■ 3 Anpassung an die neuen Bedingungen ■■■ 4 Vorhersehen der internationalen Entwicklungen ■■■ 5 Verbesserung der Marktposition in Europa ■■■ 6 Entwicklung neuer Anwendungen ■■■

Marktsituation	Ziele, Lösungen, Antworten
A Globalisierung	*Anpassung an die neuen Bedingungen* *Vorhersehen der internationalen....*
B Marktsättigung	
C schwache Position in Europa	
D Wandel der Konkurrenz	
E Entstehung neuer Märkte im Osten	*Vorhersehen der internationalen Entwicklungen*

Was sagt der Vorstandsvorsitzende zur Marktsituation und zu den Unternehmenszielen?

d) Kommt das in der Ansprache vor?

	Ja	Nein
1 Die Hierarchien im Unternehmen müssen gefestigt werden.	☐	☐
2 Wir brauchen selbstständig handelnde Einheiten.	☐	☐
3 Kundenorientierung ist ein bewährter Teil der Unternehmensphilosophie.	☐	☐
4 Allweiler-Produkte müssen billiger werden.	☐	☐
5 Der Konzern wird auch in Zukunft im Ausland produzieren.	☐	☐
6 Allweiler wird seine Fertigung ins Ausland verlagern.	☐	☐

13. Aus den Berichten der Länder-Vertretungen

a) Aus welchen Regionen bzw. Ländern kommen Ihrer Meinung nach die folgenden Berichte?

b) Schreiben Sie passende Stichwörter über die Texte. Orientieren Sie sich an den Übungen 11 und 12.

1 _____

Wir decken zur Zeit etwa 65 Prozent des Bedarfs an Schraubenspindelpumpen und 55 Prozent des Bedarfs an Kreiselpumpen im deutschen Schiffbau. Wir hoffen zwar, dass wir diese Position halten können, aber wir müssen uns darauf einstellen, dass die Konjunktur im Schiffbau abflauen wird, weil staatliche Subventionen für diese Branche abgebaut werden und weil die Erneuerung der Handelsflotte weitgehend abgeschlossen ist.

A _____

2 _____

AFD Industries hat Auslieferungslager in fünf Städten der Vereinigten Staaten. Unsere Kunden kommen aus dem Aufzugbau. Anfang 1979 haben wir das hydraulische Unteröl-Aggregat von Allweiler auf unseren Markt gebracht. Nach 1981 lieferten wir jährlich etwa 1 000 Pumpen aus. 1995 haben wir 5 600 Stück verkauft. Vor 1979 beherrschte unser Hauptwettbewerber diesen Markt zu 100 Prozent. Seit 1979 haben wir einen Anteil von 45 Prozent erobert.

B _____

3 _____

Die Arbeitsbelastung in unserem Team ist enorm. Neben dem direkten Kontakt mit unseren Kunden im ganzen Land müssen wir die schnell wachsende Zahl von Anfragen und Angeboten bearbeiten, für die Übersetzungen aus dem Russischen ins Deutsche und umgekehrt notwendig sind. Zusätzlich müssen wir viele Verwaltungsaufgaben erledigen, die die Gesetze von einer ausländischen Firma verlangen.

C _____

4 _____

Das gesamte Gebiet, für das Allweiler Wien zuständig ist, ist mit 11 unabhängigen Staaten und sieben Sprachen zweieinhalb Mal so groß wie die Bundesrepublik, aber das Marktvolumen beträgt nur 10 – 15 Prozent des deutschen Marktes. Vor dem Umbruch boten diese Märkte nur wenig Wachstums-Chancen, aber sie waren berechenbar und stabil. Früher hatten wir es nur mit den großen Staatsfirmen zu tun. Heute ist die Kundenzahl drei- bis fünfmal größer als früher, aber jeder einzelne Kunde ist viel kleiner. Bald werden heimische Anbieter auf die alten Märkte zurückkehren.

D _____

c) Wie könnte man auf die geschilderte Lage reagieren? Formulieren Sie Maßnahmen und Ziele.

14. Maßnahmen und Ziele

a) Überlegen Sie, welche Problemstellungen zu den Maßnahmen und Zielen 1–7 passen könnten.

▬▬ 1 neue Märkte erschließen ▬▬ 2 Marktanteil weiter ausbauen ▬▬ 3 Marktposition verbessern ▬▬ 4 innovative Produkte entwickeln ▬▬ 5 verstärkt die Qualität herausstellen ▬▬ 6 Schwerpunkte setzen ▬▬ 7 die Märkte bearbeiten ▬▬

b) Sprechübung

○ *Der Markt ist gesättigt.*
○ *Wir werden neue Märkte erschließen.*

15. Diskussion

Nehmen Sie Ihr Gespräch von Übung 11 wieder auf.

Feststellung:
Die Entwicklung zeigt, | dass ...
Wir müssen feststellen, |

Konsequenz:
Aus diesem Grund | müssen wir | (weiterhin) | ... | verbessern
Deshalb | wollen wir | (zukünftig) | | erschließen

Maßnahme:
Zu diesem Zweck | werden wir | | | entwickeln
| | | | erhöhen
| | | | ...

16. Herrn Sekakanes Aufenthalt bei Allweiler

Stationen aus Herrn Sekakanes
Fortbildung: Sehen Sie sich die
Bilder an.

- Wo ist das?
- Worum geht es?
- Worüber wird wohl gesprochen?

17. Stichpunkte zu Herrn Sekakanes Abschlussbericht

a) Herr Sekakane hat sich Notizen für seinen Abschlussbericht gemacht. Auf welche Notizen beziehen sich die Bilder oben? Suchen Sie auch in den Lektionen 1–9.

Bild   Gesprächsausschnitt

☐ 1. Mitarbeit an einem so genannten „Projekt" vom Anfang (Eingang der Anfrage) bis zum Ende (Auslieferung) – gute Methode: Exemplarisches Lernen / Lernen durch TUN ☐

☐ 2. Besprechungs-Vorbereitung u. a. organisatorische Aufgaben – wichtig: Betrieb kennen lernen, Kontakte mit Mitarbeitern! 5

1 3. Angebotsstrategie (Marketing: Verhältnis Preis – Qualität / Kundendienst) ☐

☐ 4. Schwerpunkt Auftragslogistik: Steuerung der Abwicklung, Koordination der verschiedenen Teilschritte ☐

☐ 5. gute Einblicke in die Zahlungsabwicklung, deutsche Fachterminologie gelernt; Akkreditivbearbeitung / internationale Standards ☐

☐ 6. betriebliches Leben: Betriebsrat, Sicherheits-Ingenieur, Kantine, Konflikt- und Krisenmanagement ☐

☐ 7. Mitarbeit in der Fertigung: wertvolle praktische Erfahrungen auf der „Graswurzel-Ebene", Vergleich Fertigungsablauf Radolfzell / Isando ☐

 b) Hören Sie sich die Gesprächsausschnitte 1–7 an. Auf welche Notizen beziehen sich die Gesprächsausschnitte? Tragen Sie die passenden Nummern ein.

c) Machen Sie einen Bericht aus den Notizen. Vielleicht helfen Ihnen die Formulierungen.

Am wichtigsten / interessantesten	war für mich	, dass ...	(, weil ...)
Besonders wichtig / interessant	fand ich	... zu ...	
Wichtig / Interessant		der | das / die ...	
Weniger wichtig / interessant		den |	

18. Die Abschiedsparty

a)

An alle Kollegen!
Am 1.11. fliegt Alfred Sekakane nach Hause
zurück. Sein Programm ist zu Ende. Am
Freitag (31.10.) um 18 Uhr möchten wir ihn in
der Weinstube „Altbaden" (Bismarckstraße)
verabschieden. Wir wollen ihm ein Abschieds-
geschenk übergeben. Wir bitten um Spenden
(zwischen 5 und 10 Mark). Was sollen wir
schenken? Wer hat Ideen?

- Würde es bei Ihnen in einem solchen Fall eine Verabschiedung geben?
- Welchen Charakter hätte sie?
- Würde es ein Geschenk geben? Wer würde es bezahlen? Was würden Sie schenken?
- Wäre auch bei Ihnen eine kleine Ansprache üblich? Dann geben Sie ein kurzes Beispiel.

b) Eine kleine Ansprache:

1 Welchen ersten Eindruck hat Herr Sekakane hinterlassen?
2 Was war am Anfang besonders wichtig?
3 Welche Eigenschaften schätzen die Kollegen an Herrn Sekakane?
4 Welches Abschiedsgeschenk haben die Mitarbeiter für Herrn Sekakane gekauft?
5 Was war für die Firma, was war für die Kollegen wichtig?

c) Herrn Sekakanes Antwort:

Was fand Herr Sekakane wichtig, was war für ihn besonders interessant? Warum?

1 _____
2 _____
3 _____
4 _____
5 _____

19. Was ist Ihnen wichtig?

a) Was wäre für Sie bei einer Fortbildung wichtig und interessant?

b) Was war für Sie bei der Arbeit mit *Dialog Beruf* (weniger) wichtig? Was fanden Sie (weniger) interessant?

▓▓▓ Hörverstehen ▓▓▓ Einblick in deutsche Unternehmen ▓▓▓ Fachwörter ▓▓▓ Grammatik ▓▓▓ die Themen ▓▓▓ betriebliches Leben ▓▓▓ Prüfungsvorbereitung ▓▓▓ die anderen Kursteilnehmer ▓▓▓ mündlicher Ausdruck ▓▓▓ Vergleich mit der eigenen Arbeitswelt ▓▓▓ Arbeitsbuch-Übungen ▓▓▓ ...

Zeitvorgabe
15 Minuten

Training Zertifikat Deutsch für den Beruf: Leseverstehen

Lesen Sie die Aufgaben 1 bis 5. Vergleichen Sie die Aussagen A, B und C mit dem angegebenen Textabschnitt. Welche Aussage steht sinngemäß im Text? Kreuzen Sie an.

1 Zeile 1–8:

A Sowohl 1995 als auch 1996 hat Allweiler Verluste gemacht.

B 1996 war der Gewinn trotz anfänglicher Verluste höher als 1995.

C 1996 hat Allweiler wegen der schlechten Ergebnisse im 1. Halbjahr keinen Gewinn erzielt.

> Zur Wiederholung der Grammatik: Seite 127–159

2 Zeile 9–19

A Wegen der schlechteren Inlandsergebnisse ist die Dividende niedriger.

B Im Inland beträgt die Dividende 5 Mark, im Ausland 6 Mark.

C Weil Gewinne nur im Ausland gemacht wurden, zahlt Allweiler keine Steuern.

3 Zeile 20–33

A Das Werk Aschaffenburg wurde trotz eines Gewinns von 4,4 Millionen DM geschlossen.

B Der Gewinn ist von 5,3 Millionen DM im Vorjahr 1996 auf 2,3 Millionen DM gesunken.

C Wegen teurer Umstrukturierungen ist der Gewinn auf unter 1 Million Mark gesunken.

4 Zeile 34–44

A In diesem Jahr wurden erwartungsgemäß hohe Verluste gemacht.

B Im holländischen Werk werden für 1997 Gewinne erwartet.

C Nach den Verlusten im letzten Geschäftsjahr erwartet man im nächsten Jahr auch Verluste.

5 Zeile 45–64

A Das Auslandsgeschäft und das Auftragsvolumen haben sich positiv entwickelt.

B Das Auftragsvolumen im In- und Auslandsgeschäft ist zurückgegangen.

C Die Ergebnisse wären besser, wenn nicht so wenige Aufträge hereingekommen wären.

(Pro richtiger Lösung 2 Punkte, maximal 10 Punkte)   Punktzahl: ____/10 Punkte

Allweiler holt Halbjahresverlust auf

Überschuss steigt auf 2,5 Millionen DM / Hohe einmalige Belastung

Allweiler AG, Radolfzell am Bodensee. Der Pumpenhersteller hat nach deutlichen Verlusten in der ersten Hälfte von 1996 das Gesamtjahr mit Gewinn abgeschlossen. 5 Wie Allweiler am Mittwoch in einem Aktionärsbrief mitgeteilt hat, wuchs der Konzernüberschuss gegenüber 1995 sogar leicht um 4 Prozent auf 2,5 Millionen DM. Dies sei jedoch auf „erfreuliche Ergebnis- 10 se" bei den ausländischen Beteiligungsgesellschaften zurückzuführen. Die Verwaltung schlägt deshalb eine verringerte Dividende von 5 DM je Stammaktie und 6 DM je Vorzugsaktie vor. Da der Kon- 15 zerngewinn im Wesentlichen aus dem Ausland kommt, soll keine Steuergutschrift gewährt werden. Für 1995 hatte Allweiler 10 und 11 DM plus Steuergutschriften von 1,19 DM und 1,30 DM gezahlt. 20 In der AG sank der Jahresüberschuss um 2,3 auf 0,8 Millionen DM. Zwar sei das Ergebnis der gewöhnlichen Geschäftstätig-

keit in der AG nur leicht auf 5,2 (Vorjahr 5,3) Millionen DM zurückgegangen. 25 Jedoch hätten die Neuordnung des Kreiselpumpengeschäfts und die damit verbundene Schließung der Produktion im nordbayerischen Aschaffenburg das Ergebnis mit 4,4 Millionen DM belastet, teilt der 30 Vorstand mit. Die Maßnahme solle in der ersten Hälfte dieses Jahres beendet werden, die Kosten seien aber im Wesentlichen im Jahresabschluss 1996 verkraftet worden. Der 1995 erworbene niederländi- 35 sche Hersteller von Schraubenspindelpumpen, Houttuin B.V., Utrecht, habe in einem ausgeglichenen Ergebnis die Erwartungen erfüllt. In den Vorjahren hatte Houttuin mit Verlust gewirtschaftet. Für 40 1997 erwartet der Vorstand aufgrund verstärkter Anstrengungen im Vertrieb sowie dem Abschluss der Neuordnung im Kreiselpumpengeschäft insgesamt eine Verbesserung der Ergebnissituation.

45 Der Konzernumsatz ist den Angaben zufolge 1996 um 3 Prozent auf 233,9 Millionen DM gewachsen. Im Inland bleibe das Geschäft wegen der Zurückhaltung bei Investitionen sowie dem scharfen Preis- 50 wettbewerb schwierig. Dagegen habe das Unternehmen seine Ausfuhr steigern können. Der Umsatz der AG blieb nahezu konstant bei 186,1 Millionen DM (plus 1 Prozent), davon wurden 47 (Vorjahr 43) 55 Prozent im Ausland erzielt. Die Stagnation sei auch darauf zurückzuführen, dass die Kunden mit Verzögerung abnähmen. Der Auftragseingang hat sich dagegen in der AG um 7 Prozent auf 198 Millionen DM 60 und im Konzern um 9 Prozent auf 247,8 Millionen DM erhöht. Ende 1996 wurden – gegenüber dem Vorjahr fast unverändert – im Konzern 1229, in der AG 1023 Mitarbeiter beschäftigt.   mag.

Frankfurter Allgemeine Zeitung, 3.4.1997

Zeitvorgabe 15 Minuten

Training Zertifikat Deutsch für den Beruf: Radiosendung

Das folgende Interview hören Sie zweimal. Kreuzen Sie an: Welche Feststellungen kann man dem Interview entnehmen (Ja)? Welche Feststellungen kommen im Interview nicht vor (Nein)?

		Ja	Nein
1	Sitz des Gemeinschaftsunternehmens ist in Osteuropa; Genaueres hört man nicht.	☐	☐
2	Die Absatzchancen für die Produkte des Unternehmens verbessern sich.	☐	☐
3	Es handelt sich um ein Unternehmen der Heizungs- und Klimatechnik.	☐	☐
4	Gleichzeitig mit der Gründung des Joint Venture hat man weitere Märkte in mehreren Ländern Osteuropas erschlossen.	☐	☐
5	Die politische Lage am Standort ist nicht stabil.	☐	☐
6	Das Werk ist noch nicht in der Lage, alle Aufträge abzuwickeln.	☐	☐
7	Das deutsche Partner-Unternehmen beteiligt sich aktiv an der Finanzierung und Modernisierung.	☐	☐
8	Zur Zeit geht es nicht um den Bau eines neuen, sondern um die Modernisierung des alten Werks.	☐	☐
9	Später sollen auch Anlagen an staatliche Investoren verkauft werden.	☐	☐
10	Über die Gründung weiterer Joint Ventures kann man heute noch nichts sagen.	☐	☐

(Pro richtiger Lösung 1 Punkt, maximal 10 Punkte)   Punktzahl: ____/10 Punkte

Zeitvorgabe 30 Minuten

Training Zertifikat Deutsch für den Beruf: Korrespondenz

<u>Situation:</u>

Sie sind Mitarbeiter einer Weinhandlung in Bremen. Sie reklamieren die Lieferung eines Lieferanten, der Sie zum ersten Mal beliefert.

<u>Aufgabe:</u>

Schreiben Sie einen Brief von etwa 100 bis 120 Wörtern an den Lieferanten. Empfänger ist Herr Altmeier von der Winzergenossenschaft Sirzenich, Postfach 133, 54311 Trierweiler. Berücksichtigen Sie die nebenstehenden Stichpunkte. Denken Sie an Absender, Empfänger, Datum, Betreff, Anrede, Gruß.

Mängel:	_Liefertermin um 2 Wochen überschritten_
Folge:	_Beschwerden der Kunden, Abbestellungen_
Bitte:	_Information über Verbleib, Lieferung bis zum …_
Drohung:	_Beendigung der Zusammenarbeit, Schadenersatz_

Punktzahl: ____/25 Punkte

Zeitvorgabe 10 Minuten

Training Zertifikat Deutsch für den Beruf: Korrekturlesen

Im Text ist pro Zeile maximal ein Fehler. Schreiben Sie die richtige Form in die Liste. Ist eine Zeile ohne Fehler, machen Sie ein Häkchen (✓).

Sehr geehrtes Herr Köhler,	1 _____
wir danken Ihnen für sein Interesse an unseren Diensten. Gemäß unseren allgemeinen	2 _____
Geschäftsbedingungen können wir Ihnen den anliegende Angebot für Luftfrachttransporte ex	3 _____
Flughafen Deutschland nach China, Japan und Korea machen.	
Zu allen von Ihnen nachgefragten Bestimmungsflughäfen bitten wir drei Direktflüge pro	4 _____
Woche ab Stuttgart, Frankfurt und München an. Die Transportdauer beträgt in der Regel	5 _____
nicht mehr denn zwei Arbeitstage.	6 _____
Wenn Sie unseren Haus-zu-Haus-Service in Anspruch nehmen wollen, bitten wir darum, uns	7 _____
die Empfängeradresse rechtzeitig mitteilen.	8 _____
Das Angebot bezieht sich auf die aktuellen Tariflisten der Frachtführer, mit die wir	9 _____
zusammenarbeiten. Über Ihren Auftrag würden wir uns freuen.	10 _____

(Pro richtiger Lösung 0,5 Punkte, maximal 5 Punkte)   Punktzahl: ____/5 Punkte

SÜDKURIER

RADOLFZELL

MITTWOCH, 3. SEPTEMBER 1997   NR. 203 • 53. JAHR

Allweiler als Schauplatz eines Lehrbuches

Norbert Becker und Jörg Braunert schrieben „Dialog Beruf 3" – Pumpenhersteller war für sie idealer Partner

Radolfzell (ras) Die Nachfrage nach Deutschkursen für berufliche Zwecke steigt sprunghaft. Der Münchner Max Hueber Verlag reagierte darauf. Er beauftragte ein Radolfzeller Autorenteam, ein vierbändiges Lehrwerk zu entwickeln. Thema: Deutsch für den Beruf. Seit zwei Jahren arbeiten Dr. Norbert Becker, der frühere Leiter des Carl-Duisberg-Collegs (CDC) Radolfzell, und Dr. Jörg Braunert an dem Projekt „Dialog Beruf". Schauplatz des dritten Bandes ist Allweiler.

Bereits 1987 schrieben die beiden Autoren die ersten berufssprachlichen Lehrwerke „Dialog Deutsch". Den dritten Band ihrer neuen Lehrwerksreihe, den so genannten „Allweiler-Band", haben sie dieser Tage von Allweiler nach sachlicher Durchsicht zurückerhalten und beim Münchner Verlag abgegeben. Er soll Anfang 1998 auf den Markt kommen. Für ihren neuen Band suchten Norbert Becker und Jörg Braunert ein mittelständisches Unternehmen mit einem – wie sie es nennen – „Produkt zum Anfassen", mit Spitzentechnologie und weltweiten Geschäftsverbindungen. Allweiler, dessen Pumpen zu 40 Prozent in den Export gehen, sei der ideale Partner gewesen. Der Allweiler-Vorstand habe von Anfang an ein offenes Ohr gehabt für dieses Projekt und ihm

> ■
>
> *„In Allweiler den*
> *idealen Partner*
> *gefunden."*
>
> Die beiden Autoren
>
> ■

jede Förderung gegeben. Durch die zehn Lektionen von „Dialog Beruf" zieht sich ein Auftrag, wie er Tag für Tag bei Allweiler abgewickelt wird und den Norbert Becker wie folgt beschreibt: „Michiko Engineering, ein japanischer Anlagenbauer, benötigt 18 Schraubenspindelpumpen höchster Qualität für ein Ölkraftwerk in Pakistan. Kommt Allweiler diesmal zum Zug, obwohl sich die Interessenten bei früheren Angeboten anders entschieden hatten? Produktmanager Edwin Braun ruft die Leute von der Konstruktion, vom Kundendienst, von der Qualitätssicherung und von der Auftragslogistik zusammen, um die optimale technische Lösung und die richtige Angebotsstrategie abzustimmen. Das Angebot geht raus. Auf der Frankfurter Chemiefachmesse trifft

Edwin Braun den japanischen Partner zu letzten Gesprächen. Allweiler bekommt den Auftrag.

Der Liefertermin ist eng. Ein Zuliefertermin platzt. Die Zahlungszusage der Kundenbank lässt auf sich warten. Zu allem Überfluss werden auch noch zwei Mann in der Fertigung krank, ein Dritter fällt nach einem Arbeitsunfall aus. Ein eiliger Zwischenauftrag aus Mexiko verschärft die Lage.

Rosemarie Spitznagel und Wolfgang Blank verfolgen in der Auftragslogistik den Fortgang täglich am Bildschirm. Planungsrückstand! Überstunden – der Betriebsrat zieht mit. Sogar ein ausländischer Praktikant von Rapid Allweiler, dem Joint Venture von Allweiler in Südafrika, springt für 14 Tage in der Werkhalle ein. Fertigung, Montage, Probelauf auf dem Prüfstand, Verpackung. Der Kunde will inzwischen eine Teillieferung mit Luftfracht vorab. Aber das schafft das Team trotz aller Widrigkeiten. Der Versand bringt alles pünktlich auf den Weg."

Inzwischen tun die Pumpen aus Radolfzell ihren Dienst, zuverlässig, leise und unauffällig. Vom Allweiler-Band wird man dies sicher auch erwarten können. Der SÜDKURIER wird darauf zurückkommen, sobald er offiziell auf dem Markt ist.   -ig.

Recherche vor Ort: Wolfgang Blank, Koordinator der Gruppe Auftragslogistik, Sabine Kaiser, in der Personalabteilung zuständig für Aus- und Weiterbildung, und Monteur Frank Prüfer erläutern den beiden Autoren Norbert Becker (links) und Jörg Braunert (rechts) die Funktionsweise einer Allweiler-Schraubenspindelpumpe.

GRAMMATIK

I. Das Verb

1. Die Vollverben

1.1 Die „schwachen" Verben

	PRÄSENS			PRÄTERITUM		
	holen	arbeiten		holen	arbeiten	
ich	hole	arbeite	e	holte	arbeitete	(e)t-e
du	holst	arbeitest	(e)st	holtest	arbeitetest	(e)t-est
er/es/sie	holt	arbeitet	(e)t	holte	arbeitete	(e)t-e
wir	holen	arbeiten	en	holten	arbeiteten	(e)t-en
ihr	holt	arbeitet	(e)t	holtet	arbeitetet	(e)t-et
sie/Sie	holen	arbeiten	en	holten	arbeiteten	(e)t-en

- Die „schwachen" Verben verändern ihren Stamm nicht.
- Präteritum: Stamm + t + Endung
- Das Partizip II der „schwachen" Verben (siehe Seite 131) endet auf -t.

1.2 Die „starken" Verben

	PRÄSENS					PRÄTERITUM				
	bieten	heben	helfen	fahren		bieten	heben	helfen	fahren	
ich	biete	hebe	helfe	fahre	e	bot	hob	half	fuhr	–
du	bietest	hebst	hilfst	fährst	(e)st	botest	hobst	halfst	fuhrst	(e)st
er/es/sie	bietet	hebt	hilft	fährt	(e)t	bot	hob	half	fuhr	–
wir	bieten	heben	helfen	fahren	en	boten	hoben	halfen	fuhren	en
ihr	bietet	hebt	helft	fahrt	(e)t	botet	hobt	halft	fuhrt	(e)t
sie/Sie	bieten	heben	helfen	fahren	en	boten	hoben	halfen	fuhren	en

- Die „starken" Verben verändern im Präteritum und/oder im Partizip ihren Stamm.
- Einige haben bei *du* und *er* im Präsens einen Vokalwechsel von *e – i(e)* bzw. *a – ä: ich helfe – du hilfst, ich sehe – er sieht; ich fahre – er fährt, ich trage – du trägst* usw.
- Sie haben im Partizip II (siehe Seite 131) die Endung *-en*.

1.3 Die „gemischten" Verben

	PRÄSENS		PRÄTERITUM	
	denken	nennen	denken	nennen
ich	denke	nenne	dachte	nannte
du	denkst	nennst	dachtest	nanntest
er/es/sie	denkt	nennt	dachte	nannte
wir	denken	nennen	dachten	nannten
ihr	denkt	nennt	dachtet	nanntet
sie/Sie	denken	nennen	dachten	nannten

- Die „gemischten" Verben bilden das Präteritum mit *-te* wie die „schwachen" Verben und indem sie wie die „starken" Verben ihren Stamm verändern: *brennen – brannte, rennen – rannte*
- *denken – dachte, bringen – brachte* haben außerdem konsonantische Änderungen.
- Ihr Partizip II (siehe Seite 131) endet auf *-t*.

2. Die Hilfsverben

	PRÄSENS			PRÄTERITUM		
	sein	haben	werden	sein	haben	werden
ich	bin	habe	werde	war	hatte	wurde
du	bist	hast	wirst	warst	hattest	wurdest
er/es/sie	ist	hat	wird	war	hatte	wurde
wir	sind	haben	werden	waren	hatten	wurden
ihr	seid	habt	werdet	wart	hattet	wurdet
sie/Sie	sind	haben	werden	waren	hatten	wurden

- *Haben* und *sein* brauchen wir für Perfekt und Plusquamperfekt (siehe Seite 132).
- *Werden* brauchen wir für Futur und Passiv (siehe Seite 132 und 133).

GRAMMATIK

3. Die Modalverben und *wissen*

PRÄSENS

	können	müssen	dürfen	wollen	sollen	wissen	
ich	kann	muss	darf	will	soll	**wei**ß	–
du	kannst	musst	darfst	willst	sollst	**wei**ßt	**st**
er/es/sie	kann	muss	darf	will	soll	**wei**ß	–
wir	können	müssen	dürfen	wollen	sollen	wissen	**en**
ihr	könnt	müsst	dürft	wollt	sollt	wisst	**t**
sie/Sie	können	müssen	dürfen	wollen	sollen	wissen	**en**

- Die Endungen der Modalverben unterscheiden sich im Präsens bei *ich* und *er/es/sie* von den Endungen der Vollverben.
- Sie haben (außer *sollen*) im Stamm einen Vokalwechsel bei *ich, du, er/es/sie*.
- Sie stehen meistens zusammen mit einem Vollverb (im Infinitiv) (siehe Seite 133).
- Sie geben dem Zustand oder dem Geschehen des Verbs im Infinitiv eine bestimmte „Modalität" (Pflicht, Erlaubnis, Wunsch usw.).
- Die Bedeutung („Modalität") ergibt sich aus dem Kontext. Übersetzen Sie Modalverben also nicht direkt in Ihre Muttersprache.
- Das Vollverb *wissen* bildet seine Formen wie die Modalverben.

PRÄTERITUM

	können	müssen	dürfen	wollen	sollen	wissen
ich	**ko**nnte	**mu**sste	**du**rfte	wollte	sollte	**wu**sste
du	**ko**nntest	**mu**sstest	**du**rftest	wolltest	solltest	**wu**sstest
er/es/sie	**ko**nnte	**mu**sste	**du**rfte	wollte	sollte	**wu**sste
wir	**ko**nnten	**mu**ssten	**du**rften	wollten	sollten	**wu**ssten
ihr	**ko**nntet	**mu**sstet	**du**rftet	wolltet	solltet	**wu**sstet
sie/Sie	**ko**nnten	**mu**ssten	**du**rften	wollten	sollten	**wu**ssten

- Die Modalverben und das Vollverb *wissen* bilden das Präteritum wie die „gemischten" Verben.
- *Wollen* und *sollen* bilden das Präteritum wie die „schwachen" Verben.

4. Verben mit unbetonter und betonter Vorsilbe

mit unbetonter Vorsilbe

INFINITIV

verkáufen		verkauf	
entdécken	ich	entdeck	e
überprüfen	du	überprüf	(e)st
unterríchten	er/es/sie	unterricht	(e)t
bezáhlen	wir	bezahl	+ en
gehören	ihr	gehör	(e)t
zerreíßen	sie/Sie	zerreiß	en
wiederhólen		wiederhol	
...		...	

mit betonter Vorsilbe

INFINITIV

ánkommen		komm			an
ábholen	ich	hol	e		ab
wéggehen	du	geh	(e)st		weg
mítmachen	er/es/sie	mach	(e)t	...	mit
dárstellen	wir	stell	+ en		dar
eínkaufen	ihr	kauf	(e)t		ein
zurückschicken	sie/Sie	schick	en		zurück
wíedersehen		seh			wieder
...		...			...

- Die unbetonte Vorsilbe wird, anders als bei Verben mit betonter Vorsilbe, nie vom Stamm getrennt.
- Verben mit unbetonter Vorsilbe bilden das Partizip II ohne die Vorsilbe *ge-* (siehe Seite 131).
- Die betonte Vorsilbe bleibt nur im Infinitiv und Partizip mit dem Stamm verbunden; zur Stellung im Satz siehe Seite 143.
- Im Partizip II der Verben mit betonter Vorsilbe steht *-ge-* zwischen der Vorsilbe und dem Stamm (siehe Seite 131).

5. Das Partizip

5.1 Das Partizip I

INFINITIV	PARTIZIP I = _____ + d
kommen	kommen**d**
bleiben	bleiben**d**
stehen	stehen**d**
behandeln	behandeln**d**
...(e)n	...**d**

- Man braucht das Partizip I hauptsächlich als Adjektiv: *der unten stehende Betrag, ein leer stehendes Haus, in den folgenden Tagen.*
- Es hat aktivische Bedeutung und drückt die Gleichzeitigkeit aus: *ein Haus, das jetzt leer steht = ein leer stehendes Haus.*

5.2 Das Partizip II

5.2.1 ... der „schwachen" und „gemischten" Verben und von *haben*

ge_____(e)t		☒ _____iert	
holen	**ge**hol**t**	spazieren	spaz**iert**
arbeiten	**ge**arbeite**t**	orientieren	orient**iert**
denken	**ge**dach**t**	probieren	prob**iert**
nennen	**ge**nann**t**	präsentieren	präsent**iert**
wissen	**ge**wuss**t**	...	
...			
haben	**ge**hab**t**		

Man braucht das Partizip II

- als Adjektiv: *das verkaufte Haus, ein günstig angebotenes Auto.*

  Es hat passivische Bedeutung und drückt die Vorzeitigkeit aus: *das Haus, das verkauft worden ist; das Auto, das günstig angeboten wurde (und vielleicht noch angeboten wird) = das angebotene Auto.*

- um das Perfekt, das Plusquamperfekt und das Passiv zu bilden (siehe Seite 132). Zur Wortstellung siehe Seite 143–145.

5.2.2 ... der „starken" Verben und von *sein* und *werden*

ge_____en			
bieten	**ge**bot**en**	sein	**ge**wes**en**
helfen	**ge**holf**en**	werden	**ge**word**en**
fahren	**ge**fahr**en**		
trinken	**ge**trunk**en**		
schreiben	**ge**schrieb**en**		
...			

5.2.3 ... der Verben mit unbetonter/betonter Vorsilbe

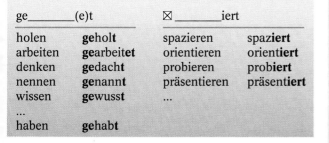

ver _____t		an ge_____t	
be _____en		ab _____en	
...		...	
verkaufen	verkauf**t**	ankommen	an**ge**komm**en**
entdecken	entdeck**t**	abholen	ab**ge**hol**t**
übergeben	übergeb**en**	weggehen	weg**ge**gang**en**
unternehmen	unternomm**en**	mitmachen	mit**ge**mach**t**
bezahlen	bezahl**t**	darstellen	dar**ge**stell**t**
zerreißen	zerriss**en**	wiedersehen	wieder**ge**seh**en**
...			

5.2.4 ... der Modalverben

siehe Seite 133: Verbformen mit dem Infinitiv

GRAMMATIK

6. Die Verbformen mit dem Partizip II

6.1 *haben* und *sein* + PARTIZIP II

Perfekt	Plusquamperfekt	PARTIZIP II
bin, bist, ist, sind, seid	war, warst waren, wart	geschrieben gekauft geblieben
habe, hast, hat, haben, habt	hatte, hattest, hatten, hattet	+ gedacht gekommen gemusst

- Perfekt und Präteritum haben weitgehend die gleiche Bedeutung. In schriftlichen Texten findet man das Präteritum häufiger als in der gesprochenen Sprache.

- Perfekt mit *sein*: viele Verben, die eine räumliche oder Zustandsveränderung ausdrücken, bilden das Perfekt mit *sein*: *Sie sind angekommen. Ich bin eingeschlafen.* Ebenso die Verben *sein, werden, bleiben, passieren, geschehen, vorkommen, gelingen.*
- Wortstellung: siehe Seite 143–145.

6.2 Das Passiv: *werden* + PARTIZIP II

Präsens	Präteritum	+ PARTIZIP II	Perfekt	Plusquam- perfekt	+ PARTIZIP II	
werde	wurde	repariert	bin	war	repariert	worden
wirst	wurdest	gekauft	bist	warst	gekauft	
wird	wurde	angeboten	ist	war	angeboten	
werden	wurden	verbraucht	sind	waren	verbraucht	
werdet	wurdet	...	seid	wart	...	
werden	wurden		sind	waren		

Achtung!
Im Passiv Perfekt und Plusquamperfekt: *worden* (statt *geworden*)

- Wenn man eine Handlung im Passiv ausdrückt, braucht man die handelnde Person nicht anzugeben. Deshalb drückt man Prozesse, Abläufe und Regeln gern im Passiv aus.
  Aktiv: *Ich bezahle die Ware sofort.*   Passiv: *Die Ware wird sofort bezahlt. Hier wird viel gearbeitet.*
- Während man das Vorgangspassiv mit *werden* bildet, besteht das Zustandspassiv aus *sein* + PARTIZIP II. Das Zustandspassiv drückt das Ergebnis eines Vorgangs aus:

Vorgang:	Zustand:
Die Maschine wurde (gerade) repariert.	Die Maschine ist (schon) repariert.
Die Maschine ist repariert worden.	
Die Maschine war repariert worden.	Die Maschine war repariert.

6.3 Die Ersatzformen des Passivs

6.3.1 *erfolgen, man,* PARTIZIP II als Adjektiv

Die Abholung der Lieferung erfolgt morgen.	Die Lieferung wird morgen abgeholt.
Lieferungen erledigt man bis 15 Uhr.	Lieferungen werden bis 15 Uhr erledigt.
Die verpackte Lieferung steht im Lager.	Die Lieferung steht im Lager. Sie ist verpackt worden.

6.3.2 *sein* + *zu* + INFINITIV, der/das/die/... zu ...nde_: *müssen* + PASSIV

Lieferungen sind um 15 Uhr abzuholen.	Lieferungen müssen um 15 Uhr abgeholt werden.
Die morgen zu versendende Lieferung ist verpackt worden.	Die Lieferung, die morgen versendet werden muss, ist verpackt worden.

6.3.3 *...fertig/...bereit/...bar:* *können* + PASSIV

Die Lieferung ist morgen versandfertig/versandbereit/versendbar.	Die Lieferung kann morgen versendet werden.

7. Die Verbformen mit dem Infinitiv

7.1 Modalverb + INFINITIV (Präsens/Präteritum)

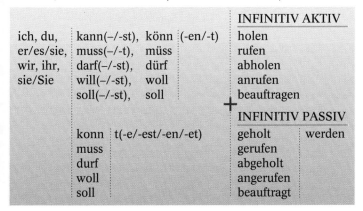

				INFINITIV AKTIV	
ich, du,	kann(–/-st),	könn	(-en/-t)	holen	
er/es/sie,	muss(–/-t),	müss		rufen	
wir, ihr,	darf(–/-st),	dürf		abholen	
sie/Sie	will(–/-st),	woll		anrufen	
	soll(–/-st),	soll		beauftragen	
				INFINITIV PASSIV	
	konn	t(-e/-est/-en/-et)		geholt	werden
	muss			gerufen	
	durf			abgeholt	
	woll			angerufen	
	soll			beauftragt	

7.2 Modalverb + INFINITIV (Perfekt/Plusquamperfekt)

		INFINITIV AKTIV	MODALVERB	Achtung! Sonderform des Modal-verbs im Perfekt und im Plusquam-perfekt:
ich, du,	hab(-e/-en/-t), ha(-st/-t)	holen	können	
er/es/sie,		rufen	müssen	*Ich habe ... gemusst.*
wir, ihr,	hatt(-e/-est/-en/-et)	abholen	dürfen	*Du hast ... gemusst.*
sie/Sie		anrufen	wollen	...
		beauftragen	sollen	
		INFINITIV PASSIV		aber:
		geholt werden		*Ich habe ... holen müssen.*
		gerufen		*Du hast anrufen sollen.*
		abgeholt		...
		angerufen		
		beauftragt		

7.3 Das Futur: *werden* + INFINITIV

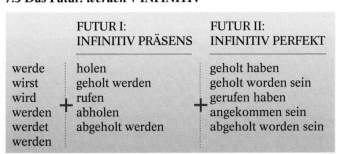

	FUTUR I: INFINITIV PRÄSENS	FUTUR II: INFINITIV PERFEKT
werde	holen	geholt haben
wirst	geholt werden	geholt worden sein
wird	rufen	gerufen haben
werden	abholen	angekommen sein
werdet	abgeholt werden	abgeholt worden sein
werden		

- Mit dem Futur drücken wir aus:
  – Annahme/Vermutung: *Er wird (wohl) kommen.*
  – Prognose: *Der Umsatz wird 1999 steigen.*
  – Bestätigung/Versprechen: *Ich werde kommen.*
- Die Zukunft drücken wir im Allgemeinen mit dem Präsens und einer Zeitangabe aus:
  Er kommt morgen.

- Vermutung mit dem Futur II: *Kommt er noch? – Er wird schon gekommen sein.* (= Ich glaube, dass er schon gekommen ist.)
- Zukunft mit dem Futur II: *Morgen um 8 Uhr wird er die Sendung haben.* (= Heute wurde die Sendung nicht mehr ausgeliefert, aber morgen um 8 Uhr ist sie da.)

8. Der Imperativ

INFINITIV	Singular („du")		Plural („ihr")		Singular/Plural („Sie")	
sagen	Sag		Sag	**t**	Sag	**en Sie**
holen	Hol	... ab	Hol	... ab	Hol	... ab
fragen	Frag		Frag		Frag	
nachdenken	Denk	... nach	Denk	... nach	Denk	... nach
schreiben	Schreib		Schreib		Schreib	
anrufen	Ruf	... an	Ruf	... an	Ruf	... an
bestellen	Bestell		Bestell		Bestell	
nehmen	Nimm		Nehm		Nehm	
sein	Sei		Seid	(!)	Sei	

- Die „starken" Verben mit Vokalwechsel *e – i(e)* (siehe Seite 129) haben auch im Imperativ Singular („du") ein *i(e)*: *Gib! Hilf! Sieh! Lies! Sprich!*
- Verben mit *-d* und *-t* am Ende des Stamms enden im Singular auf *-e* und im Plural auf *-et*: *reden – red**e**/red**et**, arbeiten – arbeit**e**/arbeit**et**, zusenden – send**e** ... zu / send**et** ... zu.*
- Verben mit den Endungen *-ern*, *-nen* und *-eln* haben im Singular („du") ein *-e*: *vergrößern – vergrößer**e**, zeichnen – zeichn**e**, verhandeln – verhand(e)l**e**.*
- Mit dem Imperativ drücken wir Aufforderungen aus. Wir brauchen ihn hauptsächlich für mündliche Anweisungen und Bitten: *Nimm Platz! – Nehmen Sie doch noch einen Kaffee! – Bringt die Paletten ins Lager!*
- Wortstellung: siehe Seite 143.

9. Der Konjunktiv

9.1 Der Konjunktiv I

	sein	können	müssen	dürfen	wollen	sollen	wissen	haben	werden	schreiben
ich	**sei**	könn**e**	müss**e**	dürf**e**	**wolle**	soll**e**	**wisse**			
du	**seist**									
er/es/sie	**sei**	könn**e**	müss**e**	dürf**e**	**wolle**	soll**e**	**wisse**	ha**be**	wer**de**	schreib**e**
wir	**seien**									
ihr	**seiet**									
sie/Sie	**seien**									

- Man benutzt die Formen des Konjunktivs I im Allgemeinen bei den Modal- und den Hilfsverben sowie bei *wissen* wie oben angegeben. Bei den anderen Verben und den anderen Formen benutzen wir im Allgemeinen die Formen des Konjunktivs II (siehe unten).
- Der Stamm des Konjunktivs I stimmt mit dem Stamm des Infinitivs überein: *wissen – er **wisse**, werden – er **werde**.*
- Mit dem Konjunktiv I drücken wir aus, dass wir die Aussagen einer anderen Person berichten.

9.2 Der Konjunktiv II

9.2.1 ... der Hilfsverben

	sein	haben	werden
ich	**wäre**	hätte	würde
du	**wärest**	hättest	würdest
er/es/sie	**wäre**	hätte	würde
wir	**wären**	hätten	würden
ihr	**wäret**	hättet	würdet
sie/Sie	**wären**	hätten	würden

- Den Konjunktiv II bildet man aus der Präteritumform mit Umlaut.
- Die Hilfsverben haben im Konjunktiv einen Vokalwechsel von *a – ä* (*war – wäre, hatte – hätte*) und *u – ü* (*wurde – würde*).
- Ebenso ist es bei den
  - Modalverben (Umlaut außer bei *wollen* und *sollen*);
  - „starken" Verben (Umlaut bei *a, o, u*; selten gebraucht).

9.2.2 ... von einigen „starken" Verben

ich	käm	e
du	nähm	(e)st
er/es/sie	gäb	e
wir	ging	+en
ihr	schrieb	(e)t
sie/Sie	lief	en
	...	

... der Modalverben und von *wissen*

könnte	müsste	wollte	...	wüsste
könntest	müsstest	wolltest	...	wüsstest
könnte	müsste	wollte	...	wüsste
könnten	müssten	wollten	...	wüssten
könntet	müsstet	wolltet	...	wüsstet
könnten	müssten	wollten	...	wüssten

9.2.3 ... der anderen Verben: *würde_* + INFINITIV

ich	würde	sagen, abholen, spazieren
du	würdest	gehen, fahren, bearbeiten,
er/es/sie	würde	nennen, helfen, anbieten, ...
wir	würden	+
ihr	würdet	
sie/Sie	würden	

- Die Bildung mit *würde_* + Infinitiv ist die häufigste Form des Konjunktiv II.
  Siehe auch Seite 133: Verbformen mit dem Infinitiv.

Mit dem Konjunktiv II drücken wir aus:
- höfliche Bitten: *Könnten Sie mir bitte helfen?*
- Wünsche: *Ich würde mich gern mit Ihnen verabreden.*
- Vorschläge: *Wir könnten doch eine andere Maschine nehmen.*
- Hypothesen: *Wenn der Pronto billiger wäre, würden wir ihn nehmen.*
- Vermutungen: *Das könnte eine Schraubenspindelpumpe sein.*

9.3 Die indirekte Rede

INFINITIV	sein	müssen	wissen	haben	einige starke Verben	die meisten Vollverben
ich	sei	müsse	wisse	hätte	käme	würde bringen
du	seist	müsstest	wüsstest	hättest	kämest	würdest bringen
er/es/sie	sei	müsse	wisse	habe	komme	würde bringen
wir	seien	müssten	wüssten	hätten	kämen	würden bringen
ihr	seiet	müsstet	wüsstet	hättet	kämet	würdet bringen
sie/Sie	seien	müssten	wüssten	hätten	kämen	würden bringen

- Für die indirekte Rede benutzen wir in der geschriebenen Sprache die Formen des Konjunktivs I und des Konjunktivs II (siehe Seite 134).

9.4 Der Konjunktiv I und II Vergangenheit

	KONJUNKTIV I	KONJUNKTIV II	PARTIZIP II	
ich	sei	wäre	gegangen	
du	seiest	wärest	geblieben	
er/es/sie	sei	wäre	zurückgekommen	
wir	seien	wären	geholt	worden
Ihr	seiet	wäret	beauftragt +	PASSIV
sie/Sie	seien	wären	genommen	
ich		hätte	genommen	
du		hättest	geholt	
er/es/sie	habe	hätte	verkauft	
wir		hätten	gedurft	
ihr		hättet	gebraucht	
sie/Sie		hätten	mitgemacht	

- Im Konjunktiv drücken wir Präteritum, Perfekt und Plusquamperfekt durch den Konjunktiv I bzw. II von *haben/sein* + PARTIZIP II aus:

  Er ging/ist/war gegangen.
  Er arbeitete/hat(te) gearbeitet.
  Ich arbeitete/habe/hatte gearbeitet.
  Wir mussten arbeiten.
  Wir haben arbeiten müssen.

  Er sei/wäre gegangen.
  Er habe/hätte gearbeitet.
  Ich hätte gearbeitet.
  Wir hätten arbeiten müssen.

GRAMMATIK

1. Die Artikelwörter

1.1 Der bestimmte und der unbestimmte Artikel und *kein_*

SINGULAR	MASKULINUM	NEUTRUM	FEMININUM
NOM	der (k)ein	das (k)ein	die (k)eine
AKK	den (k)einen	das (k)ein	die (k)eine
DAT	dem (k)einem	dem (k)einem	der (k)einer
GEN	des (k)eines	des (k)eines	der (k)einer
PLURAL			
NOM	die –		keine
AKK	die –		keine
DAT	den –		keinen
GEN	der von		keiner

- Im Plural sind Maskulinum, Neutrum und Femininum gleich.
- Den unbestimmten Artikel drücken wir im Plural durch Weglassen des Artikels aus: *ein Haus – Häuser.*
- Den unbestimmten Artikel des Genitiv Plural drücken wir mit *von* aus: *die Herstellung eines Geräts – die Herstellung von Geräten.*

1.2 *jede_/alle_, diese_, welche_*

MASKULINUM	NEUTRUM	FEMININUM
der jed er	das jed es	die jed e
den dies en	das dies es	die dies e
dem welch em	dem welch em	der welch er
des es	des es	der er
die	all e	
die	dies e	
den	welch en	
der	er	

Die Endungen von *jede_/alle_, diese_* und *welche_* stimmen mit den Endungen des bestimmten Artikels überein.

Die Endungen des Possessivartikels stimmen mit den Endungen des unbestimmten Artikels bzw. von *kein* überein (siehe unten).

1.3 Die Possessivartikel: *mein_, dein_, sein_/ihr_, Ihr_, unser_, eu(e)r_, ihr_, Ihr_*

		M	N	F
SINGULAR	NOMINATIV	–	–	-e
	AKKUSATIV	-en	–	-e
	DATIV	-em	-em	-er
	GENITIV	-es	-es	-er
PLURAL	NOMINATIV		-e	
	AKKUSATIV		-e	
	DATIV		-en	
	GENITIV		-er	

ich:	mein_
du:	dein_
er:	sein_
sie:	ihr_
wir:	unser_
ihr:	eu(e)r_
sie:	ihr_
Sie:	Ihr_

2. Die Nomen

2.1 Die Formen der „starken" Nomen

SINGULAR	MASKULINUM		NEUTRUM		FEMININUM	
NOMINATIV	der/ein	Mitarbeiter	das/ein	Buch	die/eine	Frage
AKKUSATIV	den/einen		das/ein		die/eine	
DATIV	dem/einem		dem/einem		der/einer	
GENITIV	des/eines	Mitarbeiters	des/eines Buches		der/einer	
PLURAL						
NOMINATIV		die/– Mitarbeiter, Bücher, Fragen				
AKKUSATIV						
DATIV		den/– Mitarbeitern, Büchern, Fragen				
GENITIV		der Mitarbeiter, Bücher, Fragen/von Mitarbeitern, Büchern, Fragen				

- Die „starken" Nomen haben eigene Endungen nur im Genitiv Maskulinum und Neutrum *(s)* und im Dativ Plural *(n)*.
- Die einsilbigen „starken" Nomen haben im Genitiv Singular meistens *-es: das Buch – des Buches, der Tag – des Tages;* ebenso die „starken" Nomen auf *-s, -z* und *-sch: des Beweises, des Umsatzes, des Geräusches*
- **Achtung:** *zu/nach Hause, im Jahre, im Falle*

2.2 Die Formen der „schwachen" Nomen

SINGULAR	
NOMINATIV	der/ein Kunde
AKKUSATIV	den/einen Kunden
DATIV	dem/einem Kunden
GENITIV	des/eines Kunden
PLURAL	
NOMINATIV	die/- Kunden
AKKUSATIV	die/- Kunden
DATIV	den/- Kunden
GENITIV	der/von Kunden

ebenso: der ...
Junge, Kollege, Franzose, ...**e**
Lieferant, Praktikant, ...**ant**
Patient, Klient, ...**ent**
Polizist, Spezialist, Journalist, ...**ist**
Herr

- Die „schwachen" Nomen
  – sind Maskulina,
  – bilden den Plural mit *-en*,
  – haben im Akkusativ, Dativ und Genitiv *-en*.

2.3 Adjektive und Partizipien als Nomen

SINGULAR	MASKULINUM	NEUTRUM	FEMININUM
NOMINATIV	der Neue, ein Neuer	das Neue, ein Neues	die/eine Neue
AKKUSATIV	den/einen Neuen		
DATIV		dem/einem Neuen	der/einer Neuen
GENITIV		des/eines Neuen	
PLURAL			
NOMINATIV		die Neuen, Neue	
AKKUSATIV			
DATIV		den/– Neuen	
GENITIV		der Neuen, Neuer	

Partizipien *(die Angestellte, der Verletzte, die Auszubildenden, das Folgende)* und Adjektive als Nomen haben die Formen des Adjektivs (siehe Seite 140, 141).

Ausdrücke zum Lernen: Mengenangaben mit *nichts, etwas, viel* + ADJEKTIV/PARTIZIP

nichts	*Interessantes*	*wie viel*	*Aufregendes*
etwas	*Wichtiges*	*so viel*	*Geplantes*
viel	*Neues*		*Alles Gute!*

GRAMMATIK

2.4 *der*, *das* oder *die*, Singular und Plural

	SINGULAR	PLURAL

2.4.1 *der*

...er ...or ...är	der Lehrer, Mitarbeiter, Verkäufer, Leiter, Computer, Kugelschreiber, Aktenordner; Professor, Doktor, Projektor; Aktionär, Pensionär, ...	die Lehrer, ...– die Professoren, ...**en** die Aktionäre, ...**e**

Personen mit Berufen, Zuständigkeiten, Tätigkeiten; Arbeitsmittel

...–	der Anfang, Auftrag, Flug, Hinweis, Schlag, Besuch, Empfang, Export, ...	die Anfänge, die Flüge, die Besuche, die Hinweise, ...**e**

Verb – Nomen ohne Endung. Aber: **das** Angebot, **das** Lob, **die** Fahrt,
die Antwort, **die** Ankunft, **die** Angabe, **die** Annahme, ...

2.4.2 *das*

...en	das Packen, Versenden, Produzieren, Essen, Leben, ...	–

Der Infinitiv als Nomen drückt im Allgemeinen Tätigkeiten aus.
Er hat keinen Plural.

Ge...	das Geschäft, Gespräch, Gepäck, Gesetz, Getränk, Gewicht, Geschenk, Gebirge, Firmengelände, Kopiergerät, Angebot, ...	die Geschäfte, die Gespräche, die Gesetze, ...**e** die Gepäck**stücke**

Aber: **der** Gesang, **der** Gedanke, **die** Geburt, ...

...(s)tel	das Drittel, Viertel, Siebtel, Zwanzigstel, Hundertstel, ...	die Drittel, drei Viertel, fünfzehn Hundertstel, ...–

Bruchzahlen; Achtung: **die** Hälfte

...o	das Auto, Radio, Foto, Kilo, Büro, ...	die Autos, die Büros, die Fotos, ...**s**

so genannte „Fremdwörter"; ebenso bilden den Plural: die Kamera,
das Hobby, das Sofa, die Party, das Taxi; aber: das Konto – die
Kont**en**

2.4.3 *die*

...e	die Lampe, Karte, Hälfte, Dose, Ecke, Größe, ...	die Lampen, die Karten, die Hälften, ...**n**

Aber: **der** Junge, **der** Kunde, **der** Kollege (siehe Seite 137: „schwache"
Nomen)

...in	die Lehrerin, Mitarbeiterin, Verkäuferin, Laborantin, Praktikantin, Sekretärin, ...	die Lehrerin**nen**, Mitarbeiterin**nen**, ...**nen**

Berufe, Zuständigkeiten und Tätigkeiten von Frauen

...ung ...ion	die Wohnung, Verpackung, Rechnung, Besprechung, Begrüßung; Produktion, Spedition, ...	die Wohnung**en**, die Verpackung**en**, die Speditionen, ...**en**

Verb – Nomen: wohn**en** – die Wohn**ung**, produz**ieren** – die Produkt**ion**

...rei	die Gießerei, die Härterei, die Packerei, die Metzgerei, ...	die Gießerei**en**, ...**en**

...heit ...keit ...ität	die Schönheit, Freiheit, Gesundheit, ... die Freundlichkeit, Fähigkeit, Zuverlässigkeit, ... die Flexibilität, Kompatibilität, Qualität, ...	die Freiheit**en**, die Fähigkeit**en**, die Qualität**en**, ...**en**

Adjektiv – Nomen: Eigenschaften, Merkmale; nur ein Teil dieser
Nomen kann einen Plural bilden.

...schaft	die Gesellschaft, Gewerkschaft, Eigenschaft, Belegschaft, ...	die Gesellschaft**en**, ...**en**

2.5 Umformungen Verb – Nomen

2.5.1 ...en

vergleichen, zusammenhängen, entwerfen, verlieren, fliegen, ...	**Vokalwechsel / der ..., -e** der Vergleich, Zusammenhang (Zusammenhänge), Entwurf (Entwürfe), Verlust (!) (Verluste), Flug (Flüge), ...
abgeben, annehmen, helfen, sprechen, ankommen, ansehen, ...	**Vokalwechsel / die ..., -en** die Abgabe, Annahme, Hilfe, Sprache, An**kunft** (!), An**sicht** (!) ...
lösen, verhandeln, besprechen, regeln, ...	**die ...ung, -en** die Lös**ung**, Verhandl**ung**, Besprech**ung**, Regel**ung**, ...

2.5.2 ...ieren

reservieren, optimieren, modernisieren, formatieren, regieren, reduzieren, ...	**die ...ierung, -en** die Reserv**ierung**, Optim**ierung**, Modernis**ierung**, Format**ierung**, Reg**ierung**, Reduz**ierung**, ...
organisieren, kommunizieren, reklamieren, konzentrieren, ...	**die ...ation, -en** die Organis**ation**, Kommunik**ation**, Reklam**ation**, Konzentr**ation**, ...
reduzieren, konstruieren, produzieren, reagieren, ...	**die ...ktion, -en** die Redu**ktion**, Konstru**ktion**, Produ**ktion**, Rea**ktion**, ...

2.5.3 ...e(l)n

vergleichen, fliegen, regeln, fragen, organisieren, produzieren, ...	**das ...e(l)n (kein Plural)** das Vergleich**en**, Flieg**en**, Regel**n**, Frag**en**, Organisier**en**, Produzier**en**, ...

- Infinitive als Nomen haben immer den Artikel *das*. Sie können von jedem Verb gebildet werden. Sie bezeichnen Tätigkeiten oder Prozesse: *Das Produzieren von Solarzellen ist ein kompliziertes Verfahren. Das Aufbauen der Maschine kostet viel Zeit.*

3. Die Pronomen

3.1 Die Personal- und Reflexivpronomen

PERSONALPRONOMEN			REFLEXIVPRONOMEN	
NOM	AKK	DAT	AKK	DAT
ich	mich	mir	mich	mir
du	dich	dir	dich	dir
er/es/sie	ihn/es/sie	ihm/ihm/ihr	**sich**	
wir	uns		uns	
ihr	euch		euch	
sie/Sie	ihnen/Ihnen		**sich**	

- Die Formen der Reflexivpronomen unterscheiden sich nur in der 3. Person Singular/Plural von den Formen des Personalpronomens.

Reflexivpronomen	Verb	Beispiele
im Akkusativ	ohne Akkusativobjekt	*Ich habe **mich** verrechnet. Ich stelle **mich** bei Firma IBS vor. Ich habe **mich** verletzt. Er ärgert **sich**.*
im Dativ	mit Akkusativobjekt	*Das höre ich **mir** an. Hast du **dir den Fuß** verletzt? Er macht **mir** Sorgen.*

Die Stellung der Personalpronomen im Satz

	Abfolge	
2 Nomen	1. Dativ, 2. Akkusativ	*Wir übergeben Herrn Müller **die Arbeit**.*
1 Nomen + 1 Pronomen	1. Pronomen, 2. Nomen	*Wir übergeben ihm **die Arbeit**.* *Wir übergeben **sie** Herrn Müller.*
2 Pronomen	1. Akkusativ, 2. Dativ	*Wir übergeben **sie** ihm.*

GRAMMATIK

3.2 Die Relativpronomen

	SINGULAR			PLURAL
	MASKULINUM	NEUTRUM	FEMININUM	
NOM	der	das	die	die
AKK	den	das	die	die
DAT		dem	der	**denen**
GEN		**dessen**	**deren**	**deren**

- Die Relativpronomen unterscheiden sich nur im Genitiv Singular und im Dativ/Genitiv Plural von den Formen des bestimmten Artikels.
- Sie verbinden ein Nomen des Hauptsatzes mit einem Nebensatz (Relativsatz) (siehe Seite 145).

3.3 *man*

NOMINATIV	AKKUSATIV	DATIV
man	einen	einem

Man braucht auch mal eine Pause.
*Sie können **einen** nicht ohne Pause arbeiten lassen.*
*Sie müssen **einem** auch mal eine Pause geben.*

3.4 Das unpersönliche *es*

Es werden täglich 300 Stück verkauft.
Es ist verboten, in der Kantine zu rauchen.
Es war gut, dass der Arzt schnell da war.

Aber: ***Täglich** werden 300 Stück verkauft.*
***In der Kantine zu rauchen** ist verboten.*

Das *es* hat keine inhaltliche Bedeutung; es hat die Funktion, die Position 1 im Satz zu besetzen (siehe Seite 143).

Es handelt sich um eine schwierige Frage.
Es gibt nicht genug Material.

Verben, die *es* als Subjekt haben.

Wir haben **es** eilig. Du hast **es** gut/schwer, ...

Feste Verbindungen mit *haben + es*

4. Das Adjektiv

4.1 Die Stellung des Adjektivs im Satz

Der Mitarbeiter ist **neu**.
Das Gerät ist **teuer**.
Die Maschine arbeitet **schnell**.
Er findet die Besprechung **langweilig**.
Die Arbeit wird **schwer**.

Der **neue** Mitarbeiter ...
Das **teure** Gerät ...
Mit einer **schnellen** Maschine ...
Eine **langweilige** Besprechung ...
Trotz **schwerer** Arbeit ...

Wenn das Adjektiv zum (Hilfs-)Verb gehört, hat es keine Endung. Man nennt es in diesem Fall auch Adverb (bei Hilfsverben Prädikativum).

Wenn das Adjektiv zu einem Nomen gehört, steht es unmittelbar vor dem Nomen und hat eine Endung. Die Endung hängt vom Nomen und von seinem Artikelwort ab. Man nennt es in diesem Fall Attribut.

4.2 Die Endungen des Adjektivs links von seinem Nomen

4.2.1 ... nach dem bestimmten Artikel, nach *diese_, jede_, alle_*

SINGULAR	MASKULINUM		NEUTRUM		FEMININUM		
NOMINATIV	der neue	Mitarbeiter	das neue	Gerät	die neue	Maschine	**-e**
AKKUSATIV	den neuen	Mitarbeiter	das neue	Gerät	die neue	Maschine	**-en/-e**
DATIV	dem neuen	Mitarbeiter	dem neuen	Gerät	der neuen	Maschine	**-en**
GENITIV	des neuen	Mitarbeiters	des neuen	Geräts	der neuen	Maschine	**-en**
PLURAL							
NOMINATIV		die neuen	Mitarbeiter, Geräte, Maschinen				**-en**
AKKUSATIV		die neuen	Mitarbeiter, Geräte, Maschinen				
DATIV		den neuen	Mitarbeitern, Geräten, Maschinen				
GENITIV		der neuen	Mitarbeiter, Geräte, Maschinen				

Nach dem bestimmten Artikel und *diese_, jede_, alle_* hat das Adjektiv folgende Endungen
-e   im Nominativ und Akkusativ Singular; Abweichung: Akkusativ Maskulinum *(-en)*
-en   in allen übrigen Fällen

4.2.2 ... vor Nomen ohne Artikel

SINGULAR	MASKULINUM	NEUTRUM	FEMININUM
NOMINATIV	großer Fleiß	weißes Papier	neue Ausstattung
AKKUSATIV	großen Fleiß	weißes Papier	neue Ausstattung
DATIV	großem Fleiß	weißem Papier	neuer Ausstattung
GENITIV	großen Fleißes	weißen Papiers	neuer Ausstattung
PLURAL			
NOMINATIV	neue	Mitarbeiter, Geräte, Maschinen	
AKKUSATIV	neue	Mitarbeiter, Geräte, Maschinen	
DATIV	neuen	Mitarbeitern, Geräten, Maschinen	
GENITIV	neuer	Mitarbeiter, Geräte, Maschinen	

- Wenn das Nomen keinen Artikel hat, dann hat das Adjektiv die Endung des bestimmten Artikels (siehe Seite 136), außer im Genitiv Singular Maskulinum/Neutrum *(-en)*.

4.2.3 ... nach dem unbestimmten Artikel, dem Possessivartikel und *(k)ein_*

- Wenn das Nomen einen unbestimmten Artikel, einen Possessivartikel oder *kein_* hat, dann sind die Endungen des Adjektivs wie in 4.2.2, außer im Dativ Singular und im Genitiv Singular Femininum *(-en)*.

SINGULAR	MASKULINUM	NEUTRUM	FEMININUM
NOMINATIV			
AKKUSATIV			
DATIV	einem neuen Mitarbeiter	einem neuen Gerät	einer neuen Maschine
GENITIV			einer neuen Maschine

GRAMMATIK

4.3 Die Komparation des Adjektivs

4.3.1 Der Komparativ

ADVERB				
so	gut	wie ...	**besser**	als ...
	viel		**mehr**	
	gern		**lieber**	
	hoch		**höher**	
	groß		größ**er**	
	lang		läng**er**	
	kurz		kürz**er**	
	jung		jüng**er**	
	alt		ält**er**	
	teuer		teur**er**	
	dunkel		dunkl**er**	
	voll		voll**er**	
	schwer		schwe**rer**	
	schön		schön**er**	
	klein		klein**er**	
			...**er**	
			siehe Seite 141	

ATTRIBUT + Endung			
d_	**besser**	en	als ...
–	–	e	
ein_	–	er	
kein_	**höher**	es	
jede_	größ**er**	em	
alle_	läng**er**		
...	kürz**er**		
	jüng**er**		
	ält**er**		
	teur**er**		
	dunkl**er**		
	voll**er**		
	schwe**rer**		
	schön**er**		
	klein**er**		
	...**er**		
	siehe Seite 141		

- Adjektive mit *a, o, u* bilden den Komparativ oft mit Umlaut: *arm – ärmer, groß – größer, klug – klüger, ...*; **aber:** *langsam – langsamer, offen – offener, dunkel – dunkler, ...*
- Adjektive auf *-el* und *-er* haben im Komparativ nur *-l* und *-r*: *dunkel – dunkler, teuer – teurer*

4.3.2 Der Superlativ

ADVERB			
gut	besser	am	**besten**
viel	mehr		me**isten**
gern	lieber		lieb**sten**
hoch	höher		höch**sten**
groß	größer		größ**ten**
lang	länger		läng**sten**
kurz	kürzer		kürz**esten**
jung	jünger		jüng**sten**
alt	älter		ält**esten**
teuer	teurer		teuer**sten**
dunkel	dunkler		dunkel**sten**
voll	voller		voll**sten**
schwer	schwerer		schwer**sten**
schön	schöner		schön**sten**
klein	kleiner		klein**sten**
			...**(e)sten**
			siehe Seite 141

ATTRIBUT + Endung	
d_	**best** en
	meist e
	liebst er
	höchst es
	größt em
	längst
	kürzest
	jüngst
	ältest
	teuerst
	dunkelst
	vollst
	schwerst
	schönst
	kleinst
	...**(e)st**
	siehe Seite 141

- Wenn das Adjektiv auf *d, t, s* oder *z* endet, wird der Superlativ mit *-est* gebildet.

1. Der Hauptsatz

1.1 Der Aussagesatz

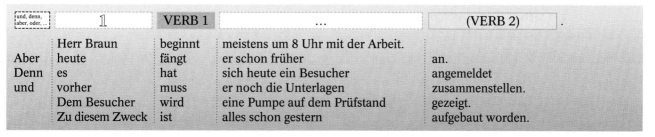

und, denn, aber, oder, ...	1	VERB 1	...	(VERB 2)	.
Aber	Herr Braun	beginnt	meistens um 8 Uhr mit der Arbeit.		
Denn	heute	fängt	er schon früher	an.	
und	es	hat	sich heute ein Besucher	angemeldet	
	vorher	muss	er noch die Unterlagen	zusammenstellen.	
	Dem Besucher	wird	eine Pumpe auf dem Prüfstand	gezeigt.	
	Zu diesem Zweck	ist	alles schon gestern	aufgebaut worden.	

- Im Aussagesatz steht VERB 1 immer in Position 2.
- Vor Position 1 („in Position 0") können stehen: *aber, und, oder, denn, sondern, doch.*
- Die Position von (VERB 2) kann unbesetzt sein. Sie ist besetzt bei:

	1		...	
◆ Verben mit betonter Vorsilbe (siehe Seite 131)	1	komme / stellt	...	an / zusammen
◆ *haben/sein* + PARTIZIP II (siehe Seite 132)	1	hat / sind	...	gekauft / gekommen
◆ *werden* + PARTIZIP II (siehe Seite 132)	1	werden / ist	...	gezeigt / aufgebaut worden
◆ *werden* + INFINITIV (siehe Seite 133)	1	wirst / würde	...	arbeiten müssen / kommen
◆ Modalverb + INFINITIV (siehe Seite 133)	1	müssen / sollte	...	anrufen / erledigt werden

1.2 Der Fragesatz

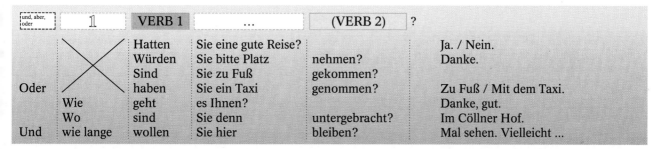

und, aber, oder	1	VERB 1	...	(VERB 2)	?
Oder		Hatten	Sie eine gute Reise?		Ja. / Nein.
		Würden	Sie bitte Platz	nehmen?	Danke.
		Sind	Sie zu Fuß	gekommen?	
		haben	Sie ein Taxi	genommen?	Zu Fuß / Mit dem Taxi.
	Wie	geht	es Ihnen?		Danke, gut.
	Wo	sind	Sie denn	untergebracht?	Im Cöllner Hof.
Und	wie lange	wollen	Sie hier	bleiben?	Mal sehen. Vielleicht ...

- In Fragen, die man mit *Ja* oder *Nein* beantworten kann, ist Position 1 unbesetzt.
- Fragen mit Fragewörtern besetzen die Position 1 mit dem Fragewort. Sie haben also dieselbe Wortstellung wie Aussagesätze (siehe oben).

1.3 Der Imperativsatz

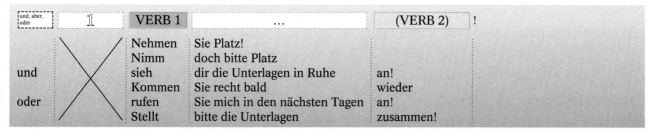

und, aber, oder	1	VERB 1	...	(VERB 2)	!
und		Nehmen	Sie Platz!		
		Nimm	doch bitte Platz		
		sieh	dir die Unterlagen in Ruhe	an!	
		Kommen	Sie recht bald	wieder	
oder		rufen	Sie mich in den nächsten Tagen	an!	
		Stellt	bitte die Unterlagen	zusammen!	

- Mit Imperativsätzen werden Aufforderungen ausgedrückt.
- Position 1 ist in Imperativsätzen immer unbesetzt.

GRAMMATIK

2. Hauptsatz + Nebensatz

2.1 Hauptsatz und Nebensatz mit Konjunktion

und, denn, aber, oder,...	HAUPTSATZ	, KONJUNKTION	...	(VERB 2)	VERB 1	.

Ergänzung: *dass*

	Ich glaube,	**dass**	eine Stunde genug		ist.
Denn	der Chef will ja nur,	**dass**	ein paar Fragen	diskutiert	werden.

Bedingung: *wenn, falls*

Aber	es macht nichts,	**wenn**	die Sache länger		dauert.
Denn	ich habe noch Zeit,	**falls**	wir bis 10 nicht fertig	geworden	sind.

Begründung: *weil, obwohl*

	Herr Blank ist dabei,	**weil**	er etwas Wichtiges	mitteilen	möchte.
	Er weiß gut Bescheid,	**obwohl**	er den Vorgang nicht	bearbeitet	hat.

Ziel/Zweck: *damit*

	Alles ist gut vorbereitet,	**damit**	bald eine Lösung	gefunden werden	kann.
Aber	es muss sofort losgehen,	**damit**	wir keine Zeit		verlieren.

Folge: *sodass*

	Herr Baum ist verreist,	**sodass**	wir ohne ihn	anfangen	müssen.
	Das Akkreditiv fehlte,	**sodass**	der Auftrag nicht	gestartet	werden konnte.

Zeit: *wenn, als, bevor, nachdem, sobald, seitdem, während*

	Man kann nur beginnen,	**wenn**	genug Material da		ist.
	Herr Hiller rief an,	**als**	das Material	abgeladen	war.
	Wir bestellen nichts,	**bevor**	der Auftrag	eingegangen	ist.
	Die Fertigung fing an,	**nachdem**	das ganze Material	geliefert worden	war.
	Ich montiere die Geräte,	**sobald**	ich über alle Teile	verfügen	kann.
	Ich bin beruhigt,	**seitdem**	mir das alles	gesagt	wurde.
	Wir planen den Versand,	**während**	die Funktionsprüfung	stattfindet.	

Vergleich: *während*

	Die Gehäuse sind fertig,	**während**	die V1-Spindeln noch		fehlen.
Doch	die Spindeln haben Zeit,	**während**	wir die Gehäuse jetzt		brauchen.

Art und Weise: *indem*

	Man ruft die Daten auf,	**indem**	man das Passwort		eingibt.
	Man vermeidet Risiken,	**indem**	man Vorauszahlung		vereinbart.

- Der Nebensatz ist ein Teil des Hauptsatzes. Das heißt, er ...

	HAUPTSATZ	NEBENSATZ
– steht bei einem Hauptsatz.	Er sagt,	dass er kommt.
– oder er bezieht sich auf einen Hauptsatz.	Was sagt er?	Dass er kommt.

- Die Position von VERB 1 und (VERB 2) ist im Nebensatz anders als im Hauptsatz (siehe Seite 143).

Hauptsatz:	1	VERB 1	...	(VERB 2)	
Nebensatz:	HAUPTSATZ	, KONJ.	...	(VERB 2)	VERB 1

2.2 Der Nebensatz mit Relativpronomen

	PRÄPO-SITION	RELATIV-PRONOMEN	...	(VERB 2)	VERB 1
Singular Maskulinum					
Wir haben einen Typ entwickelt,		der	schnell Interesse	gefunden	hat.
	in	den	wir sehr viel Geld	investiert	haben.
		dem	weitere Modelle	folgen	sollen.
	mit	dessen	Umsätzen wir zufrieden	sein	können.
Singular Neutrum					
Die Firma stellt ein Modell her,		das	weltweit	bekannt	ist.
		das	wir weltweit	vertreiben	möchten.
	mit	dem	sie auf den Weltmarkt	gegangen	ist.
		dessen	Umsätze sich gut	entwickelt	haben.
Singular Femininum					
Ich denke an eine Mitarbeiterin,		die	sich in EDV gut	auskennt.	
		die	unsere EDV		weiterentwickelt.
	mit	der	jeder gern		zusammenarbeitet.
	von	deren	Erfahrungen der Betrieb	profitieren	wird.
Plural					
Wir brauchen Pläne/Bücher/Listen,		die	für jeden verständlich		sind.
		die	jeder		versteht.
	mit	denen	jeder etwas	anfangen	kann.
		deren	Inhalt jeder	verstehen	kann.

- Mit Relativsätzen wird ein Nomen näher bestimmt: definiert, charakterisiert, erklärt.
- Das Relativpronomen steht für das Nomen, das im Relativsatz näher bestimmt wird. Vom Nomen übernimmt es Genus (Maskulinum oder Neutrum oder Femininum) und Numerus (Singular oder Plural). Das Verb im Relativsatz bestimmt den Kasus des Relativpronomens (z.B. geben WEM WAS → der Mann, **dem** ich ... gebe) bzw. die Präposition (z.B. sich ärgern ÜBER WEN/WORÜBER → der Termin/der Kunde, **über den** ich mich ärgere).

2.3 Der indirekte Fragesatz

direkte Frage	indirekte Frage	, ob/w...	...	(VERB 2)	VERB 1 .
„Hat sie die Post erledigt?"	Ich wüsste gern,	**ob**	sie die Post	erledigt	hat.
„Ist das Akkreditiv da?"	Es ist nicht ganz klar,	**ob**	das Akkreditiv da		ist.
„Wie weit ist es nach Wien?"	Wer von euch weiß,	**wie weit**	es nach Wien		ist?
„Wann wird er erwartet?"	Sagt mir bitte sofort,	**wann**	er	erwartet	wird!
„Warum hat er sich verspätet?"	Niemand weiß,	**warum**	er sich	verspätet	hat.

- Bei Ja/Nein-Fragen wird der indirekte Fragesatz mit *ob* eingeleitet. Ja/Nein-Fragen erkennt man daran, dass sie mit VERB 1 beginnen (siehe Seite 143).
- Bei Fragen, die mit einem Fragewort beginnen, wird auch die indirekte Frage mit dem Fragewort eingeleitet.

GRAMMATIK

3. Der Infinitivsatz

3.1 Der Infinitivsatz mit *zu* (Ergänzung)

HAUPTSATZ (,)	...	(VERB 2)	zu	INFINITIV .
Ich hoffe(,)	ihn auf der Messe		zu	treffen.
Wir haben vergessen (,)	die reparierten Geräte			abzuholen.
Es ist verboten,	in der Chipfertigung		zu	rauchen.
Der Drucker dient dazu,	Texte und Grafiken			auszudrucken.
Er bittet darum,	den neuen Drucker	benutzen	zu	dürfen.

- Wenn im Hauptsatz und im Nebensatz unterschiedliche Subjekte stehen, ist ein Infinitivsatz nicht möglich. Dann muss man einen *dass*-Satz benutzen (siehe auch Seite 144).

  Ich glaube nicht, dass **er** kommt.

- Wenn Hauptsatz und Nebensatz dasselbe Subjekt haben, benutzt man meistens einen Infinitivsatz. Ein *dass*-Satz ist möglich:

  Ich hoffe, ihn **zu** treffen. ≈ Ich hoffe, **dass** ich ihn treffe.

3.2 Der Nebensatz mit *um ... zu* (Ziel/Zweck)

HAUPTSATZ	, um	...	(VERB 2)	zu	INFINITIV .
Herr Kurosawa kommt zur Messe,	um	über das Angebot		zu	sprechen.
Die Pumpe wird eingesetzt,	um	Öl		zu	fördern.
Der Lkw ist gekommen,	um	die Sendung			abzuholen.
Wir brauchen bessere Geräte,	um	schneller	arbeiten	zu	können.

- Ein Nebensatz mit *um ... zu* ist nur möglich, wenn die Subjekte im Hauptsatz und im Nebensatz gleich sind (siehe oben). Wenn die Subjekte unterschiedlich sind, muss man einen *damit*-Satz benutzen.

  Herr Blank schickt ein Fax, damit **keine Zeit** verloren geht.

  Herr Blank schickt ein Fax, um keine Zeit zu verlieren. (**Er** möchte keine Zeit verlieren.)

4. Nebensatz + Hauptsatz

4.1 Der Nebensatz mit Konjunktion + Hauptsatz

und, aber, oder, denn, ... NEBENSATZ	, VERB 1	...	(VERB 2) .
	Dass eine Stunde genug ist,	habe	ich schon immer	geglaubt.
Aber	**wenn** die Sache etwas länger dauert,	ist	es auch nicht schlimm.
	Da Herr Blank den Kunden kennt,	soll	er auch zu dem Gespräch	kommen.
	Obwohl er dafür nicht zuständig ist,	ist	er darüber gut	informiert.
	Sobald alle Teile am Lager sind,	fangen	wir mit der Montage	an.
Denn	**wenn** das Material da ist,	können	wir erst mit der Arbeit	beginnen.
	Während der Probelauf stattfindet,	wird	der Versand	vorbereitet.
	Ob du die Post erledigt hast,	hätte	ich gern	gewusst.
	Wie weit es nach Wien ist,	weiß	ich auch nicht.

- Grundsätzlich kann der Nebensatz vor dem Hauptsatz stehen. Er nimmt dann die Position 1 ein. VERB 1 kommt direkt nach dem Komma, das den Nebensatz vom Hauptsatz trennt.

- Wenn der Nebensatz vor dem Hauptsatz steht, bekommt er ein größeres Gewicht in der Äußerung.

- Relativsätze und *sodass*-Sätze können nicht vor dem Hauptsatz stehen.

4.2 Der Infinitivsatz mit *zu / um zu* + Hauptsatz

und, aber, oder, denn, ...	✕	...	(VERB 2)	zu	INFINITIV	(,)	VERB 1	...	(VERB 2)	.
Aber		Die Geräte an alles			abzuholen zu denken		haben ist	wir ganz nicht einfach.	vergessen.	

und, aber, oder, denn, ...	**um**	...	(VERB 2)	zu	INFINITIV	,	VERB 1	...	(VERB 2)	.
Denn	Um um	das Angebot Einzelheiten			zu besprechen, zu regeln,		ist musste	Herr Zenker man sich	gekommen. treffen.	

4.3 Der Infinitivsatz ohne *zu* (Subjektsatz)

und, aber, oder, denn, ...	...	(VERB 2)	INFINITIV	(, das)	VERB 1	...	(VERB 2)	.
Und Doch	Stundenlang am Computer keine Minute am Computer Texte	ausruhen	sitzen können, eingeben	das	kann hält ist	sehr ermüdend man nicht lange meine Aufgabe.	sein. aus.	

4.4 Der Konditionalsatz ohne Konjunktion

VERB 1	...	(VERB 2)	,	dann/so	VERB 1	...	(VERB 2)	.
Trifft	das Material heute	ein,		dann	können	wir den Liefertermin	halten.	
Wäre	das Material später	gekommen,		dann	hätten	wir den Termin nicht	halten können.	
Steigen	die Materialkosten,			so	steigen	auch unsere Preise.		

- Form und Inhalt der Äußerung kann man aus Frage und Antwort ableiten:

  Trifft das Material heute ein? Ja? Dann können wir den Liefertermin halten.
- Der Konditionalsatz ohne Konjunktion hat dieselbe Bedeutung wie der *wenn*-Satz:

  Wenn das Material heute eintrifft, (dann) können wir den Liefertermin halten.

4.5 Äußerungen mit *je ..., desto/umso ...*

je	KOMPARATIV	...	(VERB 2)	VERB 1	,	desto/umso	KOMPARATIV	VERB 1	...	(VERB 2)	.
Je	höher	die Kosten		sind,		desto	höher	sind	unsere Preise.		
Je	mehr	Sie		bestellen,		umso	höhere Rabatte	können	wir Ihnen	geben.	
Je	länger	er	gesprochen	hat,		umso	weniger	haben	die Leute	zugehört.	

GRAMMATIK

5. Verbindung von gleichartigen Sätzen und Satzteilen

5.1 Hauptsatz + Hauptsatz

Erklärung: *denn, nämlich*

| Wir besuchen die CeBIT.
Dort bekommt man einen Branchenüberblick. | → | Wir besuchen die CeBIT, **denn** dort bekommt man einen Branchenüberblick.
Wir besuchen die CeBIT. Dort bekommt man **nämlich** einen Branchenüberblick. |

logische Folge: *deshalb*

| Mein Bus fährt in fünf Minuten.
Ich muss mich beeilen. | → | Mein Bus fährt in fünf Minuten.
Deshalb muss ich mich beeilen.
Ich muss mich **deshalb** beeilen |

unerwünschte Folge: *sonst*

| Ich muss mich beeilen.
Ich möchte den Bus bekommen. | → | Ich muss mich beeilen, **sonst** bekomme ich den Bus nicht. |

Gegensatz: *aber, doch, jedoch*

| Wir würden gern investieren.
Uns fehlt das Kapital. | → | Wir würden gern investieren.
Aber uns fehlt das Kapital.
Uns fehlt **aber** das Kapital.
Doch fehlt uns das Kapital.
Uns fehlt **jedoch** das Kapital. |

5.2 Hauptsatz + Hauptsatz (H+H), Nebensatz + Nebensatz (N+N), Satzteil + Satzteil (S+S)

„eins + eins": *und*	S+S	Wir brauchen neues Papier **und** neue Briefumschläge.
	N+N	Ich habe gehört, dass ich nach Wien fahren soll **und** dass Sie mitfahren.
	H+H	Ich fahre nach Wien **und** Sie fahren mit.
„von mehreren eins": *oder*	S+S	Ich fahre nach Wien, nach Bern **oder** nach Frankfurt.
	N+N	Mal sehen, ob ich nach Wien fahre **oder** ob ich die Sache anders erledige.
	H+H	Ich fahre nach Wien **oder** ich erledige die Sache anders.
„von zwei nur das zweite": *nicht ..., sondern*	S+S	Ich fahre **nicht** nach Wien, **sondern** nach Bern.
	N+N	Es ist besser, **nicht** nach Wien zu fahren, **sondern** die Sache anders zu erledigen.
	H+H	Ich fahre **nicht** nach Wien, **sondern** ich erledige die Sache anders.
„beide": *sowohl ... als auch;* *nicht nur, ...* *sondern auch*	S+S	Herr Voss fährt **sowohl** nach Wien **als auch** nach Frankfurt. Herr Voss fährt **nicht nur** nach Wien, **sondern auch** nach Frankfurt.
	N+N	Herr Voss hat gesagt, dass er **nicht nur** nach Wien fährt, **sondern** dass er auch noch in Bern einen Termin hat.
	H+H	Ich fahre **nicht nur** nach Wien, **sondern** ich habe **auch** noch in Bern einen Termin.
„von zwei eins": *entweder ... oder*	S+S	Wir fahren **entweder** zur CeBIT **oder** zur Orgatec.
	N+N	Ich hoffe, dass ich ihn **entweder** auf der Messe treffe **oder** dass er sich telefonisch bei mir meldet.
	H+H	Wir besuchen **entweder** die CeBIT **oder** wir fahren zur Orgatec. **Entweder** besuchen wir die CeBIT **oder** wir fahren zur Orgatec.
„von zwei keins": *weder ... noch*	S+S	Er interessiert sich **weder** für die CeBIT **noch** für die Orgatec.
	N+N	Ich weiß, dass er **weder** die CeBIT besucht hat, **noch** an der Orgatec interessiert ist.
	H+H	Möglicherweise können wir **weder** die CeBIT besuchen, **noch** haben wir Zeit für die Orgatec.
„mit Bedenken": *zwar ... aber*	S+S	Dieses Gerät ist **zwar** gut, **aber** ein bisschen teuer.
	H+H	Ich bin **zwar** grundsätzlich einverstanden. **Aber** ich möchte die Sache doch noch einmal prüfen.

GRAMMATIK

1. Ausdrücke und Sätze mit Zahlwörtern

1.1 Die Zahlwörter

1.1.1 Die Kardinalzahlen: Zählen

0 – 12		null, eins, zwei, drei, vier, fünf, sechs, sieben, acht, neun, zehn, elf, zwölf
13 – 19	...**zehn**	drei**zehn**, vier**zehn**, fünf**zehn**, sech**zehn** (!), sieb**zehn** (!), acht**zehn**, neun**zehn**
20, 30, 40, ... 90	...**zig**/...**ßig**	zwan**zig**, drei**ßig**, vier**zig**, fünf**zig**, sech**zig** (!), sieb**zig** (!), acht**zig**, neun**zig**
100, 200, ... 900	...**hundert**	(ein)**hundert**, zwei**hundert**, drei**hundert** ... neun**hundert**
101, 112, 768, 1 350, 23 841, ...		(ein)hunderteins, (ein)hundertzwölf, siebenhundertachtundsechzig, (ein)tausenddreihundertfünfzig, dreiundzwanzigtausendachthunderteinundvierzig

1.1.2 Die Ordnungszahlen: Ordnen

	1., 2., 3., ... der/das/die erste_, zweite_, dritte_, ... (siehe auch Seite 141)
...**te**_	vier**te**_, sechs**te**_, sieb**te**_ (!), elf**te**_, neunzehn**te**_, (ein)hundertneun**te**_, ...
...**ste**_	zwanzig**ste**_, fünfzig**ste**_, dreiundsechzig**ste**_, (ein)hundert**ste**_, zweitausend**ste**_, dreitausenddreihundertvierundachtzig**ste**_, ...

1.1.3 Die Zahladverbien: Reihenfolge

	1., 2., 3., ... erstens, zweitens, drittens, ...
...**tens**	fünf**tens**, sieb**tens** (!), ach**tens**, neun**tens**, dreizehn**tens**
...**stens**	zwanzig**stens**, vierzig**stens**, sechsundfünfzig**stens**

1.1.4 Die Bruchzahlen: Der wievielte Teil?

	$^1/_1$, $^1/_2$, $^1/_3$, ... ganze_, die Hälfte (= ein_ halbe_), ein Drittel
...**tel**	ein Vier**tel**, ein Fünf**tel**, fünf Ach**tel**, drei Zehn**tel**, sieben Dreizehn**tel**
...**stel**	ein Zwanzig**stel**, sieben Vierzig**stel**, drei Hundert**stel**, einige Tausend**stel**

1.1.5 Die Gruppenzahlen: Zu wievielt?

	1, 2, 3, ... allein, zu zweit, zu dritt
zu ...**t**	**zu** vier**t**, **zu** sieb**t** (!), **zu** zehn**t**, **zu** vierzehn**t**
zu ...**st**	**zu** zwanzig**st**, **zu** vierzig**st**, **zu** hundert**st**, **zu** tausend**st**

1.2 Die Uhrzeit

	13.00 Uhr	
Wie viel Uhr ist es?	(Es ist) dreizehn Uhr.	(Es ist) (Punkt) ein Uhr.
	19.30 Uhr	
Wann geht der Zug?	Um neunzehn Uhr dreißig.	Um halb acht.
	19.15 Uhr	
Wann müssen wir dort sein?	Um neunzehn Uhr fünfzehn.	Um Viertel nach sieben.
	18.45 Uhr	
Und wann geht es los?	Um achtzehn Uhr fünfundvierzig.	Um Viertel vor sieben.
	7.20 Uhr	
Wie spät ist es?	(Es ist) sieben Uhr zwanzig.	(Es ist) zwanzig nach sieben.
	18.40 Uhr	
Wie viel Uhr ist es jetzt?	(Es ist) achtzehn Uhr vierzig.	(Es ist) zwanzig vor sieben. (Es ist) zehn nach halb sieben.

1.3 Die Zeitdauer: Wie lange?

AKKUSATIV	(Das dauert) ein**en** Tag, drei Stunden, kurz**e** Zeit, ein**en** Monat, ... Stund**en** lang, ein**en** Tag lang, Woch**en** lang, Jahre lang, ein**e** Zeit lang
bis (zum)/zur	**bis zur** Pause, **bis zum** Jahre 2001, **bis (zum)** dritten Mai, **bis (zum)** Mittwoch, **bis zum** Wochenende, **bis** halb acht, **bis** morgen, **bis** später, ...
von ... bis	(Das dauert) **von** sieben **bis** acht, **von** halb acht **bis** Viertel vor acht, **vom** dritten Mai **bis zum** zwölften Mai, **von** früh **bis** spät, **von** 1998 **bis** 1999, ...

1.4 Der Preis: Wie viel? Wie teuer?

... Mark ...	DM 17,90 DM 324,–
	Der Preis beträgt **siebzehn Mark neunzig/dreihundertvierundzwanzig Mark.**
	Das kostet **siebzehn Mark neunzig/dreihundertvierundzwanzig Mark.**

1.5 Maßangaben: Wie lang? Wie breit? Wie hoch? Wie schnell? Wie ...?

	7,14 m
Länge	Die Länge beträgt **sieben Komma eins vier Meter.**
	Die Länge beträgt **sieben Meter vierzehn.**
	Das ist **sieben Meter vierzehn** lang.
	16,84 kg
Gewicht	Das Gewicht beträgt **sechzehn Komma acht vier Kilo(gramm).**
	Das sind **sechzehn Kilo(gramm) und achthundertvierzig Gramm.**
	64,7 km/h
Geschwindigkeit	Die Geschwindigkeit beträgt **vierundsechzig Komma sieben Kilometer pro Stunde.**
	Er fährt **vierundsechzig Komma sieben Kilometer in der Stunde.**

1.6 Die Veränderung von Größen

	34% → 46%: 12%
von ... auf ...,	Die Fehlerquote ist **von** vierunddreißig **auf** sechsundvierzig Prozent gestiegen, **also um** zwölf Prozent.
	DM 26,20 → DM 25,95: DM 0,25
also um ...	Die Stückkosten sind **von** sechsundzwanzig Mark zwanzig **auf** fünfundzwanzig Mark fünfundneunzig gefallen, **also um** fünfundzwanzig Pfennig.

2. Die Präpositionen

2.1 ... mit Akkusativ, Dativ und Genitiv

Akkusativ	Akkusativ oder Dativ	Dativ	Genitiv
durch, für, gegen, ohne, um	in, an, auf, über, unter, hinter, vor, zwischen, neben	aus, bei, bis, gemäß, mit, nach, zu, seit, von, zu	abzüglich, angesichts, anhand, aufgrund, bezüglich, mit Hilfe, hinsichtlich, innerhalb, oberhalb, seitens, trotz, unterhalb, während, wegen, zuzüglich

2.2 ... mit Akkusativ (wohin?) oder Dativ (wo?)

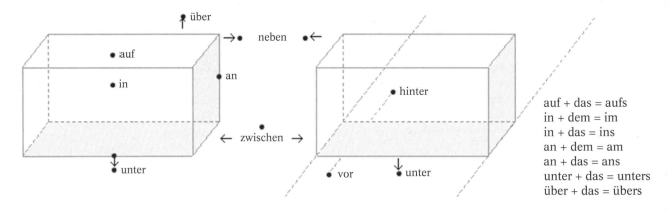

auf + das = aufs
in + dem = im
in + das = ins
an + dem = am
an + das = ans
unter + das = unters
über + das = übers

Akkusativ (wohin?)	Dativ (wo?)
in die Schublade, **auf** den Tisch, **an** die Wand, **zwischen** die beiden Aktenordner, **neben** den Aufzug, **unter** die Mappe, hoch **über** den Arbeitsplatz	**in** der Schublade, **auf** dem Tisch, **an** der Wand, **zwischen** den beiden Aktenordnern, **neben** dem Aufzug, **unter** der Mappe, hoch **über** dem Arbeitsplatz

2.3 ... für den Zeitpunkt und den Zeitraum

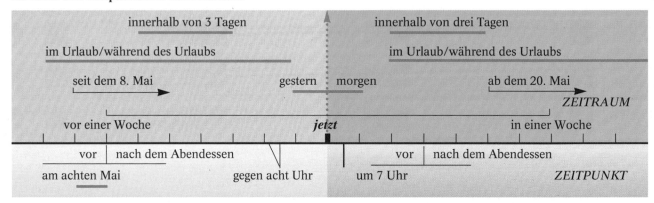

2.4 Die Präpositionen im Überblick

Ort	wo?	zu, bei	**zu** Hause, **bei** Firma Allweiler, **bei** Herrn Braun, ...
Ort/ Richtung	wo?/ wohin?	in, an, auf, über, unter, vor, zwischen, neben, hinter	**auf** der Post, **auf** der Straße, **in** der Schublade, **auf** dem Tisch; ... (siehe Seite 152) **in** die Schublade, **auf** den Tisch, **neben** das Auto, **in** die USA, ... (siehe Seite 152)
Richtung	wohin?	nach, zu, um	**nach** Hause, **nach** Rom, **zum** Bahnhof, **zur** Haltestelle, **zu** Peter, **um** die Ecke, ... zu + dem → zum zu + der → zur
Herkunft	woher?	von, von zu, aus	**von zu** Hause (!), **aus** Rom, **von** der Küste, **von** Peter
Zeitpunkt	wann?	um, an, in, gegen, innerhalb, während, vor, nach, ab	**um** drei Uhr, **im** Frühling, **am** Morgen, **gegen** Mittag, **im** Jahre 1945, **am** 28. Mai, **vor/nach** drei Uhr, **seit** heute, **innerhalb** einer Woche, **in** einer Woche, **ab** morgen, **während** des Probelaufs (!) 1945, morgens
Zeitdauer	wie lange?	von ... bis, bis zum/zur	**von** sieben **bis** acht Uhr, **bis zum** Ende, **bis** (um) 7 Uhr (!) drei Tage, stundenlang
Art und Weise	wie?	mit, ohne, mit Hilfe, durch, von, unter	**mit** einem Werkzeug, **mit Hilfe** eines Messgeräts, **durch** einen Knopfdruck, **unter** lautem Geschrei, **von** einem Fachmann
Grund	warum? weshalb?	aus, wegen, aufgrund, vor, trotz	**aus** Interesse, **aufgrund** einer Anweisung, **wegen** eines Termins, **vor** Freude, **aus** Angst, **trotz** des hohen Preises
Ziel/Zweck	wozu?	zum/zur, für	**zum** Arbeiten, **zur** Reinigung, **für** das Gerät, **für** einen Bekannten

2.5 da(r)+Präposition (Pronominaladverb)

PRÄPOSITION	da(r)+...
an	**daran**
auf	**darauf**
aus	**daraus**
bei	**dabei**
durch	**dadurch**
für	**dafür**
gegen	**dagegen**
hinter	**dahinter**
in	**darin**
mit	**damit**
nach	**danach**
neben	**daneben**
über	**darüber**
unter	**darunter**
vor	**davor**
zu	**dazu**
zwischen	**dazwischen**

▷ *Was halten Sie **von** unserer EDV?*
▷ *Zuerst hatte ich Angst **davor**.*   (= vor der EDV)
   *Man muss sich erst **daran** gewöhnen.*   (= an die EDV)
   *Bevor ich aber **damit** arbeite,*   (= mit der EDV)
   *möchte ich erst etwas **darüber** lesen.*   (= über die EDV)
   ***Dazu** brauche ich Zeit.*   (= zum Lesen)

▷ *Die Produktionstermine waren unrealistisch.*
▷ *Ja, **daraus** haben wir gelernt.*   (= aus dieser Tatsache)
   *Es kam **dadurch** zu vielen Beschwerden.*   (= durch diese Tatsache)
   *Wir haben in jedem Einzelfall **darauf***   (= auf die Beschwerden)
   *reagiert und uns **dafür** entschuldigt.*   (= für die unrealistischen Termine)
   *Der Auftragseingang hat **darunter***   (= unter der ganzen Situation)
   gelitten.

GRAMMATIK

2.6 Nebensätze vom Typ *dazu/daran/dabei/da(r)...*, *dass/wo/wie/w...*

da(r)..., dass	Rechnen Sie **mit** einer Verschlechterung der Auftragslage?	Rechnen Sie **damit, dass** sich die Auftragslage verschlechtert?
	Es geht **um** die frühestmögliche Erkennung von Produktionsfehlern.	Es geht **darum, dass** Produktionsfehler so früh wie möglich erkannt werden.
	Durch unsere Preiserhöhungen hat es Unruhe bei den Kunden gegeben.	**Dadurch, dass** wir die Preise erhöht haben, hat es bei den Kunden Unruhe gegeben.
da(r)..., wie	Ich interessiere mich **für** die Funktionsweise des Geräts.	Ich interessiere mich **dafür, wie** das Gerät funktioniert.
	Bitte fragen Sie **nach** dem Termin der Besprechung!	Bitte fragen Sie **danach, wann** die Besprechung beginnt.
da(r)..., ... zu ...	Wer ist **für** die Kontrolle der eingehenden Rechnungen zuständig?	Wer ist **dafür** zuständig, die eingehenden Rechnungen **zu** kontrollieren?
	Ich bin **an** der Übernahme dieser Aufgabe nicht sehr interessiert.	Ich bin nicht sehr interessiert **daran**, diese Aufgabe **zu** übernehmen.

2.7 Verben mit Präpositionen

abhängen von
abstimmen über
abweichen von
achten auf
adressieren an
Angst haben vor
anpassen an
ärgern (sich) über
aufpassen auf
aufregen (sich) über
auskennen (sich) in
äußern (sich) über
ausstatten mit
auszeichnen (sich) durch
beauftragen mit
bedanken (sich) für
bemühen (sich) um
benachrichtigen von/über
benötigen zu
berichten von/über
beschäftigen (sich) mit
beschweren (sich) über
bestehen aus
beteiligen (sich) an
bewerben (sich) um
bezeichnen als
beziehen (sich) auf
bitten um
danken für
denken an
dienen zu
diskutieren über

eignen (sich) zu
einarbeiten in
einführen in
einigen (sich) auf
einladen zu
einsetzen in
einverstanden sein mit
entscheiden (sich) für/gegen
entschließen (sich) zu
entschuldigen (sich) für
erinnern (sich) an
erkranken an
erkundigen (sich) nach
fragen nach
freuen (sich) auf/über
führen zu
gehen: es geht um
gehören zu
gratulieren zu
halten für
handeln: es handelt sich um
hinweisen auf
informieren über
interessieren (sich) für
interessiert sein an
konfrontieren mit
kümmern (sich) um
lachen über
liegen: das liegt an
nachdenken über
orientieren (sich) an
passen zu

sprechen von/über
profitieren von
reden über
schließen auf
schützen vor
sorgen für
Spaß haben an
suchen nach
teilnehmen an
trennen (sich) von
tun: zu tun haben mit
übereinstimmen mit
umgehen mit
unterhalten (sich) über
unterscheiden (sich) von
verabschieden (sich) von
verfügen über
vergleichen mit
verhandeln über
verlassen (sich) auf
verstehen unter
verstoßen gegen
vorbereiten (sich) auf
warten auf
werben für
Wert legen auf
wundern (sich) über
zählen zu
zusammensetzen (sich) aus
zuständig sein für
zwingen zu

3. Umformungen

3.1 Verb → (Partizipial)Adjektiv → Nomen (siehe auch Seite 131)

VERB	→	(PARTIZIPIAL)ADJEKTIV	→	NOMEN
_____(e)n		_____bar		die _____barkeit
machen	→	mach**bar**	→	**die** Mach**barkeit**
organisieren		organisier**bar**		**die** Organisier**barkeit**
berechnen		berechen**bar**		**die** Berechen**barkeit**
lesen		les**bar**		**die** Les**barkeit**
...		...		...

3.2 Adjektiv → Nomen → Verb → (Verb-)Nomen

Oberbegriff	ADJEKTIV	→	NOMEN	→	VERB	→	(VERB)NOMEN
die Größe	groß klein	→	die Größe —	→	vergrößern verkleinern	→	die Vergrößerung die Verkleinerung
die Länge	lang kurz	→	die Länge die Kürze	→	verlängern verkürzen abkürzen	→	die Verlängerung die Verkürzung die Abkürzung
die Breite	breit schmal	→	die Breite —	→	verbreitern verschmälern	→	die Verbreiterung die Verschmälerung
die Temperatur	warm kalt	→	die Wärme die Kälte	→	erwärmen abkühlen	→	die Erwärmung die Abkühlung
die Geschwindigkeit	schnell langsam	→	die Schnelligkeit die Langsamkeit	→	beschleunigen verlangsamen	→	die Beschleunigung die Verlangsamung
die Anzahl, die Menge	viel wenig, gering	→	die Anzahl, Menge —	→	vermehren verringern	→	die Vermehrung die Verringerung
die Qualität, die Güte	gut schlecht	→	die Güte —	→	verbessern verschlechtern	→	die Verbesserung die Verschlechterung
die Höhe	hoch niedrig, gering	→	die Höhe —	→	erhöhen verringern	→	die Erhöhung die Verringerung
die Stärke	stark schwach	→	die Stärke die Schwäche	→	verstärken abschwächen	→	die Verstärkung die Abschwächung
der Schwierigkeitsgrad	schwer, schwierig leicht	→	die Schwierigkeit die Leichtigkeit	→	erschweren erleichtern	→	die Erschwerung die Erleichterung

GRAMMATIK

3.3 Präpositionaler Ausdruck → Nebensatz (siehe auch Seite 153 und Seite 144)

Ein örtliches Unternehmen hat **wegen** seiner größeren Kundennähe die besseren Chancen. →	Ein örtliches Unternehmen hat die besseren Chancen, **weil** es näher am Kunden ist.
Trotz ihrer Kundennähe kommt Firma Antonic & Pezotto nicht ins Geschäft. →	**Obwohl** Firma Antonic & Pezotto nahe am Kunden ist, kommt sie nicht ins Geschäft.
Bei einer Betriebsgröße von 90 Beschäftigten hat der Betriebsrat 5 Mitglieder. →	**Wenn** in dem Betrieb 90 Mitarbeiter beschäftigt sind, dann hat der Betriebsrat 5 Mitglieder.
Herr Hafiz wurde **zur** Teilnahme an einem Seminar über Unfallverhütung eingeladen. →	Herr Hafiz wurde **dazu** eingeladen, an einem Seminar über Unfallverhütung teil**zu**nehmen.
Vor der Gründung der Vertriebsgesellschaft war der Umsatz von Permacor in Korea gering. →	**Bevor** Permacor eine Vertriebsgesellschaft in Korea gründete, war der Umsatz dort gering.
Während der Verhandlungen eröffneten die beiden wichtigsten Konkurrenten von Permacor Repräsentanzen in Korea. →	**Während** Permacor über die Gründung einer Vertriebsgesellschaft verhandelte, eröffneten die beiden wichtigsten Konkurrenten von Permacor Repräsentanzen in Korea.
Im ersten Jahr **nach** der Gründung der Vertriebsgesellschaft stieg der Marktanteil von Permacor in Korea um ca. 20 %. →	**Nachdem** Permacor in Korea eine Vertriebsgesellschaft gegründet hatte, stieg der Marktanteil im ersten Jahr um 20 %.
Seit der Gründung der Vertriebsgesellschaft in Korea sind die Chancen von Permacor auf den asiatischen Märkten gestiegen. →	**Seitdem** Permacor eine Vertriebsgesellschaft in Korea hat, sind die Chancen auf den asiatischen Märkten gestiegen.

3.4 Hauptsatz → Relativsatz → Partizipialattribut (siehe auch Seite 145 und Seite 131)

Hauptsatz + Hauptsatz	Hauptsatz + Relativsatz	Hauptsatz + Partizipialattribut
Die Lieferung ist nicht eingetroffen. Sie haben die Lieferung für gestern avisiert.	Die Lieferung, **die Sie für gestern avisiert haben**, ist nicht eingetroffen.	Die **von Ihnen für gestern avisierte** Lieferung ist nicht eingetroffen.
Zu unserer Besprechung haben wir Herrn Rossbach eingeladen. Sie findet in Raum 36 statt.	Zu unserer Besprechung, **die in Raum 36 stattfindet**, haben wir Herrn Rossbach eingeladen.	Zu unserer **in Raum 36 stattfindenden** Besprechung haben wir Herrn Rossbach eingeladen.
Die Besprechung findet in Raum 36 statt. Zu der Besprechung haben wir Herrn Rossbach eingeladen.	Die Besprechung, **zu der wir Herrn Rossbach eingeladen haben**, findet in Raum 36 statt.	

V. ÜBERSICHT ÜBER MITTEILUNGSABSICHTEN, REDEMITTEL UND TEXTSORTEN

1. Mitteilungsabsichten, Redemittel

	Lektion	Übung	Seite
Absicht, Ziel, Mittel, begründete Entscheidung *Wir beabsichtigen, ... Unsere Ziele dabei sind: ...* *Wir halten ... für ..., weil ...*	3	3	33
Argumentieren: Vorschlagen, Einwenden, Begründen *Ich schlage vor / würde vorschlagen, dass .../... zu ..., weil ...* *Ich meine aber / bitte zu beachten / muss einwenden, ...*	2	10, 12	24, 25
Bedarf anmelden und begründen *Wir wollen ... Dazu benötigen wir ... Dabei soll ... Dazu brauchen wir ...*	10	3	117
Benennen *... wird als ... bezeichnet*	7	16, 17	87
Bewerten *Am wichtigsten/interessantesten/... war/ist ...*	10	17	123
Charakterisieren *ist (von) (Eigenschaft) besitzt, weist auf (Ausstattung) ermöglicht, bietet (Leistung)*	1	14	14
Definieren: *... unter versteht man ...*	6	1, 4	68, 69
	7	16	87
Empfehlen: *Ich empfehle/rate Ihnen, zu ...; Sie sollten ...; Prüfen Sie bitte ...*	3	13	38
erhöhen, verbessern, ...	10	15	121
Feststellung – Folgerung – Maßnahme *Der/Das/Die ... zeigt, dass ... Deshalb müssen wir ... Ausgehend davon werden wir ...*	10	15	121
Fragen stellen (Ergänzungsfragen)	1	2	9
Gefahren benennen, erklären *Beim ... tritt Unfallgefahr durch ... auf.*	7	2	81
Gerüchte *angeblich; ... soll ...; Es heißt, ...*	6	15	74
Handlungsalternative: *Anstatt zu ..., würde ich lieber ...; ...*	7	13	85
Was würdest du anstelle von ... tun?	4	5	45
Höflichkeitsformeln	3	14	39
Identifizieren *... ist ... ; Bei ... handelt es sich um ... / liegt ... vor*	2	1	20
Präzisierung: ... ist ein/eine ..., und zwar ...	6	3	69
in meiner Funktion/Eigenschaft als ...	3	9	37
Klassifizieren: *gehören zu*	1	16, 17	15
	7	3	81
Korrelieren: *je ... desto*	9	12	109
je ... umso	8	17, 18	99
Meinung äußern *... scheint mir ...; Ich finde / habe den Eindruck, dass ...;*	4	10	48
Meiner Meinung nach ...			
Ich halte es für richtig/notwendig/..., ... zu ...	7	6	83

GRAMMATIK

	Lektion	Übung	Seite
Plan – Verlauf – Ergebnis *... folgendermaßen: ... Folgendes passiert: ...* *... ist folgendermaßen ausgegangen: ...*	6	5, 9	70, 71
Reihenfolge *zuerst; als Erstes; als ersten Schritt; ich würde damit beginnen ...* *dann; als Nächstes; danach; als nächsten Schritt würde ich ...* *schließlich; zuletzt; als Letztes; als letzten Schritt würde ich ...*	2 4 4 5 8	16 4, 9 14, 17 2 4	26 45, 47 50, 51 57 93
Risiko abwägen *das Risiko eingehen, etwas in Kauf nehmen, etwas vorziehen*	5	4	57
Telefonwortschatz *wählen, durchstellen, verbinden, ... / Rückruf, ...*	2	4, 5	21
Terminangaben machen	3	4, 6, 7	34, 35
Übereinstimmung und Unterschied *übereinstimmen mit; sich unterscheiden von* *abweichen*	5 5	7 15	59 63
Vergleichen: *... kann man (nicht) gut miteinander / mit ... vergleichen:* *Während ..., ...; ... dagegen ...* *im Vergleich zu; verglichen mit*	1 9	18 1, 3, 4	15 104, 105
Vermuten *dürfte, könnte* *dürfte/wird (wohl / sicher)*	1 10	7 7, 8	11 119
Verwendungszweck *Man braucht .... in/im/in der ... für den/das/die* *... wird/werden in ... benötigt/eingesetzt, um ... zu ...* *Der/Das/Die ... ist ein/eine ... zum/zur/für ...*	1 1 7	5 8, 9 3	10 11 81
Vorgang – Sachverhalt – Konsequenz *sodass* **– Maßnahme –** **Zweck der Maßnahme** *damit / sonst (nicht) / um ...(nicht) zu*	5	13	62
Ziele, Zwecke – erwünschte/unerwünschte Konsequenz *damit/sonst (nicht)*	5	5, 12	58, 61
Zwischenbilanz von Tätigkeiten ziehen *Haben Sie schon ...?; Ist ... (schon) erledigt?* *Ja, ... haben wir schon ... / ist schon erledigt.* *Nein, ... haben wir noch nicht / müssen wir noch ... /* * muss noch ... werden / erfolgt noch /* * hat zu geschehen / ist zu erledigen.*	3	4, 6, 7	34, 35

2. Textsorten*

	Lektion	Übung	Seite
Ablaufbeschreibung	9	13	109
Akkreditiv	5	11	61
Anmeldeformular	3	5	34
Antragsformular	7	12	85
Auftrag	4	6,7	46
	9	5	105
Begleitschreiben	2	8	23
Bestätigung	10	9	119
Bewerbungsschreiben	1	22	17
Checkliste	3	4	34
Firmenporträt	1	1	8
	3	42	
Formular	8	2	92
Interne Notiz	5	10	60
Interview	1	15	14
Konferenzprogramm	10	7	119
Lebenslauf	1	21	16
Memo	3	5	34
Merkblatt	7	5	82
Messeprospekt	3	2	32, 33

	Lektion	Übung	Seite
Personenporträt	1		18
	2		30
	4		54
	5		66
	6		78
	7		90
	8		102
	9		114
Produktbeschreibung	1	6	10
Prospekt	10	2	116
Reklamation	5	14	62
Rundschreiben	3	5	34
Telefonnotiz	9	2	104
Unfallbericht	7	14	86
Vertriebsbericht	10	13	121
Werbeslogans	3	8	36
Zeitungsartikel	10		126

*Nicht aufgenommen sind Texte zum Training Zertifikat Deutsch für den Beruf, Hörtexte

GLOSSAR

aufhängen WAS (WOHIN) 50

aufmerksam AUF WEN/WORAUF 60, 62, 80

aufnehmen (= beginnen) WAS nimmt auf, nahm auf, hat aufgenommen 82

aufnehmen (= berücksichtigen) WEN/WAS nimmt auf, nahm auf, hat aufgenommen 46

aufnehmen: eine Nachricht aufnehmen 48

aufnehmen: Kontakt aufnehmen 59

aufregen (sich) ÜBER WEN/WORÜBER 73

aufschreiben WAS schrieb auf, hat aufgeschrieben 46

aufsetzen (einen Text) 27

aufstellen WAS 50

Aufstellung die -en 49, 68, 69

Aufstieg der -e 116

Auftrag der -träge 13, 17, 24, 25, 44 ...

Auftraggeber/in der/die -/-nen 108

Auftragsbestätigung die -en 46

auftragsbezogen 95

auftreten (= vorkommen) tritt auf, trat auf, ist aufgetreten 34, 63, 81

aufweisen WAS wies auf, hat aufgewiesen 11, 14, 15

Aufzug der -züge 10, 69, 121

Auge: im Auge haben 87

Augenblick: im Augenblick 22, 71, 84

ausbauen WAS 116, 121

Ausbildung die 9, 16, 117

Ausbildungszentrum das -zentren 116

Ausdruck (= Redewendung) der -drücke 39

Ausdruck (eines Textes) der -e 45

Ausdruck: zum Ausdruck bringen/kommen 48, 49, 116

ausdrucken WAS 27, 45

ausdrücken WAS 44, 49, 75, 110

auseinander setzen (sich) MIT WEM/WOMIT (WORÜBER) 116

Auseinandersetzung die -en 84

ausfallen (Lieferant, Unterricht, Maschine) fällt aus, fiel aus, ist ausgefallen 57, 63, 84, 86

Ausfallzeit die -en 69

Ausflug der -flüge 116

ausführen (= machen) WAS 46

ausführlich 20

Ausführung (= Modell) die -en 10

ausfüllen WAS 92, 104

ausgehen (= zu Ende gehen) WIE ging aus, ist ausgegangen 44, 70

ausgehen WOVON ging aus, ist ausgegangen 23

ausgestattet sein WOMIT 11

aushändigen WAS 58, 59

aushelfen (WEM) WOMIT hilft aus, half aus, hat ausgeholfen 75

Auskunft die -künfte 57, 68, 109

ausländisch 121

auslasten WEN/WAS 13

ausliefern WAS (WOHIN) 121

Auslieferung die 12, 98, 121, 122

auspacken WAS 51

ausprobieren WAS 96, 97

ausreichend 27

ausrichten: Ich lasse das ausrichten. 60

Ausrüster/in der/die -/-nen 10

Ausrüstung die -en 81, 86, 117

ausrutschen, ist ausgerutscht 80

Aussage die -n 13, 37, 49, 120

ausschalten WAS 87

ausschließlich 46

Ausschnitt der -e 10, 32, 122

ausschreiben (= annoncieren) WAS schrieb aus, hat ausgeschrieben 12

aussehen WIE sieht aus, sah aus, hat ausgesehen 71

außerdem 8, 45

außerhalb GENITIV 20

äußern WAS 13, 75

Äußerung die -en 44, 49, 71, 99

aussprechen (eine Einladung, ein Lob) spricht aus, sprach aus, hat ausgesprochen 39

ausstatten WEN/WAS (WOMIT) 116

Ausstattung die -en 11, 13, 117

ausstellen (ein Dokument) 27, 93

ausstellen (Waren) 33

Aussteller/in der/die -/-nen 32, 34

Ausstellung die -en 8, 32, 33, 34

aussuchen WAS 51

Austausch der 116

austauschbar 11, 37, 75, 116, 118

Auswahl die 94

auswählen WEN/WAS 33, 93, 105

auswechseln WEN/WAS 62

auszeichnen WEN/WAS (= charakterisieren) 15

auszeichnen WEN WOMIT (= prämieren) 8

auszeichnen (sich) WODURCH 11, 33

Auszug (aus einem Text) der Auszüge 116

automatisch 27, 109

avisieren WAS 98

B

Bank (= Geldinstitut) die -en 13, 56, 58. 59, 63 ...

Bankett das -e 119

bar (= Maßangabe für den Druck) 11, 46

Bau der 8, 10

Baugewerbe das 15

Baumaß das -e 50

Baureihe die -n 10, 11, 15

Bauteil das -e (13)

Bauweise die -n 11

beabsichtigen WAS 33, 92

beachten WEN/WAS 24, 83

beantragen WAS 35, 85

Beantwortung die -en 35

bearbeiten WAS 27, 81, 121

Bearbeitung die -en 9, 22, 68, 74, 87 ...

beauftragen WEN/WOMIT 26, 44, 108

bedanken (sich) WOFÜR BEI WEM 49

Bedarf der 9, 37, 117, 121

bedauerlich 63

bedauerlicherweise 60, 63

bedauern WEN/WAS 20

Bedauern das 22, 60, 62

bedeuten 25, 71, 111, 116

bedeutend 23

Bedeutung die -en 8, 94, 111

Bedienung die 36, 87

Bedingung die -en 34, 37, 61, 69, 120

beeindruckt 39

beenden WAS 39

Beginn der 51

Begleitpapier das -e 27, 69

Begleitperson die -en 119

Begleitschreiben das - 23

Begleitung die -en 39

begrenzen WAS 34

Begriff der -e 26, 68, 69

begründen WAS 17, 24, 33, 39, 57 ...

Begründung die -en 24, 25, 85

begrüßen WEN 39

Begrüßung die 38, 75, 119

behandeln (Arzt) WEN/WAS 82, 86

Behandlung die -en 86, 107

beheben WAS behob, hat behoben 63

beherrschen WAS 116, 121

behördlich 111

Beisein: im Beisein von ... 50

Beitrag der Beiträge 69, 87

Bekämpfung die 82, 83

bekannt 8

bekannt geben/machen (WEM) WAS 39, 46

Bekleidung die 15

belasten (das Konto) 58

belasten WEN/WAS 25

Belästigung die -en 11

Belastung die -en 121

Beleg der -e 111

belegen (= besetzen) WAS 33

beliebig 120

Bemerkung die -en 109, 118

Bemühung die -en 16

benachbart 8

benachrichtigen WEN (WOVON/WORÜBER) 106, 111, 118

benennen WEN/WAS benannte, hat benannt 111

Benennung 87

benötigen WEN/WAS 10, 11, 49, 68, 104 ...

benutzen WAS 9, 15, 39, 56, 60 ...

bequem 96

beraten WEN berät, beriet, hat beraten 36, 118

beraten (Lage, Angelegenheit) 57

Berater/in der/die -/-nen 37

Beratung die 9, 36, 38, 46

berechenbar 121

berechnen WAS 109

Bereich der -e 8, 10, 34, 35, 36 ...

bereit 57, 75, 98

...bereit 107

bereithalten (sich) (WOFÜR) hält sich bereit, hielt sich bereit, hat sich bereitgehalten 38

bereits 25, 71

bereitstellen WAS 12, 68, 107

Bereitstellung die 95

Bergbau der 10, 11

begrüßen WEN 119

Bericht der -e 10, 15, 20, 33, 35 ...

berichten WEM WAS 46, 50, 60, 70, 71 ...

berücksichtigen WEN/WAS 17, 34, 93, 118

...verbindung 13

beruflich 17

Berufsschule die -n 14

berühmt 33

beschädigen WAS 110

Beschädigung die -en 111

beschaffen WAS 70, 110, 111

Beschaffung die 50, 51, 70, 72
beschäftigen WEN 15
beschäftigen (sich) WOMIT 15, 35, 86
Beschäftigte der/die -n 8, 16
Bescheid: Bescheid sagen 45
Beschichtung die -en 46, 50, 71
beschließen WAS beschloss, hat beschlossen 33, 35, 87
Beschluss der Beschlüsse 84
beschränken (sich) WORAUF 35
Beschränkung die -en 81
beschreiben WEN/WAS beschrieb, hat beschrieben 56, 95, 108, 109, 116
Beschreibung die -en 11, 92
besetzen (eine Stelle) 82
Besichtigung die 32, 38, 39
besorgen WAS 92
besorgt 49
besprechen WAS (MIT WEM) bespricht, besprach, hat besprochen 107, 118
Besprechung die -en 13, 22, 23, 26, 27 ...
Bestandteil der -e 94
bestätigen (WEM) WAS 58, 98, 119
Bestätigung die -en 108
bestehen WORAUS bestand, hat bestanden 49, 94
bestehen: Es besteht die Gefahr, ... 80
bestellen WAS 12, 13, 25, 27, 47 ...
Besteller/in der/die -/-nen 57
Bestellkatalog der -e 51
Bestellung die -en 12, 34, 69
bestimmt sein FÜR WEN/WOFÜR 20
Bestimmung (= Vorschrift) die -en 111
Bestimmungsflughafen der -häfen 105
Bestimmungsort der -e 107, 109, 110
Besuch der 98, 116
Besucher/in der/die -/-nen 32, 33, 36, 37
besucherfreundlich 32
beteiligen (sich) WORAN 32, 33, 35
Beteiligte der/die -n 23
Beteiligung die -en 8, 9, 13, 32, 33 ...
betonen WAS 36
Betrag der Beträge 58, 61, 63, 72
betragen WIE VIEL beträgt, betrug, hat betragen 57, 108, 109, 121
Betreff der -s 34, 59
Betreiber/in der/die -/-nen 10
Betreuung die 17
Betrieb der -e 8, 11, 12, 14, 15 ...
betrieblich 44, 122, 123
Betriebsrat der -räte 62, 74, 85, 86, 87 ...
beunruhigt WORÜBER 49
bevor 45, 47, 50, 57, 68 ...
bevorstehen, stand bevor, hat bevorgestanden 120
bewähren (sich) 120
bewährt 121
bewegen WEN/WAS 87
Bewegungsmelder der - 46
Bewerber/in der/die -/-nen 16, 92, 93
Bewerbung die -en 17, 20, 21, 92, 93 ...
bewerten WAS 15, 44, 105
Bewilligung die -en 111
Bewirtung die -en 39
bewusstlos 83
bezahlen WAS 110, 123
Bezahlung die 56, 61

bezeichnen WAS/WEN ALS WAS 84, 87
Bezeichnung die -en 63
beziehen (sich) WORAUF bezog sich, hat sich bezogen 60, 63, 118, 119, 122
bezüglich GENITIV 60
bieten (WEM) WAS bot, hat geboten 14, 117, 121
bilden WAS 35, 47, 83
Bildung die 14
Binnen... 111
Biotechnik die 32
bisher 9, 57
bisherige_ 24
Blick: auf einen Blick 20
bluten 82
Boden: zu Boden fallen 86
Bodenseeraum der 8
bohren 86
Bonität die 57
Bord: an Bord 110, 111
Börse die -n 116
botanisch 116
Brainstorming das -s 44, 118
Branche die -n 8, 13, 15, 16, 32 ...
Brand der Brände 82, 83
Brauch der Bräuche 111
breit 32
brennen, brannte, hat gebrannt 44
bringen: Das bringt viel. 25
Buchhaltung die -en 17, 73, 83

C

ca. (= circa) 32, 104, 109
Chance die -n 75, 116, 121
Charakterisierung die -en 73
Checkliste die -n 34, 35
circa 8
Clubreise die -n 20
CNC das 9
computergestützt 9
Container der - 10, 106, 107
Controlling das 17, 74
Creme die -s 81

D

dafür: Ich kann nichts dafür. 27
dagegen 15
daher 11
damalige_ 8
damals 73
damit KONJUNKTION 58
Dampf der Dämpfe 80
dankbar WOFÜR 39
danken WEM WOFÜR 39
darstellen WAS 59
Darstellung die -en 109
Daten PLURAL 8, 16, 32, 34, 119 ...
Datenbank die -en 116
Dauer die 47, 72, 109, 127
Dauer: auf die Dauer 99
dauern WIE LANGE 16, 35, 74, 109, 119
dazugeben WAS gibt dazu, gab dazu, hat dazugegeben 106
dazugehören 116
dazwischenkommen, kam dazwischen, ist dazwischengekommen 22, 70, 71
Decke (= Zimmerdecke) die -n 50

decken (den Bedarf) 121
defekt 21, 63
definieren WAS 68, 69
Definition die -en 69, 87
definitiv 119
Demonstration die -en 36
demonstrieren WAS 36
der/das/diejenige 32
desto: je ... desto 109
deutlich 106
deutschsprachig 16
Dezentralisierung die 120
Diagramm das -e 57, 58, 106, 107, 108
Dialog der -e 68, 81, 97
Dichtigkeit die 36
Dichtung die -en 27, 36, 39, 46, 47 ...
Korrektur die -en 45
dienen WEM (WOZU) 117
Dienstantritt der -e 92
Dienstleistung die -en 14, 117
diesjährige_ 34
DIN (= Deutsches Institut für Normung) 9, 46, 47, 87
Diner das -s 38
direkt 75, 105, 108, 109, 121
Diskussion: zur Diskussion stellen 32, 91
disponieren WEN/WAS 46
Disposition die 12, 49, 58, 68
Diversifikation die 14
Dokument das -e 56, 57, 58, 61
Dokumentation die 69
Dokumenteninkasso das -s 56, 57
dokumentieren WAS 97
Dolmetscher/in der/die -/-nen 117
Dose die -n 104, 111
drehbar 87
drehen 80
Drehzahl die -en 11, 37, 99
dreiköpfig 93
dringend 13, 22, 60, 62, 104 ...
Druck (Wasser-, Luft-, Öldruck) 27, 46, 47, 50, 62 ...
drucken WAS 32, 47
drücken WAS 82
Drucker der - 117
Druckmaschine die -n 104, 111
Druckprüfer die - 62, 71, 74
Drucküberwacher der - 60
Durchfuhr die -en 111
durchführen WAS 27, 50, 71, 93, 107 ...
Durchführung die -en 70, 72, 93
durchlesen WAS liest durch, las durch, hat durchgelesen 45
Durchmesser der - 72
durchschicken WAS 27
durchsehen WAS sieht durch, sah durch, hat durchgesehen 27, 93
Durchsicht die 22, 92
durchstellen (am Telefon) WEN (ZU WEM) 21
Durchwahl die -en 21

E

EDV (= elektronische Datenverarbeitung) die 32, 117
eher (= vorwiegend) 60, 94
eigene_ 62

erst *(= zuerst)* 56
erste Hilfe die 82, 86
erstellen WAS 15, 26, 35, 108, 109
Erstellung die -en 70, 72, 93, 109
erstmals 34
erteilen: WEM *(einen Auftrag)* 58, 59, 68, 106, 107 ...
erwägen WAS erwog, hat erwogen 84
erwähnen WEN/WAS 17, 26, 81, 84
erwarten WEN/WAS 17, 24, 32, 33
Erwartung die -en 32
erweitern WAS 8, 71
erwerben WAS erwirbt, erwarb, hat erworben 116
erzählen WEM WAS 86
Erzählung die -en 86
Erzeugnis das -se 8, 32
erzielen *(einen Erfolg, ein Ergebnis)* 8
etwa *(= ungefähr)* 108, 109, 121
etwa: in etwa 38
EU *(= Europäische Union)* 69
Europäische Union die 69
eventuell 24, 72
evtl. *(= eventuell)* 38, 82, 109
Examen das - 17
exemplarisch 122
Exkursion die -en 32, 118
Experte der -n 33
Exponat das -e 34, 35
Export der 12, 14, 57
Exporteur/in der/die -e/-nen 56, 57
EZ (= Einzelzimmer) das 72

F

Fach *(Ablage-, Post-)* das Fächer 20, 45
Facharbeiter/in der/die -/-nen 9
Fachbuch das -bücher 94
Fachgebiet das -e 33
Fachgespräch das -e 38
Fachkenntnis die -se 116
fachlich 118
Fachterminologie die -n 122
Fachwort das -wörter 123
Fähigkeit die -en 87
fahren: eine Schicht fahren 74, 84, 85
fahren: Probe fahren 96, 97
Fahrzeug das -e 87
Fall der Fälle 25, 45, 56, 57, 75 ...
Fall: auf jeden/keinen Fall 25, 44, 82, 98
falls 61, 106, 109
Familienstand der 16
Farbe die -n 46, 95
Färberei die -en 95
farbig 95
fast 49
fehlende_ 27
fehlerhaft 27, 58
Fehlzeit die -en 69
Feiertag der -e 69
Feineinrichtung die -e 26
Fensterrahmen der - 50
Fernbedienung die -en 81
fernmündlich 22
fertigen WAS 10, 12, 13, 51 68 ...
Fertigung die 9, 12, 13, 17, 58 ...
festhalten WAS hält fest, hielt fest, hat festgehalten 26

festigen WAS 121
Festigkeit die 36
festlaufen, läuft fest, lief fest, ist festgelaufen 25
festlegen WAS 35, 92
feststellen WAS 20, 96, 121
Feststellung die -en 121
feucht 106
Feuer das - 81, 82, 83
Feuermelder der - 82
Feuerwehr die -en 8, 81
Filiale die -n 58
Filter der/das - 10
Finanzabteilung die -en 17
finanzieren WAS 87
Fitness-Raum der -Räume 116
Fläche die -n 14, 16, 33, 35
Flansch der -e 68
fleißig 73
Flipchart das -s 117
Fluggesellschaft die -en 108, 109
Flughafen der -häfen 105
Flugplan der -pläne 108
Flurförderzeug das -e 80
Flüssigkeit die -en 11
FOB (= free on board) 110, 111
Folge *(= Auswirkung)* die -n 63, 97
Folge: zur Folge haben 84
Folgeauftrag der -aufträge 23, 24
Folgekosten PLURAL 24
folgendermaßen 70, 71, 72, 75
Folgendes 50, 70, 71
Folgeschaden der -schäden 62
Folgetag der -e 108
Fördermenge die -n 37
fordern WAS 110
fördern *(= weiterbewegen)* WAS 9, 11
Förderprogramm das -e 14
Forderung die -en 61
Formalität die -en 59, 111
Formel die -n 39
formell 59
Formular das -e 92
formulieren WAS 37, 94, 121
Formulierung die -en 60, 62, 75, 123
Forschung die -en 8, 9, 17, 32, 33 ...
Fortbildung die -en 12, 16, 17, 23, 116 ...
Forum das Foren 33
Fracht die -en 27, 108, 110
Frachtbrief der -e 108, 109
frachtfrei 110
Frachtführer der - 110
Frachtklausel die -n 110
Frachtkosten PLURAL 110
Frachtweg der -e 108
Frage: in Frage kommen/stellen 36, 62
Fräse die -n 74
fräsen 86
frei: frei Haus/Lager 47, 110
Freigelände das - 34
...frei 11, 36
freimachen WAS 111
Freiraum der -räume 23
Fremd... 46, 47
Freude die -n 48
frisch 104, 111
Frist die -en 61, 62, 63, 111

froh 48, 49
frühest möglich 46
fühlen (sich) WIE 45
führen *(ein Gespräch)* 13
führen WOZU 8, 12
Funke der -n 80, 81
Funktion die -en 37, 94
Funktionsfähigkeit die 26, 51
Funktionskontrolle die -n 27

G

Gabelstapler der - 69, 81, 87, 106
Gang: im Gang sein 71, 74
garantieren (WEM) WAS 24, 58, 61
Gasmelder der - 46
Gastgeschenk das -e 38
Gebiet das -e 9, 10, 36, 121
Gebot das -e 80
Gebrauch: Gebrauch machen WOVON 39, 116
gebrauchen WAS 83
gebrochen 83
Gebühr die -en 118
gebunden: ... ist an Bedingungen gebunden 69
Geburtstag der -e 44
geeignet 80, 111
Gefahr die -en 80, 81, 83, 110, 111
gefährden WEN/WAS 33
gefallen WEM gefällt, gefiel, hat gefallen 49, 97
gegebenenfalls 104, 111
Gegenmaßnahme die -n 71
gegenseitig 9, 16, 39
Gegenstand der -stände 23, 80, 81
gegenüber 39
Gehalt das Gehälter 92
Gehäuse das - 49, 50, 70, 72, 93 ...
gehen: es geht um 23, 62, 118, 120, 122
gehören WOHIN 20
gehören WOZU 8, 11, 15, 37, 57 ...
Gelände das - 32, 34
gelangen WOHIN 10
gelassen 48
Gelassenheit die 48
Gelegenheit die -en 81
gelten ALS WAS gilt, galt, hat gegolten 10
gelten *(= gültig sein)* gilt, galt, hat gegolten 34
gemäß DATIV 34, 111
gemeinsam 22, 38, 39, 86, 118
gemütlich 116
genau 74, 86
genehmigen WAS 35
Genehmigung die -en 34, 111
Generation die -en 33
Generator der -en 96
genügend 68
gerade *(= soeben)* 49, 70, 86
Gerät das -e 12, 16, 27, 46, 69 ...
Geräusch das -e 11
gerecht: WEM gerecht werden 33
gering 11, 56, 99
gesamt *(= insgesamt)* 20
Gesamt... 36
gesamte_ 110
Geschäft das -e 10, 15, 34, 35, 36 ...

Stelle (= *Arbeitsplatz*) die -n 12, 74, 92, 93
Stelle (= *Ort*) die -n 80, 83, 108
Stellenanzeige die -n 92, 93
Stellenausschreibung die -en 74
Stellplan der -pläne 50
Stellteil das -e 87
Stellung (*beruflich*) die 37
Stellungnahme die -n 92
stellvertretend 10
Steuerung die -en 9, 17, 74, 122
Stichpunkt der -e 9, 63, 120, 122
Stichtag der -e 70, 93
Stichwort das -worte 70, 121
Stil der -e 59
Stillarbeit die 23
Stillstand der 11
Stimme die -n 48, 49
stimmen: Das stimmt. 68, 72, 73
Stimmung die -en 49
Stoff der -e 95
stolpern, ist gestolpert 80
stören WEN/WAS 26
Stornierung die -en 118
Störung die -en 46, 84
Störungsmelder der 46
stoßen WOGEGEN stieß, ist gestoßen 86
Strategie die -n 116, 118, 119, 122
Strecke die -n 87
streichen (*einen Fensterrahmen*) strich, hat gestrichen 50
streiken 110
streng 73
Stress der 116
Strom (= *Elektrizität*) der 80, 81
Struktur die -en 14, 15, 33, 120
Stück das -e 20
Stückliste die -n 49, 51, 68, 69, 70 ...
Stückpreis der -e 57
studieren (= *genau lesen*) WAS 92
Studium (= *genaues Lesen*) das 98
Sturz der Stürze 82
stürzen, ist gestürzt 80, 83
Subvention die -en 121

T
Tabelle die -n 8, 11, 20, 59, 118
Tagesordnung die -en 26, 72
täglich 32
Tagung die -en 70, 116, 11
tapezieren WAS 50
Tarif der -e 20, 108, 111
tagsüber 116
tätig 37, 120
Tätigkeit die -en 12, 16, 26, 75, 80 ...
Tatsache die -n 33, 59
tatsächlich 72
Team das -s 36, 121
Techniker/in der/die -/-nen 44, 45, 46, 75
technisch 81, 110, 116
Teil das -e 12, 13, 21, 27, 49 ...
Teilleistung die -en 46, 47
Teillieferung die -en 63, 84
Teilnahme die 34
Teilnehmer/in der/die -/-nen 26
Teilschritt der -e 27, 47, 50, 93
Teppichboden der -böden 50
Termin der -e 22, 23, 26, 35, 39 ...

Test der -s 92
Textil das -ien 10, 15
Textsorte die -n 20
thematisch 94
thermisch 33
Tonne die -n 49
TOP (= *Tagesordnungspunkt*) der 72
Tradition die -en 14
Trage die -n 82
Transfer der -s 38
Transport der -e 27, 81, 87, 104, 105 ...
transportieren WEN/WAS 84, 107
treffen (sich) MIT WEM trifft sich, traf sich, hat sich getroffen 70, 116
treffen (*eine Vereinbarung, eine Entscheidung*) trifft, traf, hat getroffen 20, 87, 92
treffen WEN trifft, traf, hat getroffen 22
Trend der -s 32, 33, 120
Trendindikator der -en 32
Treppe die -n 80, 83
Triebwerk das -e 10
Trockenmittel das - 106
trotz GENITIV 71
trotzdem 59, 97
Turnhalle die -n 116

U
u. a. (= *und andere*) 10, 122
überarbeiten WAS 27
Überblick der -e 32, 119
übereinstimmen MIT WEM/WOMIT 58, 59, 61, 63, 105
Übereinstimmung die 59, 111
überfliegen (= *rasch lesen*) WAS überflog, hat überflogen 16
Übergabe die -n 93, 107, 109
übergeben WEM WAS übergibt, übergab, hat übergeben 58, 59, 106, 123
überhaupt nicht 49
überlassen WEM WAS überlässt, überließ, hat überlassen 25
überlasten WEN/WAS 120
überlegen (sich) WAS 92, 97
überlegen 6, 10, 26, 27, 50 ...
übermitteln WEM WAS 58
Übermittlung die -en 35
Übernachtung die -en 20, 72
übernehmen WAS übernimmt, übernahm, hat übernommen 24, 26, 37
überprüfen WEN/WAS 26, 39, 47, 48, 58 ...
Überprüfung die -en 58
Überraschung die -en 87
Überreichung die 38
überschreiten (*einen Termin, eine Grenze*) überschritt, hat überschritten 111
Übersicht die -en 44
Überstunde die -n 62, 73, 85, 86
überwachen WEN/WAS 27, 68
Überwachung die 20
überweisen WEM WAS überwies, hat überwiesen 58
überzeugen WEN (WOVON) 86
üblich 24, 97, 110, 123
umbauen WAS 116
Umbruch der -brüche 121
Umdrehung die -en 96

umfassen WAS 46, 47, 92
Umgebung die -en 116
umgekehrt 121
umladen WAS lädt um, lud um, hat umgeladen 108, 109
Umladung die -en 63, 105
Umsatz der -sätze 8, 13, 120
Umschlag (= *Umladung*) der -schläge 105, 108, 109
umso: je ... umso 109
Umstand der -stände 22, 39, 87
Umstand: Umstände machen 39
umtauschen (*Geld*) 92
Umwandlung die 8
Umwelt die 9
Umweltschutz der 10
Umwelttechnik die 15, 32
Umzug der Umzüge 104, 111
unabhängig 121
unangenehm 87
unbeabsichtigt 81
unbedingt 44
unbegründet 25
Unfall der -fälle 44, 74, 80, 81, 82 ...
ungefähr 108, 109, 118
ungerecht 75
Unglaube der 48
ungläubig 48, 49
ungültig 61
ungünstig 14
unsauber 25
unsicher 105
Unstimmigkeit die -en 72
Unterbrechung die -en 32
untereinander 70
Unterlage (= *Dokument*) die -n 17, 26, 68, 73, 92 ...
unternehmen WAS unternimmt, unternahm, hat unternommen 44
Unternehmen das - 8, 9, 13, 14, 15 ...
unternehmerisch 118
unterscheiden (sich) VON WEM/WOVON unterschied sich, hat sich unterschieden 22, 59
Unterschenkel der - 86
Unterschied der -e 59
unterschiedlich 10, 23
Unterschrift die -en 85
unterstreichen WAS unterstrich, hat unterstrichen 62
unterstützen WEN/WAS 22, 24, 25, 32, 85 ...
Unterstützung die 25
Unterteil das -e 87
unterwegs 60, 86
Unterweisung die -en 81
unverzollt 110
unwillkommen 75
Unzufriedenheit die 75
Urlaub der 20, 69, 72, 75
Ursache die -n 99
Ursprung der -sprünge 63
ursprünglich 72, 73, 118

V
verabschieden WEN 123
Verabschiedung die 38, 123
verändern WEN/WAS 120

Quellenverzeichnis

Seite 10:	Zeichnung Fußpumpe: Monika Braunert, Moos
Seite 14:	Fremdenverkehrsamt Radolfzell
Seite 18:	Foto oben: Kurt Knoblauch, Radolfzell
Seite 42:	Fotos und Texte: Feodor Burgmann Dichtungswerke, Wolfratshausen
Seite 51:	MHV-Archiv (Jens Funke)
Seite 54:	Foto oben und unten: Rosemarie Spitznagel, Radolfzell
Seite 55:	rechts unten/103 rechts unten/104 links unten: Eurokai KGaA, Hamburg
Seite 66:	Foto unten: Dieter Karl, Engen
Seite 78:	Foto oben: Wolfgang Blank, Radolfzell
Seite 80:	Sicherheitskennzeichen aus: Katalog SafetyMarking, Wolk GmbH Wuppertal
Seite 90:	Foto oben: Adolf Wiest, Radolfzell
Seite 102:	Foto oben: Johann Engelmann, Radolfzell
Seite 103 unten links/ 104 unten Mitte/ 107 rechts:	Fotos: Flughafen Frankfurt AG (Stefan Rebscher)
Seite 104:	Foto rechts unten: Hafen Nürnberg-Roth GmbH, Nürnberg; links oben: Deutsche Bahn AG, Berlin
Seite 110:	Foto: Tourismus Zentrale, Hamburg
Seite 111:	Text: © ICC-Deutschland Publikation 460, Incoterms Köln, 1990
Seite 114:	Foto oben: Patricia Moosmann, Aichhalden
Seite 124:	Text von Angela Maier, Frankurter Allgemeine Zeitung v. 03.04.1997
Seite 126:	Text aus: Südkurier Radolfzell v. 03.09.1997

Titelfoto und Fotos auf den Seiten 7 unten, 8, 11, 115, 118, 120: Allweiler AG, Radolfzell

Alle anderen Fotos: Dr. Norbert Becker und Dr. Jörg Braunert